고대 군사사

어떻게 볼 것인가

고대군사사연구회

역사산책

추천사

『고대 군사사, 어떻게 볼 것인가』 출간을 축하드리며

　지난 3월 초에 육군사관학교 이상훈 교수로부터 추천사를 써달라는 부탁을 받고 한참을 망설였다. 추천사를 쓸 만큼 연륜이 쌓이지도 않았을 뿐 아니라, 한국 고대군사사 연구에 딱히 기여한 것도 없기 때문이다. 그러다가 결국 군사사(軍事史) 연구에 대한 부채의식을 조금이라도 덜어보자는 생각에 책의 출간을 축하하는 글을 쓰기로 마음먹었다.

　필자는 1990년대 후반에 국방부 산하 국방군사연구소에 근무한 적이 있다. 그때 군사사를 처음 접했고, 한국고대사와 관련한 문헌사료나 고고자료를 군사사의 관점에서 살펴볼 기회를 가졌다. 그러면서 역사 연구에서 군사사가 얼마나 중요한지 깨닫고, 선배 연구자들과 함께 『한국군사사연구』라는 연속간행물을 기획하여 관련 논문을 몇 편 쓰기도 했다. 그렇지만 여러 사정으로 연구소를 그만둔 뒤에는 군사사의 중요성을 알면서도 관련 연구를 거의 진행하지 못한 채 늘 빚진 느낌을 안게 되었다.

　한국고대사와 관련한 문헌사료에는 전쟁 기사가 빈출하며, 출토유물 중에는 무기가 압도적으로 높은 비중을 차지한다. 군사사의 중요성을 가장 잘 보여주는 사례라 할 수 있다. 이에 종래 많은 연구자가 고대의 전투나 전쟁을 다각도로 검토하고, 무기체계나 군사제도에 대해 깊이 있는 연구를 진행했다. 이를 바탕으로 고대국가가 전쟁을 통해 영역을 확장하며 국가체제를 정비하는 양상, 전쟁과 외교를 두 축으로 삼아 국가발전을 도모하는 양상 등을 구체적으로 이해할 수 있었다.

그렇지만 한국 고대군사사 연구는 여전히 그 중요성만큼 충분히 이루어졌다고 보기 어렵다. 무엇보다 여러 연구자가 군사사라는 관점을 공유하며 학계 차원에서 체계적인 연구를 진행한 적이 거의 없다. 한국 고대군사사를 체계적으로 연구하기 위해서는 무엇보다 군사사와 관련한 용어와 개념 등을 공유하며 군사사의 관점에서 문헌사료와 고고자료를 체계적으로 분석할 필요가 있다. 이러한 점에서 고대군사사연구회에서 기획한 이 책은 한국 고대군사사 연구에 한 획을 긋는 전기(轉機)가 될 것으로 생각한다.

목차에서 보는 바와 같이 이 책은 한국 고대군사사와 관련한 주요 주제를 거의 모두 망라하고 있다. 더욱이 20여 명의 전공자가 2018년부터 군사사를 주제로 여러 차례 학술회의를 개최하고, 이를 바탕으로 최신 연구성과를 폭넓게 섭렵하여 이 책을 공동으로 저술했다. 향후 한국고대사학계를 이끌어갈 연부역강(年富力强)한 소장학자들이 의기투합하여 군사사라는 관점을 공유하며 체계적으로 공동연구를 진행하고, 그 성과를 바탕으로 전문연구자뿐 아니라 일반인도 쉽게 읽을 수 있는 교양서를 집필한 것이다.

이러한 점에서 이 책은 한국 고대군사사 연구뿐 아니라 대중화에도 크게 기여할 것으로 기대된다. 다년간 공동연구를 진행하고 원고를 집필하느라 애쓴 연구진의 노고에 감사드리며, 한국 고대군사사 연구의 새로운 이정표가 될 책의 출간을 축하드린다. 이 책의 출간을 계기로 한국 고대군사사 연구가 더욱 활성화되고, 일반인들도 크게 관심을 가질 것으로 확신한다. 아울러 앞으로도 집필자 선생님 모두 늘 건강한 모습으로 건필하시며 군사사 연구를 선도해 주시기를 기원드린다.

2023년 3월 31일

한국외국어대학교 사학과 여호규

책을 펴내며

국가의 탄생, 성장, 발전, 멸망은 군사(軍事)의 역사와 궤를 같이 한다. 특히 고대의 경우 군사력이 더 큰 힘을 발휘한다. 하지만 아직 우리나라는 고대 군사와 관련된 연구가 활성화되어 있지 않다. 관련 사료가 부족한 현실도 있지만, 군사사에 대한 관심이 부족했기 때문이다. 이 책은 고대 군사사에 관한 새로운 시도이자 첫걸음이라 할 수 있다.

이 책을 펴낸 고대군사사연구회는 순수 연구자 모임이다. 현재 역사관련 석박사 학위를 소지한 40여 명이 대학, 연구기관, 박물관 등에서 활동하고 있다. 2017년을 전후하여 신라 군사사 연구자들 몇 명이 고대 군사사 중심의 연구회 결성을 구상하였다. 이 과정에서 고구려 · 백제 · 후삼국 · 고려시기 연구자 뿐만 아니라, 일본 고대와 중국 고대 전공자들이 기꺼이 합류하면서 외연이 확장되었다.

2018년부터 군사사를 주제로 몇 차례 학술대회를 진행하고, 이를 기반으로 공동 저서 출간을 추진해 왔다. 2022년 고대 군사사와 관련된 최신 연구성과들을 분야별로 정리하여, 공동 저서를 출간하기로 계획하였다. 고대 군사사에 관심있는 석박사 과정생과 수준있는 독자들을 위한 교양서를 지향하였다. 필진의 전공분야를 기반으로 최근 연구성과들을 망라하여, 고대 군사사 연구의 흐름을 파악할 수 있는 계기를 마련하고자 하였다. 2023년 그 결실로 이 책이 세상에 나오게 되었다.

이 책은 현직에서 고대 군사사를 연구하는 거의 대부분의 학자들이 참여한 결과물이다. 전공시대를 국가별로 보면 고조선 1명, 고구려 6명, 백제 3명, 신라 10명, 후삼국 1명, 고려 1명, 송 1명이 참여하였다. 국가별 경향성을 살펴보기 위해 주제별 시대순이 아니라, 국가별 시대순으로 정리하였다. 필진 모두 전공분야에 묵직한 질문을 던지고 그에 답하고 있다.

프롤로그 신라의 전쟁포로 활용(이상훈), 군사사의 시각으로 고조선을 바라보다(박준형), 고구려 성곽을 연구할 때 중요한 논점은 무엇일까(신광철), 무기를 통해 고구려의 역사를 읽어낼 수 있을까(이정빈), 고구려는 한강유역을 지배하였을까(박종서), 고구려를 공격한 수의 백만대군은 어떻게 편성되었을까(정동민), 고구려 최후의 25년을 돌아보다(이민수), 고구려 유민의 생존 방식 중의 하나 고구려부흥운동(김강훈).

웅진기 백제가 생각한 외교안보란 무엇일까(장수남), 백제의 무왕과 의자왕은 영토를 어떻게 넓혔을까(박종욱), 백제부흥운동 연구는 어떻게 진행되었을까(이재준), 신라의 영역 확장과 한강유역 진출의 의미는 무엇일까(윤성호), 신라 상중대 병부는 군정권을 어떻게 다루었을까(정덕기), 신라 군사조직은 어떻게 구성되었을까(홍성열), 신라는 전략과 전술을 어떻게 개발하고 활용하였을까(송영대), 군율 신라 군사 운용의 기준이 되다(신범규), 진흥왕대 신라는 유공자를 어떻게 우대하였을까(이일규), 6~7세기 신라는 전공포상을 어떻게 시행하였을까(고창민).

신라 해적은 수군인가 상인인가(정순일), 신라는 당 제국과의 전쟁에서 어떻게 생존하였을까(권창혁), 왕건은 후삼국 전쟁에서 어떻게 승리할 수 있었을까(신성재), 고려 건국기 수군은 나라를 어떻게 지켰을까(이창섭), 중국 송대 첩보활동은 어떠하였을까(홍성민), 행군 전쟁의 시작과 끝(김병륜), 무예 인문학 무기에 담긴 인류 고대의 발자취(최형국), 에필로그 역사소설가가 바라본 군사사(이문영).

20여 명이 하나의 목표를 향해 공동으로 작업하는 것이라 과정이 순탄한 것만은 아니었다. 하지만 필진에 참여한 여러 선생님들의 열정과 노고 덕분에 결실을 맺을 수 있었다. 여기에 군사사 전문가인 김병륜 선생님, 무예사 전문가인 최형국 선생님, 저명한 저작가인 이문영 선생님이 전문가 칼럼과 에필로그를 기꺼이 맡아주셨다. 현업과 연구활동으로 바쁜 가운데 자리를 빛내주어 감사드린다.

특히 이 책의 집필에 직접 참여한 고구려 전문연구자이자, 이 책을 출간한 역사산책의 대표인 박종서 선생님께 고개숙여 감사드린다. 시장성 문제로 인문학 그 가운데 역사관련 서적들이 빛을 보기 어려운 형편에, 흔쾌히 출간을 허락해주셨다. 앞으로 역사전문 출판사로서 끊임없이 발전하리라 믿는다. 마지막으로 이 책이 고대 군사사에 관심있는 연구자와 일반 독자들에게 조금이나마 길잡이 역할을 하리라 기대하며 글을 마친다.

2023년 5월 1일

고대군사사연구회 일동

차 례

프롤로그

- 신라의 전쟁포로 활용 -

이상훈(육군사관학교)

I. 계백은 전사하고 충상은 등용되다

　660년 6월, 나당연합군의 공격으로 백제는 국가 운명의 기로에 섰다. 백제의 계백(階伯)은 결사대 5천명을 뽑아 신라군을 막고자 했다. "한 나라의 사람으로서 당과 신라의 대규모 병력을 맞게 되었으니, 국가의 존망(存亡)을 알 수 없다. 내 처와 자식들이 잡혀 노비가 될까 염려된다. 살아서 치욕을 당하는 것보다 죽어서 흔쾌한 편이 나을 것이다."라고 말하고, 마침내 처자식을 모두 죽였다. 『삼국사기』 계백 열전에 기록된 내용이다.

　삼국시대에는 고구려·백제·신라가 치열하게 경쟁하였고, 그 결과 수많은 사상자와 전쟁 포로들이 생겨났다. 7세기 전쟁 포로를 분석한 연구에 따르면 고구려는 2회에 걸쳐 포로 11,000명을 획득하고, 4회에 걸쳐 7,000여 명을 상실했다. 백제는 2회에 걸쳐 1,300여 명을 획득하고, 6회에 걸쳐 13,730명을 상실했다. 신라는 9회에 걸쳐

16,730여 명을 획득하고, 3회에 걸쳐 9,300명을 상실했다. 결과적으로 고구려는 4,000여 명 이득을 보았고, 백제는 12,430여 명 손해를 보았으며, 신라는 7,430명 이득을 보았다.

660년 황산벌전투에서 신라의 김유신이 백제의 계백을 물리쳤다. 계백은 전사했고, 계백이 이끌던 백제군 대부분도 전사했다. 이 때 황산벌전투에 참가했던 백제의 충상(忠常)과 상영(常英) 등 20여 명이 신라군에게 포로가 되었다. 아마 신라군이 백제의 지휘부 장교들을 사로잡은 것으로 보인다. 황산벌에서 승리한 신라군은 백제의 수도 사비로 진격했다. 당나라와 연합해 백제를 멸망시켰다.

계백 처자식의 사례를 통해 볼 때, 전쟁에서 패하여 포로가 되면 일반적으로 노비가 되었음을 알 수 있다. 그렇다고 해서 반드시 노비로 전락했던 것만은 아니다. 나당연합군에 의해 백제가 멸망하고, 신라군은 경주로 돌아왔다. 황산벌에서 포로가 되었던 백제의 지휘관들도 경주로 왔다. 신라 국왕은 백제 멸망에 공이 있는 장수들을 포상하는 한편, 충상과 상영을 비롯한 백제의 지휘관들도 재능에 따라 등용했다.

좌평(佐平) 충상·상영과 달솔(達率) 자간에게는 일길찬(一吉飡)의 관등을 주고 총관(總管)으로 삼았다. 은솔(恩率) 부수는 대나마(大奈麻)의 관등을 주고 대감(大監)으로 삼았으며, 은솔 인수에게는 대나마의 관등을 주고 제감(弟監)으로 삼았다. 좌평(1품), 달솔(2품), 은솔(3품)은 백제의 관등이며 일길찬(7등), 대나마(10등)는 신라의 관등이다. 백제의 관위에 비해 수여받은 신라의 관등은 낮은 편이었다. 그런데 이들 백제 지휘관들에게는 신라의 관등과 더불어 총관, 대감,

제감 등의 직위가 주어졌다. 모두 신라군의 지휘관으로서 재임용되었던 것이다. 이들이 신라군의 지휘관으로 임명된 것은 660년 11월의 일이었다.

다음해인 661년 이미 멸망한 백제에서 백제부흥운동이 거세게 일어났다. 이 때 충상은 신라군에 편입되어 출정했다. 항복한 적국의 장수가 되어 조국의 부흥운동을 진압하러 가야 하는 심정은 어떠했을까. 661년 2월, 신라 국왕은 이찬(2등) 품일을 대당장군(大幢將軍)으로 임명하고, 잡찬(3등) 문왕과 대아찬(5등) 양도 그리고 아찬(6등) 충상 등으로 하여금 보좌케 했다. 대당(大幢)은 신라의 가장 중요한 부대였다. 충상은 대당의 지휘부에서 활약했던 것이다.

아마 충상이 백제의 군사 상황을 잘 알고 있었기 때문에 중용되었던 것 같다. 충상은 앞서 일길찬이었다가 그 사이 한 단계 올라 아찬이 되었다. 이후에도 충상은 신라군의 일원으로 계속 활약했다. 661년 7월에는 귀당총관(貴幢摠管)으로 임명되어 참전했다. 기록에는 잘 드러나지 않지만 상영, 자간, 부수, 인수 등도 충상처럼 신라군에 편입되어 활약했을 것이다. 이는 신라가 포로가 된 적국의 지휘관을 자국의 지휘관으로 활용한 대표적 사례다.

Ⅱ. 고구려 포로로 구성된 특수부대가 창설되다

나당연합군에 의해 660년 백제가 멸망하고, 668년에는 고구려도 멸망했다. 고구려 멸망 이후 유민들은 당, 돌궐, 말갈, 왜, 신라 등으로 흩어졌다. 상당수의 유력 민호들은 당나라로 끌려갔다. 669년 당나라는 2만 8천여 호의 고구려인들을 요서(遼西)의 영주(營州) 지역, 감숙성(甘肅省)의 회랑(回廊) 지역, 황하(黃河) 상류 지역 등으로 분산·이주시켰다. 당시 고구려 유민 20만명 이상이 끌려갔다고 보기도 한다. 당나라는 고구려를 끊임없이 경계하고 그 부활을 두려워했던 것이다.

한편 신라는 고구려 포로 7,000명을 이끌고 경주로 돌아왔다.『삼국사기』신라본기에는 "11월 5일에 왕이 포로로 잡은 '고구려 사람' 7,000명을 이끌고 서울로 돌아왔다"라고 되어 있다. 또『삼국사기』「설인귀서(薛仁貴書)」에는 "지금 강한 적은 이미 없어졌고 원수들은 나라를 잃게 되어 '군사'와 말과 재물을 왕 또한 갖게 되었습니다"라고 전한다. 두 기록을 참조해 보면, 신라 국왕이 가지게 된 군사는 고구려 사람 7,000명이었음을 짐작할 수 있다.

668년 고구려가 멸망하자 나당연합은 붕괴되기 시작했다. 신라는 백제의 영토를 원했고, 당나라는 한반도 전체, 즉 신라마저 정복하고자 했다. 백제와 고구려의 영토는 모두 당나라가 접수한 상태였다. 백제의 옛 땅에는 웅진도독부(熊津都督府)가, 고구려의 옛 땅에는 안동도호부(安東都護府)가 들어섰다. 서로의 이해관계가 맞지 않는 동맹은 깨지기 마련이다. 신라는 표면적으로는 당과 동맹관계를 유지하고 있는 것처럼 보였지만, 실제로는 당과의 전쟁을 준비하고 있었다.

669년 신라의 수도 경주에서 비밀리에 특수부대가 조직되었다. 이들의 임무는 압록강을 건너 요동(遼東)을 공격하는 것이었다. 신라 서쪽의 웅진도독부를 공격하기 이전에, 북쪽의 요동을 공격해 당군의 이목을 끌기위함이었다. 이 시기는 신라와 당나라가 아직 전쟁을 벌이기 이전이다. 당나라에 신라의 의도가 간파되면 곤란했다. 요동을 공격하기 위한 부대는 특별할 수밖에 없었다. 압록강을 건너 요동까지 가려면 수개월간 장거리 행군을 해야 했다. 게다가 그 지역은 옛 고구려 영토로 신라군이 한 번도 가본 적이 없는 곳이었다. 부대원들의 사기가 높지 않으면 완수하기 어려운 임무였다.

신라의 입장에서는 고구려 지역의 정보를 가장 잘 알고 있는 자들이 필요했다. 작년에 경주로 끌려온 고구려 병사 출신 7,000명이 바로 그들이었다. 적국의 수도로 끌려온 고구려 병사는 언제 죽을지 모르는 처지였다. 사실 고대의 포로들이 제대로 인간 취급이나 받았을 지도 의문이다. 이미 멸망해버린 고구려의 구원을 바랄 수도 없었다. 이들은 신라에서 포로생활을 하다가 맞아죽거나 굶어죽을 수밖에 없다고 생각했을 것이다. 신라는 이들을 억류하고 관리하기보다는 적극적으로 재활용하는 방법을 선택했다.

신라는 고구려 지역을 가장 잘 아는 고구려 포로를 중심으로 특수부대를 만들었다. 고구려 포로들 또한 언제 죽을지 모르는 불안감에 사로잡혀 사는 것보다, 신라의 정식 군대로 편입되어 전쟁터에 나가 싸우기를 원했을 것이다. 고대에는 보다 많은 병력을 확보하고 동원하는 것이 강한 군사력을 보유하는 방편 중의 하나였다. 신라의 입장에서 이미 훈련을 받은 적군의 포로를 새로운 병력 자원으로 활용하는 것은 자연스러운 현상이었다.

전쟁이 잦았던 신라는 사면령(赦免令)을 자주 내렸다. 사면령으로 인해 감옥에 수감되어 있던 적지 않은 장정들이 풀려났다. 이들 가운데 일부도 특수부대에 편입되었을 가능성이 있다. 특수부대의 부대장으로는 진골귀족 출신이 아닌 자가 임명되었다. 6두품 출신의 설오유 장군이다. 669년 겨울, 고구려 포로를 활용해 편성된 설오유 부대 1만명은 고구려부흥군과 함께 요동을 향해 북진하기 시작했다. 본격적인 나당전쟁의 개전을 알리는 신호탄이었다. 670년 3월 신라군은 압록강을 건너 요동의 오골성(烏骨城)을 공격해 당군의 이목을 끌었고, 그 결과 전쟁 초반의 주도권을 잡을 수 있었다.

Ⅲ. 군사사, 고대사를 새롭게 바라보는 인식의 틀

정치와 군사는 동전의 양면과 같다. 말로 하는 것이 정치라면 힘으로 하는 것은 군사다. 말을 잘해도 힘이 생기지만, 대부분의 경우 힘이 있어야 말에 무게가 실린다. 민주주의와 국제외교관계가 발달하지 않았던 고대시기는 더 말할 나위가 없다. 고대의 경우 정치·외교관계가 극단으로 치달을 경우 결국 물리력이 작동하였다. 그 결과 한 국가의 군사력이 정치와 외교에 결정적 영향을 미치게 된다.

우리는 어떤 사안이 발생하면 원인과 결과에 집중하는 경향을 보인다. 당연한 얘기다. 하지만 원인과 결과에 집중하다보면, 정작 어떤 과정을 거쳤는지 제대로 인식하지 못한다. 역사 사건의 원인과 결과를 보다 명확히 인식하기 위해서는 그 과정도 반드시 이해할 필요가 있다. 기존 연구의 빈틈을 군사사라는 관점으로 보다 미세하게 바라볼 필요가 있다.

백제·고구려의 멸망과 신라의 통일을 감상적으로 바라봐서도 곤란하다. "대륙 강국 고구려가 통일했더라면, 해양 강국 백제가 통일했더라면, 변방 소국 신라가 통일하지 않았더라면"이 아니다. 이제는 "백제가 어떻게 멸망하였는가, 고구려가 어떻게 멸망하였는가, 신라가 어떻게 통일하였는가"에 관심을 두어야 한다. 이 책은 이러한 고대 군사사에 관한 다양한 논의의 출발점이다.

1장

군사사(軍事史)의 시각으로 고조선을 다시 보다

박준형(해군사관학교)

I. 군사사의 시각에서 고조선을 바라본 적이 있던가

고조선은 한국에서 최초의 국가라는 점에서 일찍부터 주목을 받아 왔다. 고조선의 국가형성 경험은 이후 부여 · 고구려 · 신라가 고대국가로 성장발전하는 과정에 일정하게 영향을 끼치게 된다. 고조선은 처음부터 거대한 영역을 다스리는 국가는 아니었다. 고조선은 작은 지역집단으로 시작하여 소국으로, 다시 주변 소국들과 연맹체를 형성하고 나아가 진번 · 임둔을 복속시키는 국가로 발전하였다. 또한 고조선은 중원제국 · 동호 · 흉노 등 주변 이민족세력과의 갈등 속에서 성장하였다. 이처럼 대내적으로 예맥세력을 규합하여 국가의 규모를 확장시키고 대외적으로 국가를 지켜내기 위해서는 끊임없는 외교와 전쟁이 수반될 수밖에 없었다.

고조선 연구는 근대역사학 성립 이후 지속적으로 이루어졌다. 21

세기에 들어서만 해도 고조선 관련 연구 논문이 약 400편 정도가 나왔다(박준형, 2017). 물론 이처럼 많은 연구가 나오게 된 것은 2002년 중국의 동북공정에 기인한 바가 크지만 한국학계에서 고조선으로 석사·박사학위를 받은 전문연구자가 증가하면서 고조선에 대한 관심과 연구의 폭이 넓어졌기 때문이다.

지금까지 고조선 연구는 문헌을 중심으로 중심지·강역·종족·신화·사회성격 등의 주제가 있었으며(박선미, 2006; 박준형, 2017), 고고학적으로 고조선의 물질문화의 변화과정에 대한 연구가 주를 이루었다(이후석, 2016). 중심지와 강역에 대한 논의에서 그 변동의 원인이 전쟁에 기인하였지만 정작 전쟁사의 관점에서 접근한 연구는 손에 꼽을 정도이다(박대재, 2006; 이성재, 2020; 조원전, 2021). 또한 고조선의 물질문화를 비파형동검문화·세형동검문화로 규정하면서도 비파형동검·세형동검의 형식학적 변화에 초점을 맞추어 문화변동의 양상으로만 접근했지 정작 전쟁에 사용된 무기라는 관점에서 접근한 연구는 매우 드물다(이후석, 2018; 이후석, 2022).

이 글에서는 최근까지 이루어진 고조선사 연구를 군사사·전쟁사라는 관점에서 접근할 수 있는 몇 가지 쟁점들에 대해 살펴보고자 한다. 다소 시론적인 접근이지만 군사사·전쟁사라는 시각으로 다시 살펴본다면 고조선사를 새롭게 이해할 수 있는 계기가 될 것으로 기대한다.

II. 고조선은 왜, 누구와 전쟁을 했었나

기원전 664년 산융(山戎)이 연(燕)을 공격하자 연이 산동의 제(齊)에게 구원을 요청하였다. 이에 기원전 663년 6월 제가 산융을 정벌했다. 『관자(管子)』 소광편(小匡篇)에는 이때 제가 고죽(孤竹)뿐만 아니라 예맥(濊貊)까지 정벌한 것으로 나온다. 그러나 사실 제의 공격대상은 산융·고죽·영지(슈支)였을 뿐 예맥[고조선]은 포함되지 않았다. 제 환공이 자신의 업적을 과장하기 위해 예맥을 억지로 포함시켰던 것이다.

전국시대에 들어서 중원제국은 변법을 통해 부국강병을 꾀하면서 주왕실(周王室)을 더 이상 인정하지 않고 칭왕(稱王)했다. 연이 기원전 323년 칭왕하면서 고조선을 공격하려 하자 고조선도 칭왕하면서 연을 공격하려 했다. 이때 고조선의 대부(大夫) 예(禮)가 연으로 가서 중재하자 전쟁은 일어나지 않았다. 이때 고조선과 연의 갈등은 제가 연을 후방에서 견제하기 위해 고조선을 부추겼던 측면이 있다(이성규, 2003; 박준형, 2012).

제의 부강을 제일 두려워했던 나라가 바로 연이었다. 연에서는 기원전 314년 자쾌(子噲)가 왕위를 대신(大臣) 자지(子之)에게 양위하는 사건이 발생했다. 제는 이 사건을 빌미로 연을 공격했다. 이런 상황에서 즉위한 연 소왕은 변법에 성공하면서 소진(蘇秦)의 반간계를 통해 제를 고립시켰다. 이어 기원전 284년에 연이 제를 공격하고 이어서 고조선과 동호를 공격하였다(이성재, 2020). 『삼국지』에 인용된 『위략(魏略)』에는 연 진개(秦開)의 공격으로 고조선이 서방 2천리를 잃고 만번한(滿番汗)으로 경계를 삼았다고 되어 있다. 만번한은 문현(文縣)과 번한현(番汗縣)의 연칭(連稱)으로 각기 개주(蓋州) 인근과 요하 하구의 해성(海城)·영구(營口) 인근으로 보는 것이 통설이다(박준형 2012). 한편『사기』조선열전에는 연이 진번과 고조선을 함께 공략한 것으로 나온다. 진번(군)의 위치는 대체로 황해도 일대로 보는 것이 일반적이다(서영수, 1988; 박준형, 2012). 연의 공격을 받기 전 진번이 황해도 일대에 있다면 위의 논리와 모순된다. 그래서 고조선과 함께 전쟁에 참여했던 진번이 연의 공격으로 요서·요동지역을 빼앗기고 한반도 서북한지역으로 이동했다는 이른바 '고조선이동설'이 나오게 된다.

이후 진(秦)이 기원전 221년 전국을 통일하였다.『위략』에는 진이 몽염(蒙恬)을 시켜 요동까지 장성을 쌓았다고 한다. 이때 고조선왕 부(否)는 진의 공격을 두려워하여 진에 복속하였지만 조회(朝會)하지는 않았다. 이 과정에서 고조선의 일부 영토가 진의 요동군에 속하게 되었다. 진의 화폐인 반량전과 진이 통일하면서 회수한 삼진계(三晉系) 무기가 주로 압록강 이서지역에서 발견되는 점으로 보아 그 경계는 대체로 압록강이었던 것으로 추정된다(박준형, 2014).

진한교체기 혼란한 틈을 이용하여 진에 의해 강제적으로 편입되었던 이민족의 변군(邊郡)이 모두 독립하였고 북방으로 쫓겨갔던 흉노는 황하를 건너 하서(河西)지역을 다시 차지하였다. 이에 고조선도 연을 공격하여 진에게 빼앗겼던 요동지역, 즉 진고공지(秦故空地)를 회복하고 한과의 경계를 패수(浿水)로 삼았다. 후한대 순열(荀悅, 149~209)에 의해 칙찬(勅撰)된『전한기(前漢紀)』에는 한과의 경계가 요수(遼水)였다고 나오는데 이 요수는 소요수(小遼水)로 오늘날의 혼하(渾河)를 가리킨다(김남중, 2002; 박준형, 2012).

연왕(燕王) 노관(盧綰)이 흉노로 도망갈 때 패수를 건너 진고공지 상하장(上下障)에 머물렀던 위만이 준왕을 내몰고 왕권을 차지했다. 위만은 한과 외신(外臣)관계를 맺고 그 대가로 병위재물을 얻자 진번·임둔이 복속했다. 위만은 외신의 의무를 이행하지 않았다. 이후 한 문제(文帝, 기원전 180~157) 즉위 초 장군 진무(陳武)가 외신관계에 있던 고조선과 남월을 정벌하자고 하였으나 대내외적으로 혼란한 상황에서 시기상조를 이유로 실행되지는 않았다.

한은 무제(武帝, 기원전 140~87)에 이르러 내정이 안정되자 흉노를 정벌하였다. 한이 흉노와 남월에 군현을 설치하고 동월의 주민을 이주시킨 다음 해인 기원전 109년에 고조선을 공격했다. 전쟁의 명분은 외신의 의무를 다하지 않았다는 것이었다. 한과의 전쟁이 장기화되자 조선상(朝鮮相) 노인(路人), 상(相) 한음(韓陰), 장군 왕협(王唊)이 먼저 한에 투항하였고 이어서 니계상(尼谿相) 참(參)이 우거왕을 살해하고 투항하였다. 그러나 대신(大臣) 성기(成己)가 끝까지 항전하였으나 우거의 아들 장항(長降)과 노인의 아들 최(最)가 성기를 살해함으로써 기원전 108년 한과의 전쟁은 종결되었다.

III. 고조선은 어떻게 전쟁을 했을까

사료상에 고조선의 관명(官名)으로 박사·상·장군·비왕(裨王)

등이 보인다(김광수, 1994; 송호정, 2002; 박준형, 2014b). 이중 장군은 왕협(王唊) 한 사례밖에 없어서 비교대상이 없지만 그 명칭상 중국의 무관적(武官的) 관료 제도와 관련이 있어 보인다. 중국에서 장군직은 전국시기 열국 간의 각축전이 심해지면서 문무를 겸비하던 상직(相職)에서 분리되었던 것으로 왕의 군사적 기반을 담당하는 막료적 관료였다. 고대사회에서 군사 관련 관직이 가장 먼저 분화되는 것은 보편적인 현상이었다. 상과 함께 한에 투항했던 장군 왕협은 다른 상보다 더 많은 1,480호를 받았는데 고조선 왕권에서 장군직이 갖는 의미가 매우 컸기 때문으로 보인다.

고조선 왕권의 세력기반을 뒷받침했던 장군과 함께 주목되는 것이 비왕이다. 비왕 장(長)은 고조선에 왔던 한의 사신 섭하(涉何)를 전송하다 살해되었다. 섭하가 돌아가서 자신이 '조선장을 죽였다'("殺朝鮮將")고 한 점에서 비왕이 장수의 임무를 수행했던 무관적 성격의 관직임을 알 수 있다. 한편 흉노에서도 비왕 혹은 비소왕(裨小王)이란 직책이 있었는데 비(소)왕을 비장(裨將)이라고도 한 것으로 보아 군사적인 임무를 수행했던 것을 알 수 있다.

고조선은 연·진·한과의 전쟁을 했다. 이 전쟁에서 고조선은 공격하기보다는 주로 방어에 치중했던 것으로 보인다. 그렇다면 어떤 식으로 방어했을까? 『사기』 조선열전에는 루선장군(樓船將軍) 양복(楊僕)이 왕험(성)에 먼저 도착하자 우거왕은 성을 지켰다("右渠城守")고 되어 있다. 여기에서 고조선이 도성인 왕험성[왕검성]을 지키는 방어체계를 갖추고 있었음을 알 수 있다.

고조선에는 국경수비대도 있었던 것으로 보인다. 『사기』 조선열전에는 좌장군(左將軍) 순체(荀彘)가 패서서군(浿水西軍)을 공격했으나 깨뜨리고 전진할 수가 없었으며, 순체가 패수상군(浿水上軍)을 격파하고 전진하여 왕험성 아래에 이르러 서북쪽을 포위했다고 되어 있다. 고조선과 한의 경계는 패수였다. 따라서 패수, 즉 국경을 방어하는 수비대로서 패수서군과 패수상군의 존재를 확인할 수 있다.

한의 사자 위산(衛山)이 우거왕에게 항복을 종용하자 우거왕은 태자를 보내 사죄하기로 하고 말 5천 필과 군량을 함께 보냈다. 태자가 1만여 인중(人衆)을 거느리고 패수를 건너려고 할 때 한이 무기를 버리라고 하자 태자는 패수를 건너지 않고 왕험성으로 돌아왔다. 여기에서 주목되는 것이 인중, 즉 호위병 1만여 명이다. 태자가 1만여 명의 병사를 대동하였다고 한다면 고조선의 병력은 어느 정도였을까? 이와 관련하여 기원전 45년의 기록인 〈낙랑군호구부〉의 호(戶)와 구(口)를 역으로 추산하면 기원전 108년 고조선의 호구는 대략 27,082호, 177,923구가 나온다. 여기에 호당 1명을 차출한다고 가정하면 대략 27,000명 정도의 병력을 예상할 수 있다. 고대사회의 전쟁이 전인민을 대상으로 하는 총력전이라는 점을 고려한다면 고조선의 병력은 이보다 훨씬 많았을 것으로 보인다(박준형, 2014a).

또한 주목할 만한 것은 말 5천 필이다. 이 말은 전투용 혹은 수송용으로 활용되었을 군마(軍馬)로 보인다. 그렇다면 고조선이 이 말을 전차전에 사용하였는지 기마(騎馬)로 사용했는지는 정확히 알 수가 없다. 현재까지 이를 확인할 만한 문헌기록은 없다. 다만 고고학적 발굴에 의한 고조선의 무기체계와 연결시켜서 접근하는 방법밖에 없다(이후석, 2022). 향후 이 분야에 대한 연구가 주목된다.

Ⅳ. 고조선의 비파형동검문화, 전쟁과 제사를 함께 하다

고조선의 위치에 대해서는 논란이 많지만 고조선이 전기비파형동검문화를 바탕으로 성장한 정치체라는 점에 대해서는 학계가 대체로 동의한다. 전기비파형동검문화는 기원전 1000년기 전반기부터 내몽골 동남부, 요서 · 요동, 한반도 서북부에 나타나기 시작한다. 현재까지 고고학적인 연구 성과로 볼 때 요서 대릉하유역의 조양지역이 전기비파형동검문화의 유적 · 유물의 밀집도가 가장 높다는 점에서 이 지역이 초기 고조선이 있었던 지역으로 보는 것이 가장 합리적이다 (이청규, 2005; 박준형, 2014b; 이후석, 2021).

전기비파형동검문화 유적에서 발견된 무기로는 비파형동검 · 비파형동모가 대표적이다. 또한 금서(錦西) 오금당(烏金塘)유적에서 투구와 중원식 동과, 수레장식이 출토되었다(강인욱, 2006). 청원(淸原) 이가보(李家堡) 석관묘에서는 비파형동검 · 동모와 함께 유엽형동모와 중원식 동월(銅鉞)이 출토되었고, 서풍(西豐) 성신촌(誠信村) 석관묘에서는 동촉(銅鏃)이 출토되었다. 대련(大連) 강상묘(崗上墓)에서는 비파형동검과 함께 거마구(車馬具)와 동촉이 출토되었다. 이런 발굴 성과를 종합해 보면 고조선의 무기로는 비파형동검 · 비파형동모 · 활 등이 주력 무기임을 알 수 있다. 여기에 선형동부(扇形銅斧)와 같이 무기로 전환될 수 있는 일부 공구류를 포함한다면 고조선의 무기가 좀더 다양해진다. 한편 후기비파형동검문화 단계에서 가장 유물의 집중도가 높은 심양(瀋陽) 정가와자(鄭家窪子)유적에서는 상당히 수준 높은 마구류가 많이 출토되었다(이후석, 2016).

비파형동검은 고조선의 대표적인 무기이다. 이 동검은 검신과 검 손잡이, 검파두식(劍把頭飾)[加重器]이 별도로 제작·합체하는 방식 이다. 초창기 일부 연구자들이 합주식(合鑄式)이 아닌 별주식(別鑄 式)으로 제작되었기에 무기가 아닌 의기(儀器)였을 가능성을 제기하 였다. 그러나 검날을 날카롭게 갈고 피홈(血溝)를 새긴다는 점에서 베는 무기가 아닌 찌르는 무기로써 살상력이 높다는 점에서 비파형 동검은 무기로써 손색이 없다. 이 동검은 세형동검문화 단계에 들어 서 검날이 좀더 길어지고 검몸이 좁아지는 세형동검으로 발전하게 된다.

비파형동모는 비파형동검과 쌍을 이루는 『무기』로서 비파모양의 창이다. 이 동모는 세형동검문화기에 세형동모로 발전한다. 한편 세 형동검문화기로 접어들면서 동과(銅戈)가 많이 출토되며 이른바 요 령식동과도 출현하게 된다(이후석, 2013). 동과는 창과 함께 보병이 전차병 혹은 기병을 상대하기 위한 무기로 발달하였다. 이런 점에서 앞으로 고조선의 무기를 거마구와 함께 분석한다면 고조선이 군대편 제를 비롯하여 전투방식까지도 유추해 낼 수 있을 것으로 기대한다 (이후석, 2022).

비파형동검과 함께 주목할 만한 유물이 다뉴기하문경(多鈕幾何文 鏡)이다. 비파형동검문화 유적에서 최상급 유적에서만 비파형동검과 다뉴기하문경이 함께 출토된다. 이 청동거울은 햇빛반사라는 특수효 과를 보여주는 신성한 기물(奇物)로서 최고의 상징물이다. 특히 거울 뒷면의 기하문은 위세효과를 극대화시킨다. 청동거울은 지배자의 무 적(巫的)·사제적(司祭的) 권위를 대표하는 신기(神器)라고 할 수 있다(이청규, 2000, 2010).

　이처럼 군사적 권위를 상징하는 비파형동검은 종교적 권위를 대표하는 동경과 공반한다. 고대사회는 공동체가 구성원 간에 전쟁[군사]과 제사[종교]를 함께 하는 이른바 융사공동체(戎祀共同體)였다. 그런 점에서 비파형동검문화는 융사공동체라고도 할 수 있다. 바로 이 공동체의 구성원이 예맥족이었고, 그 공동체에서 가장 먼저 정치적으로 성장한 것이 고조선이었다(박준형, 2014b). 이후 예족에서 부여가 성장하였고 기원전 108년 고조선이란 구심점이 붕괴되자 부여에 기탁했던 맥족의 주몽이 고구려로 독립하였으며 비류국·행인국·옥저 등 예맥사회에서 다양한 정치세력이 등장하게 된다. 한국 고대국가의 군사·전쟁을 제대로 이해하기 위해 고조선의 군사·전쟁에 관심을 가져야 하는 이유가 바로 여기에 있다.

참고문헌

강인욱, 2006, 「중국 북방지대와 하가점상층문화의 청동투구에 대하여」, 『선사와 고대』 25

김광수, 1994, 「고조선 官名의 계통적 이해」, 『역사교육』 56

김남중, 2002, 「燕·秦의 요동통치의 한계와 고조선의 요동 회복」, 『백산학보』 62

김병준, 2008, 「漢이 구성한 고조선 멸망 과정-『사기』 조선열전의 재검토-」, 『한국고대사연구』 50

노태돈, 1990, 「고조선의 중심지의 변천에 대한 연구」, 『한국사론』 23

박대재, 2006, 「고조선과 연·제의 상호관계-기원전 4세기말~3세기초 전쟁 기사를 중심으로-」, 『사학연구』 83

박선미, 2006, 「근대사학 이후 고조선사 연구의 현황과 쟁점」, 『한국사학보』 23

박준형, 2012, 「기원전 3~2세기 고조선의 중심지와 西界 변화」, 『사학연구』 108

박준형, 2014a, 「위만조선의 영역과 인구」, 『백산학보』 99

박준형, 2014b, 『고조선사의 전개』, 서경문화사

박준형, 2017, 「2000년대 이후 한국학계의 고조선사 연구 동향 검토」, 『선사와 고대』 54

서영수, 1988, 「고조선의 위치와 강역」, 『한국사시민강좌』 2, 일조각

서영수, 1999, 「고조선의 대외관계와 강역의 변동」, 『동양학』 29

송호정, 2002, 「위만조선의 정치체제와 삼국 초기의 부체제」, 『국사관논총』 98

오대양, 2020, 『북한지역의 청동기시대 묘제와 고조선 연구』, 단국대학교출판부

이성규, 2003, 「고대 중국인이 본 한민족의 원류」, 『한국사시민강좌』 32, 일조각

이성재, 2020, 「고조선과 연의 전쟁 전후 고조선의 강역 변화-고조선이 상실한 '2,000여 리'의 실상과 범위를 중심으로-」, 『동양학』 81

이청규, 2003, 「한중교류에 대한 고고학적 접근-청동기시대에서 철기시대까지-」, 『한국고대사연구』 32

이청규, 2005, 「청동기를 통해 본 고조선과 주변사회」, 『북방사논총』 6, 고구려연구재단

이청규, 2000, 「國의 형성과 동경부장묘」, 『선사와 고대』 14

이청규, 2010, 「다뉴경형식의 변천과 분포」, 『한국상고사학보』 67

이후석, 2013, 「銅戈의 사용 맥락을 통해 본 성격 추정 - 중원식동과와 요력식동과·한국식동과의 비교를 중심으로 -」, 『영남고고학』 67

이후석, 2016, 「요령식 세형동검문화와 고조선의 변천」, 숭실대학교 박사학위논문

이후석, 2018, 「요령지역 세형동검문화의 연구 동향-청동무기 연구의 주요 쟁점을 중심으로-」, 『숭실사학』 41

이후석, 2021, 「요동지역 비파형동검문화의 청동 네트워크와 교류」, 『선사와 고대』 66

이후석, 2022, 「고조선 문화권 차마구의 전개 초론 - 외래계통 차마구의 유입과 변용 -」, 『고고학』 21

조원진, 2021, 「위만조선-漢나라의 전쟁 양상」, 『군사』 118

2장

고구려 성곽을 연구할 때 중요한 논점(論點)은 무엇일까

신광철(국립김해박물관)

I. 들어가며

전쟁의 원인에는 여러 가지가 있겠지만, 아마 '다른 집단 혹은 나라의 영토 및 자원(인적 · 물적)을 획득'하기 위함을 첫째로 꼽을 수 있을 것이다. 그렇기에 예로부터 사람들은 전쟁의 위협에 대비하기 위해 갖은 노력을 기울였으며, 그 과정에서 다양한 형태의 방어 수단을 고안하게 되었다.

땅을 파서 만든 환호(環壕)부터 나무로 만든 목책(木柵), 흙으로 만든 토루(土壘), 흙이나 돌을 이용해 쌓은 성곽(城郭) 등 다양한 방어시설이 만들어지기 시작했고, 이러한 방어시설은 전투가 직접적으로 벌어지는 공간적 배경, 즉 전장(戰場)으로 활용되었다. 특히, 국가가 등장하면서 자국의 영토를 보호하기 위한 다양한 형태의 방어시설이 각지에 만들어졌고, 이를 유기적으로 연결한 '관방체계(關防體

系)'가 구축되었다.

이는 국호(國號) 자체에 성곽이라는 의미가 내포된 고구려 역시 마찬가지였다. 고구려인에게 있어 성곽이란, 영역 확장과 직결되는 군사 작전·지방지배의 거점이자 적의 침입을 막아내는 방어시설로써 국가 통치의 기본 단위였다. 다양한 규모와 입지를 가진 성곽들은 상호 결합하여 복잡한 방어체계를 구축하였으며, 특히 지방통치의 중심지 역할을 수행할 대형 산성이 본격적으로 축조되기 시작하는 4세기부터 고구려의 역사는 성곽 축조 및 관방체계 구축의 역사와 궤를 같이한다고 볼 수 있다.

이에 고구려 성곽 연구에 있어 중요한 두 가지 논점을 살펴보고, 고구려인에게 있어 성곽이 어떤 의미였는지 살펴보도록 하겠다.

II. 고구려 사람들은 언제부터 성곽을 쌓기 시작했을까?

한국 고대사에서 가장 먼저 등장한 성곽은 위만조선의 도성인 왕검성일 것이다. 왕검성의 위치는 평양 대동강 이남, 대동강 이북, 환인 일대, 요동 일대, 요하 이서 등 다양한 곳으로 비정되고 있는데, 주목할 것은 당시 왕검성이 한나라 군대의 포위를 1년간 버텼다는 점이다. 이는 왕검성이 쉽게 함락시킬 수 없을 정도로 방어력이 뛰어난 성곽이었음을 알려준다.

이후 중국 동북지역의 강대국으로 성장한 부여의 경우, 현재 그와 관련된 성곽 40여 개소가 알려져 있다. 부여의 산성은 중대형보다는 소형이 많으며, 중앙의 도성을 중심으로 사방의 교통로를 따라 원심형(圓心形)의 관방체계를 구축하고 있다. 한편, 여러 성곽들은 일원적인 군사전략 하에 운영되는 복합적인 방어체계를 갖추었다기 보다는 지역별로 자체 방어에 적합한 형태로 운영되었는데(이종수, 2003, 817~823쪽), 이는 문헌에 등장하는 사출도(四出道)를 근간으로 하는 지방통치체제와 연결시켜 이해할 수 있다(이승호, 2019).

기원전 37년, 압록강 중상류 유역의 환인·집안 일대에서 건국한 고구려 역시 다수의 성곽을 보유하였다. 위만조선과 부여에 이어 지역 내 중심 세력으로 성장한 고구려 성곽의 기원에 대해 기존에는 혼강(渾江) 유역의 고지성 청동기시대 취락(陳大爲, 1995), 하가점하층문화에서 하가점상층문화로 이어지는 요서지역 청동기시대 석성(王綿厚, 1997) 등에서 해답을 찾고자 하였다. 하지만 시·공간적 간극이 큰 탓에 양자를 직접적으로 연결하기에는 무리가 있으며, 오히려 고구려의 초기 건국지의 자연 환경과 밀접한 연관이 있다고 보는 것이 적절할 것이다. 특히 일찍부터 한대(漢代) 평지 토성의 존재를 알고 있었음에도 불구하고, 압록강 중류 일대의 지형적인 장점을 최대한 살려 석축 산성을 축조한 것은 군사력이 약했던 건국 초기에 유효한 방어 전략으로 자리 잡았다(양시은, 2013a, 25~28쪽).

『삼국사기』에 의하면, 건국 후 3세기 말까지 고구려의 성곽으로 기록된 곳은 위나암성, 책성, 환도성, 평양성, 신성 등을 비롯해 고구려가 정복해 성읍으로 삼은 행인국과 북옥저, 고구려가 함락한 선비와 낙랑, 숙신의 성(단로성), 태조대왕이 한나라에 대비하기 위해 요서에 쌓은 10성이 전부이다.

이중 최초의 축성 대상으로 볼 수 있는 '위나암성'은 대무신왕 11년 (28) 요동태수의 공격을 성공적으로 방어한 곳이다. '책성'은 이름 그 대로 목책으로 이루어진 성곽으로 보이는데, 고구려 초기 동북 지역 영토 개척의 중심지로서 중요하게 여겨졌다. 다음으로 등장한 것은 3세기 초 고구려의 새로운 도성이 된 '환도성'이다. 연구자마다 졸본 에서 집안으로 천도한 시점이나 의의에 대해서는 차이가 있지만, 산 상왕 2년(198), 요동 공손정권의 군사적 위협에 대비해 새롭게 환도 성을 쌓고 관구검 침입 이전까지 도성으로 삼았다는 점에는 대체로 동의하고 있다(권순홍, 2015; 임기환, 2018). 동천왕 21년(247)에 등 장하는 평양성은 현재의 평양, 북한의 강계, 중국 집안 일대 등 여러 곳으로 비정되고 있는데, 관구검의 침입으로 인한 위기 상황을 이겨 낼 수 있는 곳이 아니었을까 싶다. 마지막에 등장하는 '신성'은 3세기 후반 고구려의 중요한 군사 거점으로 등장하며, 돈성(敦城)으로도 불 렸던 동북 지역의 대진(大鎭)이다. 태조대왕이 98년 3월에 책성으로 순행을 떠나 10월에 돌아온 것처럼, 서천왕은 276년 4~8월, 288년 4~11월에 걸쳐 신성으로 사냥 또는 순행을 떠난다. 이는 당시 고구려 가 동북 지역에 개척한 영토에 큰 관심이 있었음을 단적으로 보여주 며, 그 중심지에 책성과 신성이 있었음을 기억할 필요가 있다.

특히 3세기 말 이후가 되면 '신성(新城)', '신성재(新城宰)', '신성태 수(新城太守)' 등의 존재가 확인되고, 신성이라고 불리는 성들이 새 롭게 축조되기 시작한다. 이는 3세기 초반 공손강의 침입, 3세기 중 반 관구검의 침입으로 인해 고구려 내부적으로 위기감이 고조되고, 그에 따른 군사전략의 일대 변혁이 일어난 결과로 볼 수 있다. 이와 함께 나부체제의 해체에 뒤이은 중앙 권력의 강화, 요동 지역의 지배력 약화 등 고구려 대내외적인 상황이 맞물리면서, 환도성 축성으로 축적된 고구려 성곽의 전형적인 축성 기법이 도성을 벗어나 지방까지 확대되었다고 할 수 있다(정원철, 2011, 26~33쪽).

하지만 고고학적 연구 결과는 문헌과 다소 상반된 모습을 보이고 있다. 고구려 초기 도읍으로 인정되는 환인 오녀산성에서 확인된 1호 대형건물지와 이를 포함한 제3기 문화층은 내부에서 출토된 서한 시기 오수전(五銖錢)과 대천오십전(大泉五十錢), 반량전(半兩錢), 왕망 시기의 화천(貨泉) 등으로 인해 대체로 '양한(兩漢: 서한과 동한) 시기'와 비슷한 고구려 초기로 비정되고 있다. 하지만 오녀산성의 성벽은 그보다 늦은 제4기에 축조된 것으로 이해되는데, 이는 4세기 말~5세기 초보다 이른 시점(王志剛, 2016, 63~64쪽) 또는 고구려 중기에서도 약간 이른 시점에 해당한다. 오녀산성에서 초기 형태의 옹성 구조나 정연하지 못한 쐐기형 성돌을 이용한 겉쌓기 방식 등이 보이기 때문이다(양시은, 2020, 142쪽).

또한, 오녀산성 서쪽에 위치한 평지토성인 하고성자성의 성벽 아래 H1 수혈에서 오녀산성 제3기 문화층과 중첩되는 토기편이 확인되었으나 성벽 자체의 연대가 건국 초기만큼 이르다고 보기는 어렵다. 해당 토기편은 고구려 전기인 2~3세기로 편년 가능한데(양시은, 2016, 25쪽), 이와 유사한 토기가 출토된 국내성지 하부 토축 기초부의 축조 시점은 3세기 말~4세기 초로 이해되고 있다(吉林省文物考古研究所·集安市博物館, 2012, 39~46쪽). 이를 보면 오녀산성과 마찬가지로 고구려가 초축한 것이 분명한 하고성자성의 성벽 축조 시점

역시 해당 거점의 점유 시점보다 늦다는 것을 알 수 있다.

이와 관련하여 환인 왕의구유적(王義溝遺蹟)을 주목할 필요가 있다. 해당 유적의 문화층은 전국시대로 편년되는 조기(早期)와 고구려 초기로 편년되는 만기(晩期)로 나뉜다. 만기에 해당하는 유물은 오녀산성 제3기 문화층, 하고성자성 H1 수혈, 국내성 초기로 편년되는 유물들과 동일한 특징을 보이며, 그 연대에 대해서는 서한 중기에서 동한 초(金旭東, 2011) 또는 그 하한을 3세기 말~4세기 초(王志剛, 2016, 43쪽)로 보고 있다.

더불어 고구려 전기로 편년되는 대표적인 성곽으로 환인 고검지산성이 있다. 고검지산성은 2008~2009년 조사를 통해서 고구려 초기 산성으로 파악되었다(遼寧省文物考古研究所, 2012). 이를 두고 2세기 말에서 3세기 말에는 축조된 것으로 이해하기도 했지만(林起煥, 1998, 67~72쪽), 고검지산성 북벽 안쪽에서 확인된 석축의 비탈길인 마도(馬道)가 백암성과 같은 늦은 시기의 산성에만 보이는 점, 고검지산성에서는 오녀산성 제3기 문화층에서 가장 많이 보이는 종방향의 대상파수가 달린 토기 대신 횡방향의 대상파수만 확인되는 점, 조질 태토이지만 소성온도가 높아서 오녀산성 제3기 문화층 또는 인근의 왕의구유적 출토 토기와 달라 축조 시점을 4세기 말~5세기 초로 보는 견해도 있다(王志剛, 2016, 39~40쪽). 이러한 고고학적 현상들은 고구려 초기 환인 일대에 살았던 사람들이 성곽으로 둘러싸인 공간이 아닌 골짜기를 따라 흐르는 하천의 충적대지와 저산성 구릉지 등에 살았음을 알려준다.

그렇다면 당시 고구려 사람들은 어떻게 전쟁에 대비했을까? 신대왕 8년(172)에 쳐들어온 한나라의 대군에 맞서 명림답부가 내세운 승리 전략은 '해자를 깊이 파고, 보루를 높이 쌓아 들판의 (곡식을) 비우고 기다리는 것'(深溝高壘, 淸野以待之)'과 '굶주리고 곤궁해져 퇴각하는 적을 날랜 병사로 공격하는 것(饑困而歸. 我以勁卒薄之)' 두 가지였다. 이후 고구려는 굳게 지키다가 퇴각하는 적을 수천의 기병으로 쫓아 좌원에서 말 한필 돌아가지 못할 만큼 크게 깨뜨린다. 이를 두고 환인 및 집안 외곽에 분포하고 있는 산정식 산성을 이용해 고구려군이 승리한 것으로 이해한 견해가 있다(梁時恩, 2013b, 225~226쪽).

아울러 문헌상에는 3세기 후반 두만강 유역에 신성을 축조하고, 4세기 초에는 소자하(蘇子河)와 혼하(渾河) 연안의 국경지대에 중대형 산성을 축조한 사실이 확인되므로 도성 외곽을 방어하던 혼강 유역의 성곽은 늦어도 3세기 중반 이전에 축조했을 것으로 추정하기도 한다(동북아역사재단, 2021, 46~47쪽). 하지만 앞서 살펴봤듯이 3세기 중반 이전까지 초축 시점이 올라가는 고구려 산성에 대한 고고자료는 현재까지 확인되지 않고 있다.

그럼 문헌사료과 고고자료의 간극은 어떻게 이해하는 것이 좋을까? 고구려 초기 산성으로 알려져 있는 오녀산성, 고검지산성, 패왕조산성, 흑구산성, 전수호산성 등을 실제 답사해 보면 가파른 절벽으로 이루어진 산등성이를 성벽으로 삼았음을 알 수 있다. 그중 기암괴석이 가파른 절벽을 이룬 구간에는 성돌이 없는 경우가 많고, 간혹 1~2단의 낮은 성돌이 암반 사이를 채운 형태가 확인된다. 즉, 성벽을 굳이 쌓지 않아도 산성으로서 기능할 수 있다는 뜻이다. 당시 문헌에 나오는 '築城'이라는 용어를 단어 그대로 '성을 쌓다'라는 뜻으로만 받아들인다면 고고자료와 문헌의 간극을 메울 방법이 없겠지만 '특정 험지(險地)를 점거해 성처럼 활용했다'는 의미로 이해한다면 어느 정도 당시의 상황에 가깝게 접근할 수 있지 않을까 싶다.

국초부터 고구려에게 있어 가장 큰 적은 북쪽의 부여와 서쪽의 중국 군현이었다. 초반에 이들은 고구려 도성을 포위하는 일이 잦았고, 이후에는 도성까지 진격하지는 않았다고 하더라도 고구려 영토 깊숙이 진격하여 그곳에서 전투를 벌였다. 그때마다 고구려는 먼저 방어를 하고, 퇴각하는 적을 쫓았으며, 그 과정에서 청야전술을 쓰기도 한다. 그렇다는 것은 도성 이외에 고구려의 추격군(기병)이 주둔할만한 군사거점이 존재한다는 의미가 되며, 적군이 이들 거점을 공격하지 않고 도성을 직공(直攻)한다는 점에서 해당 거점이 평지에 쉽게 노출되어 있는 형태가 아님을 알 수 있다. 즉, 당시 천연성벽으로 둘러싸인 산성과 고지성 방어진지가 존재했을 가능성이 높으며, 이들 관방시설이 도성 주변에 포진하여 전황에 따라 운영되었다고 추정할 수 있다. 그리고 이들은 한반도 중부 이남에서 확인되는 고구려 보루와 성곽들처럼 문헌에 기록되어 있지 않은 관방시설이었을 가능성이 높다.

즉, 4세기 이전 인공성벽을 두른 고구려 산성이 발견되지 않는다 하여 문헌과 일치하지 않는다고 볼 필요도 없을뿐더러 고구려가 건국 후 300년이 넘도록 제대로 국가체계를 갖추지 못한 나라였다고 해석할 이유도 없다. 부여와 마찬가지로 고구려 역시 교통로와 주변의 자연 환경, 수운(水運)과 일정 넓이 이상의 공간 등 여러 가지 변수를 고려하여 험지를 선택하고, 그곳을 천연성벽으로 둘러싸인 산성으로 활용했던 것이다. 험지에는 적재적소에 인공 성벽을 축조했을 것이며, 해자와 보루처럼 기타 방어에 필요한 시설도 부가적으로 설치했을 것이다. 이처럼 '(인공)성벽이 없는 산성'들은 지방지배의 거점보다는 군사방어시설로서의 성격이 더 강했으며, 여전히 생활·분묘 공간 등 주민 대다수가 거주하는 공간은 산성 아래의 충적지나 구릉지에 자리하고 있었을 것이다(신광철, 2022, 236~242쪽).

물론 이른 시기에 축조된 고구려 산성이 확인될 가능성이 전혀 없는 것은 아니다. 다만, 인공 성벽으로 둘러싸인 성곽 도시의 존재를 곧 고대 국가 또는 영역국가의 출현과 동일시하는 획일적인 시각에서 벗어날 필요는 있다고 생각한다.

III. 고구려 남부전선 관방체계의 특징과 의의는 무엇일까?

일반적으로 관방체계라고 한다면 만리장성과 같이 높고 긴 성벽이 능선을 따라 나열된 모습, 혹은 크고 작은 산성과 보루, 봉수대 등이 산 정상부마다 위치해 서로 바라보며 상호 보완적인 역할을 하는 모습을 떠올리곤 한다. 실제 고구려 서부전선은 이와 같은 다양한 형태의 관방시설이 복합적으로 결합되어 그물망 같은 관방체계를 구축하고 있다. 고-수 전쟁, 고-당 전쟁 내내 이러한 관방체계를 깨뜨리지 못했기 때문에 전쟁은 수십 년간 장기화되고, 내분으로 몇몇 지점의 관방체계가 붕괴되면서 고구려 관방체계는 일시에 무너지게 된다.

마치 무수히 많은 태엽들로 만들어진 시계 속에서 가장 작은 태엽 하나만 고장 나도 시계 전체가 작동하지 않는 것처럼 말이다. 이는 고구려 관방체계가 느슨하지 않고 정교한 형태로 복합화 되었다는 것을 역설적으로 알려준다.

하지만 남부전선의 관방체계는 서부전선과는 그 형태나 성격이 달랐다.

4세기 초~중반 황해도 일대를 영역화한 고구려는 4세기 후반 예성강 우안을 장악하고, 5세기 초반에는 경기북부와 한강유역까지 다다른다. 5세기 후반 고구려는 임진강 이북과 중원 지역에 대한 영역화를 공고히 하면서 백제와 신라에 대한 공세를 늦추지 않는다. 당시 고구려는 압도적인 군사력을 바탕으로 백제와 신라 두 개 방면의 전선을 유지하였으며, 그 과정에서 벌어진 고구려의 한성 함락은 삼국의 정세(情勢)를 크게 뒤집을만한 일대 사건이었다.

475년 한성을 함락한 장수왕은 개로왕을 참살한 후 잔류군 일부만 남기고 나머지 군대를 이끌고 한강 남쪽에 거주하던 한성 주민 8천 명과 전리품 등을 챙겨 북쪽으로 돌아갔다. 당시 고구려는 관구검(3세기)과 모용황(4세기)에게 패해 도성을 빼앗긴 경험이 있었으며, 반대로 5세기 초반에는 북연의 용성을 접수하고 성 안의 인적·물적 자원을 모두 획득한 경험도 있었다. 즉, 한성 공함 이후에도 용성 접수 때와 마찬가지 상황이 벌어졌을 것이며, 이때 고구려는 백제 중앙의 관료, 문서, 창고 등을 모두 접수했다고 봐야 한다. 그리고 그 과정에서 백제의 지방 거점과 조세 유통망, 방어체계, 병력 배치 현황 등 다양한 정보를 얻었을 가능성이 높다.

몽촌토성에서 확인되는 각종 고구려 유물과 최근에 조사된 도로 유구 등을 보면 475년 이후 몽촌토성에 잔류한 고구려군이 안정적으로 한강유역에 주둔했음을 알려준다(이혁희, 2020, 86~88쪽). 즉, 몽촌토성을 기점으로 앞서 획득한 각종 정보와 자원을 바탕으로 본격적인 남진(南進)이 이루어졌다고 볼 수 있다. 오늘날 고구려가 축조한 임진강유역의 산성과 경기북부~한강북안의 보루군을 제외한다면, 한강 이남~중원 지역에서 확인된 고구려 성곽은 모두 백제의 성곽을 재활용한 것이다. 고구려군이 별도의 성곽을 초축하지 않고 백제의 성을 개·보축해서 사용한 이유는 다음 몇 가지로 정리할 수 있다.

첫째, 기존 백제의 관방체계 및 지방통치제도를 가늠했을 때 굳이 고구려가 별도의 공력을 들여 성곽을 쌓을 필요 없이 기존 인프라를 활용해도 남부전선 경영에 충분하다고 인지했을 가능성, 둘째, 고구려의 향후 전력 투입 및 군대 운용 계획을 가늠했을 때 당장 확실하게 확보할 수 있는 영역, 시간을 두고 영역화를 해야 하는 영역, 변경으로 남겨두고 유지하되 반드시 확보하지 않아도 되는 영역 등으로 점령지의 등급을 나눴을 가능성 등이 그러하다.

남부전선은 폭이 좁고 남북으로 긴 영토 안에 고구려, 백제, 신라 삼국의 접경 구역이 밀집해 있었으며, 끊임없이 전선이 변화하는 등 삼국의 국경이 장기간 안정화되기 어려운 측면이 많았다. 그럼에도 불구하고 고구려의 군사력이 백제, 신라를 압도했을 때에는 전선이 남쪽으로 크게 확장되었고, 남북 방향으로 긴 종심(縱深)의 교통로와 몇몇 거점을 중심으로 고구려군이 한반도 남부까지 진출해 군사작전을 벌였다. 이를 두고 학계에서는 고구려의 남부전선 경영 방식에 대해 크게 직접지배방식과 간접지배방식, 두 가지 시각으로 이해하고 있다.

직접지배방식은 475년 이후 고구려가 일정기간 한강 북안을 점유했다는 주장으로 각종 관방시설과 고분, 주거유적을 통해 고구려가 점령지에 대한 적극적인 영역화를 실시했다고 보고 있다(崔鍾澤, 2011; 2014). 그 하한에 대해서는 5세기 말(崔章烈, 2002) 또는 6세기 중반(崔鍾澤, 1999)으로 이해하고 있으며, 점령지에 대한 군현지배가 관철되었다고 보고 있다(노태돈, 2005; 최종택, 2007). 그와 달리 간접지배방식을 주장하는 입장은 고구려가 거점 혹은 보루를 통한 군사작전 위주의 통제를 우선시했고, 교통로 확보가 주목적으로 보고 있다(沈光注, 2001; 徐榮一, 2002). 더 나아가 475년 이후에도 한성 일대를 백제가 점유하고 있었다고 보기도 한다. 『삼국사기』에 지속적으로 백제 영역으로서 한강 유역의 지명이 등장하고 있고, 서울대학교 박물관에서 소장하고 있는 황주 출토 백제 토기편을 근거로 오히려 백제의 북계(北界)를 황해도 일원까지 올려보는 것이다(임범식, 2002; 김병남 2008; 김영관, 2020).

후자의 입장에서 내세우는 근거는 '남한지역에서 확인되는 고구려 관련 고고자료는 빈약하다'라는 것이다. 하지만 오히려 한강 유역에서 확인되는 백제 웅진기 유적·유물이 전무한 상황에서 황주 출토 백제토기편만으로 백제의 영역을 논하기에는 최근 증가하고 있는 남한지역 내 고구려 관련 고고자료는 무시할 수 있는 수준이 아니다. 475년 이후 등장하는 한강 유역의 지명 또한 백제가 남쪽으로 내려가 새로 확보한 영역을 중심으로 다른 지역에서 찾는 것이 합리적일 것이다(魏加耶, 2018, 86~87쪽).

마지막으로 남한지역 내 고구려 성곽에서 확인되는 저장수혈과 목곽고에 주목하고자 한다. 그간 백제 지역에서만 특징적으로 확인되는 단면 플라스크형 저장수혈에 대해 국가에서 운영하는 관창으로서 조세·수취 제도와 밀접한 연관이 있는 고고자료로 이해하였다(金王國, 2016; 2021; 朴鎔祥, 2016). 더불어 백제 도성지역에서 확인된 목곽고를 포함한 평면 장방형의 지하식 창고시설을 국가에서 운영하는 창고시설로 파악한 견해도 있다(소재윤, 2012, 23~35쪽).

그런데 백제의 성곽을 재활용한 고구려 성곽에서는 하나같이 수백 개의 저장수혈 또는 목곽고가 반드시 확인된다. 백제 도성이었던 풍납토성에는 목곽고 3기와 저장수혈 34기가, 몽촌토성에는 저장수혈 31기가 있었다. 또한, 부강 남성골산성에는 250기가 넘는 저장수혈이, 대전 월평동유적·월평동산성에는 목곽고 1기와 285기의 저장수혈이, 안성 도기동산성에서는 수십 기의 저장수혈이 확인되었다.

이 수치는 동시기 백제 성곽에서 확인되는 저장수혈의 숫자를 압도하는 수준이다. 또한 저장수혈은 서부전선의 고구려 성곽에서는 확인되지 않으므로 고구려가 백제성을 점령한 후 새로 만든 것이라고 보기도 힘들다. 즉, 고구려는 기존에 백제가 요충지로 선점했던 곳을 점유해 고구려 성곽으로 재활용하였으며, 공격 대상지는 백제의 물자가 집적되는 조세·수취의 중심지 위주로 선정되었다고 볼 수 있다.

고구려가 수십 년간 한반도 중부 이남에서 활동하면서도 군사·행정 거점이 될 만한 중대형급 성곽을 축조하지 않은 것은 다분히 의도적이었다고 봐야 할 것이다. 이는 고구려가 한정된 자원을 갖고 체계적으로 한반도 중부 이남을 경영하고자 한 결과물로서 철저하게 '효율성'을 극대화한 군사전략을 채택한 결과로 볼 수 있다. 이러한 상황을 간과한 채 고고학적 현상만 놓고 봤기 때문에 당시 고구려의 군사적 진출이 점령지의 영역화를 추진해 직접지배하려는 것이 아니라 몇몇 군사거점을 두고 교통로를 확보한 채 그 지역의 재지계 수장층 또는 정치집단을 포섭해 간접지배를 하는 방식으로 비추어질 수밖에 없었던 것이다(신광철, 2022, 472~481쪽).

Ⅳ. 나오며

현재 고구려 성곽에 대한 현장조사는 극히 일부만 이루어졌다.
환인 오녀산성을 비롯한 중국 소재 고구려 성곽 일부가 조사되었고, 그나마 정식 발굴보고서가 발간된 것은 얼마 되지 않는다. 그중 고구려 초기 도성지로 거론되는 오녀산성과 하고성자성, 국내성지 등에 대한 조사가 이루어진 덕분에 고구려 성곽의 기원 및 초기 현황에 대해 어느 정도 연구가 가능하게 되었다. 고구려 초기 성곽으로 알려진 산성들의 초축 시점에 대해 그동안 3세기 중반 이전으로 이해하는 경향이 강했는데, 지금껏 확인된 고고자료만 놓고 본다면 4세기 이전으로 연대가 올라갈만한 고고자료는 없는 실정이다.
이는 건국 이후 3세기 말까지 문헌에 등장하는 고구려 성곽의 존재와 상반되는 결과라고도 볼 수 있다. 하지만 고구려 초기 산성으로 언급되는 성곽의 입지와 천연성벽의 특징 등을 염두에 뒀을 때 험지를 활용한 성곽의 존재를 상정할 수 있으며, 4세기 이후 인공성벽을 추가한 고구려 산성이 등장했다고 볼 수 있다. 추후 신(新) 자료가 등장할 가능성이 많지만, 현재까지의 상황을 토대로 봤을 때 4세기를 기점으로 고구려 사람들의 축성에 대한 개념, 관방체계의 형태와 기능 등에 변화가 생겼다고 볼 수 있다. 이는 고구려 중앙권력 및 지방 통치체제의 변화와도 밀접한 연관성이 있으며, 향후 증대된 영토의 경영방식과도 연결되는 부분이기에 중요하다고 할 수 있다.

그밖에 현장조사 및 연구가 많이 이루어진 주제가 바로 남한지역 내 고구려 성곽이라고 할 수 있다. 임진강 이북, 경기 북부, 한강 유역, 중원 지역 등 남한지역 곳곳에서 고구려 성곽이 확인되었는데, 이러한 고고자료와 문헌에 기록된 고구려-백제의 대립 구도를 연결시켜 이해하는 시각이 대부분이다. 특히 475년 고구려의 한성 함락을 기점으로 그 이후 한강 유역을 고구려와 백제 중 누가 점유했는지, 그리고 고구려가 점유했다면 그 지배방식은 어떠했는지를 두고 다양한 논의가 이루어지고 있다.

현재까지 확인된 고고자료만 놓고 본다면 475년 이후 한강 유역을 점유한 세력은 고구려로 보이며, 그 기간은 6세기 중반, 백제와 신라가 한강 유역을 되찾을 때까지로 이해할 수 있다. 웅진기 백제의 흔적이 한강 유역에 보이지 않는 점과 고구려 관련 고고자료가 점차 증가하는 점을 중심으로 남한지역에서 확인된 고구려 성곽의 특징을 주목할 필요가 있다. 일반적으로 단면 플라스크형 저장수혈과 목곽고는 백제 지역의 특징으로 알려졌는데, 남한지역의 고구려 성곽에서 압도적인 숫자의 저장수혈과 목곽고가 확인되었기 때문이다. 이는 동시기 백제 성곽에서 확인되는 수준을 넘어서는 결과로서 한성 함락 이후 백제의 조세·수취 체계에 대한 정보를 획득한 고구려군이 우선적으로 선별 점유한 결과로 이해할 수 있다.

즉, 기존에는 고고자료의 현상만 놓고 고구려의 남부전선 지배방식을 간접지배방식으로 이해하는 견해가 적지 않았는데, 그 이면을 보면 고구려가 효율성을 우선으로 한 군사전략에 입각해 남부전선의 점령지에 대한 영역화를 적극적으로 추진했음을 알 수 있다. 다만, 전선의 유동성과 짧은 점유기간, 백제·신라 두 개 방면의 전선 유지에 필요한 국력 소모 등을 이유로 그 흔적들이 쉽게 간취(看取)되지 않았을 뿐이었다. 이 역시 추가 고고자료의 증가를 기대하며, 향후 삼국의 대립 구도를 보다 정밀하게 살펴볼 수 있다는 점에서 중요한 주제라고 할 수 있다.

이상 고구려 성곽 연구에 있어 가장 중요하다고 할 수 있는 두 가지 논점에 대해서 살펴보았다. 추후 보다 많은 자료가 확인되어 보다 정밀하게 고구려 성곽 연구의 밑그림을 그릴 수 있기를 기대한다.

참고문헌

권순홍, 2015, 「고구려 초기의 都城과 改都-태조왕대의 왕실교체를 중심으로-」, 『한국고대사연구』 78

김병남, 2008, 「백제 문주왕대의 웅진 천도 배경」, 『역사학연구』 32

김영관, 2020, 「웅진시대 백제와 고구려의 전쟁 양상과 영역」, 『한국고대사탐구』 34

金王國, 2016, 「百濟 漢城期 貯藏施設 擴散의 動因-단면 플라스크형 저장수혈을 중심으로」, 『百濟文化』 63

김왕국, 2021, 「백제 웅진·사비기 저장시설의 운영 양상과 그 배경-단면 플라스크형 저장수혈을 중심으로-」, 『百濟文化』 35

노태돈, 2005, 「고구려의 한성지역 병탄과 그 지배양태」, 『鄕土서울』 66

동북아역사재단, 2021, 『중국 소재 고구려 유적과 유물 II:압록강 중상류 2 집안-신빈』

朴鎔祥, 2016, 「百濟 城郭 內 貯藏施設 研究」, 『文化史學』 46

徐榮一, 2002, 「京畿北部地域 高句麗 堡壘 考察」, 『文化史學』 17

소재윤, 2012, 「백제 왕실(국영) 창고시설의 특징과 운영」, 『문화재』 45-4

신광철, 2022, 「관방체계를 통해 본 고구려의 국가전략 연구」, 高麗大學校 大學院 博士學位論文

沈光注, 2001, 「南韓地域의 高句麗 遺蹟」, 『高句麗研究』 12

양시은, 2013a, 「고구려 성의 기원에 대한 일고찰」, 『高句麗渤海研究』 47

梁時恩, 2013b, 「高句麗 城 研究」, 서울大學校 大學院 博士學位論文

양시은, 2016, 『高句麗 城 研究』, 진인진.

양시은, 2020, 「오녀산성의 성격과 활용 연대 연구」, 『한국고고학보』 115

魏加耶, 2018, 「5~6世紀 百濟와 新羅의 '軍事協力體制' 研究」, 成均館大學校 大學

院 博士學位論文

이승호, 2019, 「부여의 국가구조와 四出道」, 『한국고대사연구』 96

이종수, 2003, 「夫餘城郭의 特徵과 關防體系 研究」, 『白山學報』 67

이혁희, 2020, 「몽촌토성 북문지 일원 삼국시대 문화층의 최신 조사 성과」, 『고고학』 19-3

林起煥, 1998, 「高句麗前期 山城 研究-高句麗 山城의 기초적 검토(1)-」, 『國史館論叢』 82

임기환, 2018, 「고구려 國內 遷都 시기 再論」, 『사학연구』 132

임범식, 2002, 「5~6세기 한강유역사 再考-식민사학의 병폐와 관련하여—」, 『漢城史學』 15

崔章烈, 2002, 「漢江 北岸 高句麗堡壘의 築造時期와 그 性格」, 『韓國史論』 47

崔鐘澤, 1999, 「京畿北部地域의 高句麗 關防體系」, 『高句麗研究』 8

최종택, 2007, 「고고자료를 통해 본 백제 웅진도읍기 한강유역 영유설 재고」, 『百濟研究』 47

崔鐘澤, 2011, 「南韓地域 高句麗古墳의 構造特徵과 歷史的 意味」, 『韓國考古學報』 81

최종택, 2014, 「남한지역 고구려유적 연구현황과 과제」, 『高句麗渤海研究』 50

吉林省文物考古研究所·集安市博物館, 2012, 「集安國內城東南城垣考古淸理收穫」, 『邊疆考古研究』 11

金旭東, 2011, 「西流松花江·鴨綠江流域两汉时期考古学遺存研究」, 吉林大學校 大學院 博士學位論文

遼寧省文物考古研究所, 2012, 『石臺子山城』 上·下, 文物出版社

王綿厚, 1997, 「高句麗的城邑制度與都城」, 『遼海文物學刊』 1997-2

王志剛, 2016, 「高句丽王城及相关遗存研究」, 吉林大學校 大學院 博士學位論文

陳大爲, 1995, 「遼寧高句麗山城再探」, 『北方文物』 1995-3

3장

무기를 통해 고구려의 역사를 읽어낼 수 있을까

이정빈(충북대학교)

I. 연구 현황과 방법

고구려 무기 연구의 주된 자료는 크게 보아 문헌사료와 고고자료로 구분된다. 초기의 연구는 고고자료에 대한 소개와 분석에서 시작하였는데, 이를 통해 무기의 종류와 형태·기능에서 시작해 무기체계와 병종구성까지 연구의 기초적인 이해를 마련할 수 있었다. 그리고 1990년대 이후 문헌사료를 통한 연구가 보강되었는데, 이에 고고자료 연구의 심화와 더불어 한층 심화된 이해를 얻을 수 있었다.

특히 여호규(1999)의 연구가 주목된다. 이 논문을 통해 연구의 방법이 구체적으로 제시되었고, 무기를 바라보는 시각이 넓어졌다. 무기를 통해 군인과 군대를 이해하는 것은 물론이고 정치와 사회, 국제적인 문물 교류의 역사까지 탐색할 수 있었다. 이제 고구려의 역사 속에서 어떠한 무기가 있었는지 찾으려 하기보다 무기를 통해 고구려 역사의 한 단면을 들여다보려고 노력 중이다.

이기백(2011)은 "인간과 관련된 모든 사건에서 우리가 당연히 의문을 가져야 할 여섯 가지의 질문"으로 "누가, 언제, 어디서, 무엇을, 어떻게, 왜"라는 여섯 가지 질문"을 제시하였는데, 이는 무기의 역사를 연구하는 데에도 적용할 수 있다고 생각한다. 연구자 스스로 여섯 가지의 질문을 던지고 답을 찾아간다면, 연구의 시각을 확장하고 방법을 개발할 수 있다고 믿는다. 다만 질문이 정교할 필요가 있다.

예컨대 여섯 가지의 질문 중에서 '어디서'는 고구려의 영역이란 공간적 범위가 비교적 분명해 보인다. 그런데 다시 고구려의 영역에 대해 질문해 보면, 답은 쉽지 않다. 영역 확정이 어려울 뿐만 아니라 속민집단(屬民集團)의 영역이 포함되는지도 따져봐야 하기 때문이다. 또한 고구려에서 제작한 무기를 말하는지, 고구려에서 사용한 무기를 말하는지 묻는다면, 답하기는 더욱 간단치 않다. 타지에서 입수해 고구려에서 사용한 무기도 있었고, 고구려에서 제작해 타지에서 사용한 무기도 있었기 때문이다. 더욱이 고구려의 무기가 모두 고구려만의 무기도 아니었다. 대부분의 무기는 동아시아 여러 나라의 무기와 상호 작용하였다. 그러므로 고구려 무기의 공간적 범위는 결국 "고구려의 무기란 무엇인가"란 근원적인 질문으로 환원될 수 있다.

이는 다른 다섯 가지 사항에 대한 질문도 마찬가지이다. 당장 이와 같은 근원적인 질문에 답하기는 어려울 것이다. 다만 분명한 것은 시기별 변화를 포착하지 않고는 어떠한 구체적인 답도 얻기가 힘들다는 점이다. 그리고 보면 가장 먼저 궁금한 질문은 '언제 무엇을'이 아닐까 한다. "언제 어떠한 종류의 무기가 있었을까?"

II. 언제 어떠한 무기가 있었을까?

연구의 시간적 범위는 고구려의 역사와 같다고 할 수 있다. 대략 기원전 1세기에서 7세기 중반에 해당한다. 그런데 고구려의 무기가 왕국의 성립부터 멸망까지 시종일관하였을 수는 없다. 변화에 주의해서 시기를 구분해 볼 필요가 있다. 주지하다시피 시기 구분은 연구의 결과에 해당한다. 연구자마다 다른 결과를 도출할 수도 있고, 새로운 연구에 따라 변화할 수 있다. 그럼에도 불구하고 고구려 무기에 대한 문헌사료가 소략하나마 남아 있기에 연구의 출발선에서 일단의 지표로 삼을 수 있다. 『위략(魏略)』과 『주서(周書)』 고려전(高麗傳) 이다.

『위략』은 3세기 후반 서진(西晉)에서 편찬하였는데, 조위대(曹魏代) 수집된 정보를 바탕으로 하였다. 3세기 중반 전후의 사정을 반영한다고 이해된다. 현재 『위략』의 전문(全文)은 남아 있지 않지만, 『한원(翰苑)』과 『태평어람(太平御覽)』 등 후대의 유서(類書)에 일문(逸文)이 인용되어 있다. 이 중에서 『태평어람』에 인용된 『위략』에 고구려의 무기가 보인다. 궁(弓)·시(矢)·도(刀)·모(矛)가 있었다고 하였다.

『위략』은 『삼국지』 동이전 편찬의 주된 전거자료였다. 그러므로 『위략』의 일문(逸文)을 연구하는 데에는 『삼국지』 동이전과의 비교 검토가 필수적이다. 특히 『삼국지』 동이전의 부여조와 고구려조는 중복 기사가 생략되었던 만큼 그 또한 서로 비교 검토해야 한다. 7세기 전반에 편찬된 『양서(梁書)』 고구려조도 참고된다. 『양서』 고구려조는 편찬 과정에서 그때까지 남아 있던 『위략』을 참조하였을 것으로 여겨지기 때문이다. 『위략』과 『삼국지』 동이전 그리고 『양서』 고구려전을 종합해 비교 검토해 보면, 3세기 중반 고구려의 무기는 부여와 유사하였고, 궁·시·도·모 및 개갑(鎧甲) 등이 있었던 것으로 파악된다(여호규, 1999).

궁은 활이고, 시는 화살이며, 도는 칼이고, 모는 창의 일종이며, 개갑은 갑옷이다. 모두 고대의 기본적인 무기였다. 고대의 무기는 다양한 방식으로 분류된다. 공격용 무기와 방어용 무기로 나눌 수 있고, 공격용 무기는 근력의 이용 형태에 따라 원거리 무기와 단거리 무기로 나눌 수 있으며, 단거리 무기는 다시 길이에 따라 단병기(短兵器)와 장병기(長兵器)로 나눌 수 있다. 이러한 여러 방식의 분류를 참조해 『위략』에 보이는 고구려의 무기를 구분해 보면, 공격용 무기(궁·시·도·모)와 방어용 무기(도·모), 원거리 무기(궁·시)와 단거리 무기(도·모), 단병기(도)와 장병기(모)로 분류할 수 있다.

물론 3세기 중반 고구려의 무기가 그처럼 단순하였다고 할 수는 없다. 고고자료를 통해 확인할 수 있듯 활과 화살만 해도 다양한 종류가 있었고, 『삼국지』 동이전에 보이듯 소수맥(小水貊) 지역에서는 맥궁(貊弓)이란 특산품이 생산되기도 하였다. 『위략』 등의 서술은 고구려에 고대의 각종 무기가 대략 갖추어져 있었다는 뜻으로 풀이된다. 다만 같은 시기 중원 지역 내지 한족(漢族)의 왕조에서 사용한 무기와 비교해 보면, 쇠뇌(弩)가 보이지 않는 등 무기의 종류가 그만큼 다양하였다고 보기는 어렵다.

『위서(魏書)』와 남조(南朝) 측의 역사서는 고구려의 무기에 대해

적지 않았거나,『위략』을 전재했다. 새로운 내용은 찾아보기 어렵다. 고구려의 무기가 변화된 모습은『주서(周書)』고려전을 통해 살펴볼 수 있다.『주서』고려전은 7세기 전반에 편찬되었지만, 6세기 중반 이후의 사정을 반영하였다. 갑(甲)·노(弩)·궁(弓)·전(箭)·극(戟)· 삭(矟)·모(矛)·연(鋋)이 있었다고 하였다.『위략』의 고구려 및『주서』이역전(異域傳)에 실린 여러 나라의 무기와 비교해 보면, 다음의 표와 같이 정리된다.

〈표 1〉『위략』과『주서』에 보이는 고구려의 무기체 및『주서』이역전에 보이는 동아시아 여러 나라의 무기

		공격 무기									방어 무기	
		원사무기			근접무기						개갑	방패
					장병기				단병기			
『魏略』	高句麗		弓·(貊弓)				矛		刀		鎧	
『周書』	高句麗	弩	弓	箭	戟	削	矛	鋋			甲	
	百濟		弓	箭			矛		刀		甲	
	突厥		弓	矢(鳴鏑)			矛		刀	劍	甲	
	吐谷渾		弓				矛		刀		甲	
	高昌		弓	箭			矛		刀		甲	楯
	鄯善		弓				矛		刀		甲	
	波斯	弩	弓	箭			矛			劍	甲	圓排

　갑이란 방어용 무기와 그 이외의 공격용 무기가 보인다. 이 중에서 노·궁·전이 원거리 무기였다면, 극·삭·모·연은 단거리 무기였다. 극·삭·모·연은 도·검(劍)과 비교해 장병기에 속한다. 도·검 등이 보이지 않지만, 이는 생략되었다고 보아 무방하다.
　『북사』및『구당서』와『신당서』의 고려전에서는 고구려의 무기가 대략 중국(中國)과 같다고 하였다.『주서』고려전이 편찬된 6세기

중반을 전후해 고구려의 무기 종류는 수·당과 비교해 손색이 없을 정도로 다양해진 것이다. 『위략』과 『주서』만 비교해 보아도 공격용 무기가 분화된 모습을 살필 수 있다. 원거리 무기에 노가 추가되었고, 단거리 무기 중 장병기는 모에 불과하였지만, 극·삭·연이 추가된 것이다. 이와 같은 무기의 분화 양상은 각종 고고자료를 통해 보다 자세히 살필 수 있다.

고고자료는 문헌사료에 보이는 무기의 실물을 확인시켜 준다. 특히 4~5세기 고분벽화가 중요하다. 생활 및 풍속에 대한 내용이 풍부한데, 이 중에는 군대의 행렬도 및 군인 내지 무사의 모습에서 무기가 나온다. 이러한 고분벽화를 통해 『위략』과 『주서』 고려전이 전하지 않는 4~5세기의 상황을 엿볼 수 있다. 문헌 사료의 공백을 채워주는 셈이다. 무엇보다 고분벽화는 문헌사료 및 유물보다 훨씬 다양한 종류의 무기를 살필 수 있고, 무기를 소지한 군인 내지 무사의 모습이 보이므로, 무기의 운용과 병종 등 여러 측면에서 연구를 가능하게 해 준다(堀田啓一, 1979 ; 여호규, 1999).

이처럼 고구려의 무기와 관련한 문헌사료와 고고자료는 시기별로 균질하지 않다. 다만 국가형성기부터 멸망기까지 주요 자료를 중심으로 구분해 보면, 초기(국가형성기~3세기 중반)·중기(4~6세기 전반)·후기(6세기 중반~멸망기)로 삼분된다. 정치사의 시기 구분과 대략 같은 셈이다. 이는 자료의 한계에서 비롯된 시기 구분이지만, 무기의 역사와 정치·사회의 변화를 유기적으로 고찰할 여지를 제공하기도 한다.

이와 관련하여 고분벽화에 보이는 군대의 행렬도를 주목할 수 있다. 그와 여타의 자료를 비교해 보면, 군대의 주요 무기를 파악할수 있는데 군대의 주요 무기는 곧 병종(兵種)을 말해주고, 병종의 구성은 전법(戰法) 및 군대의 운용과 직결되며, 군대의 운용은 정치·사회와 밀접하기 때문이다. "누가 어떻게 사용했을까?"란 질문이 그러한 문제를 말해줄 것이다.

Ⅲ. 누가 어떻게 사용했을까? 왜 바뀌었나?

『삼국지』부여전에서 집집마다 무기를 갖추었다고 하였는데, 전쟁이 있으면 제가(諸加)가 스스로 전투하고 하호(下戶)가 식량을 운반한다고 하였다. 3세기 중반을 전후한 부여의 군대는 무장이 가능한 지배층을 중심으로 구성되었던 것으로 생각된다. 대체로 제가와 호민(豪民)이 전사층(戰士層)을 구성하였다고 이해한다. 3세기 중반까지 고구려도 마찬가지였을 것이다. 좌식자(坐食者)가 만여 구였다고 하였는데, 이들이 전사층이었다고 이해된다(이기백, 1978). 지배층으로 구성된 전사층이 군대의 주축이었던 것이다. 그들이 "궁·시·도·모 및 개갑"으로 무장(武裝)하고 전투를 주도하였다고 할 수 있다.

그런데 2세기 이후 고구려는 후한(後漢) 등 주변국과의 전쟁을 지속하였고, 영역 및 세력범위 확장을 위한 전쟁을 추구하면서 군대의 규모가 확대되었다. 1~2세기까지 주요 전투에서 수천 명 정도를 동원하였던 데서 3세기 이후로는 수만 명 이상을 동원하기 시작하였다. 이제 호민만 아니라 하호까지 군대에 동원하지 않을 수 없었다. 옥저와 동예 그리고 양맥 등 여러 속민집단의 하호까지 동원하였다. 소수의 전사층이 주축이었던 군대에 다수의 농민이 군인으로 참전하였다. 이와 같은 변화는 고구려 민(民)의 범위 확대를 동반하였다.

3세기까지 고구려의 민은 5나부(那部)를 중심으로 하였고, 속민집단은 그와 구분되었다. 그런데 4세기 이후에는 속민집단의 일부도 5나부 지역과 동일한 민으로 재편되었다. 이와 같은 변화는 「광개토왕비」에 보이는 수묘인(守墓人) 중에서 구민(舊民)의 지역 분포를 통해 살필 수 있다. 373년 반포된 율령(律令)은 바로 그와 같은 국가체제 정비의 결과였다. 이렇듯 민의 범위가 확대된 것은 전쟁에 속민집단의 하호를 동원하기 위한 것으로, 참전에 따른 반대급부의 의미도 있었다고 해석된다.

군대 규모의 확대는 철기의 보급으로 가능하였다. 3세기 이후 철기의 생산기술이 비약적으로 발전하였는데, 이로써 철제 농기구와 무기가 보급되었다. 철제 농기구의 보급으로 농업생산력이 증대되면서 읍락 단위로 경작하던 하호는 가호(家戶) 단위로 경작하는 민으로 재편되었고, 철제 무기의 보급으로 민의 무장이 가능해졌다. 중앙의 국가권력은 가호 단위의 민을 직접 파악하였고, 부세를 징수하였다. 부세를 징수해 무기를 생산하고 군인으로 징발해 무장시켰다. 이제 무기는 지배층의 전유물이 아니었다.

그런데 고대 국가에서 군대의 중심은 어디까지나 지배층으로 구성된 전사층이었다. 귀족과 전문적인 군인집단이 넓은 의미에서 지배층을 구성하였고, 그들이 군대의 핵심이었다. 지배층의 주된 병종은 기병(騎兵)이었다. 이는 기마(騎馬)를 비롯한 기병의 무장 및 군사적 능력의 함양을 위해서는 일정한 경제력이 요구되었던 사정과 밀접하였다. 『삼국사기』에 보이는 온달(溫達)의 출세(出世) 과정이 그를 잘 보여준다.

다수의 민은 보병(步兵)을 구성하였다. 기병과 비교해 무장이 용이하고, 대부분 그만큼의 군사력 능력은 요구되지 않았기 때문이다. 이 점에서 4세기 이후 고구려의 무기는 크게 보아 지배층 중심의 기병 무기와 피지배층 중심의 보병 무기로 나누어 볼 수 있다. 무기의 보급은 병종의 분화를 동반하였고, 병종구성은 신분에 기초하였던 셈이다. 다시 말해 병종별 무기 · 무장은 신분제를 반영하였다고 이해된다. 이는 신분제를 규정한 율령에 입각하였을 것이다. 따라서 무기 · 무장은 고구려의 신분제와 율령을 파악하는 데에도 일정한 단서를 제공할 수 있다.

이처럼 4세기 이후 고구려 무기 운용의 주체는 정치 · 사회의 변화를 바탕으로 확대되었는데, 이는 동아시아의 군사적 변화와 무관치 않았다. 이와 관련하여 4세기 이후 동아시아에서 등자(鐙子)가 보급되고 중장기병(重裝騎兵)이 유행한 사실이 주목된다. 등자는 승마에 편의를 제공해 상대적으로 숙련도가 낮은 군인도 기병으로 양성할 수 있도록 하였고, 중장기병은 방어력을 강화해 숙련도가 낮은 기병을 적진 돌파와 파괴와 같은 전술에 운용할 수 있도록 하였다(徐榮敎, 2004a · b).

이는 오호(五胡)와 북조(北朝)의 여러 나라에 유용하였다. 오호와 북조의 여러 나라는 유목 · 수렵사회에서 기원하였다. 기본적으로 기병 위주의 군대였다. 하지만 화북(華北)의 농업지대를 차지하고 정착

생활에 익숙해지면서 기병의 숙련도가 저하되었는데, 등자와 중장은 기병의 양성과 운용의 문제를 해소해 주었던 것이다. 이제 기병은 중장기병과 경기병으로 분화되었고, 한층 다양한 기병 전술이 구사되었다. 물론 기병만 변화한 것은 아니었다. 기병 전술에 대응하기 위한 보병의 무기와 무장 역시 개발하였다. 기병과 보병 모두 병종과 무기가 분화하였던 것이다.

고분벽화와 유물을 통해 알 수 있는 4세기 이후 고구려의 각종 병종과 무기는 이러한 동아시아의 군사적 변화에 보조를 맞추었던 것으로, 고구려의 군사적 변화는 다시 백제 · 신라 · 가야 등 주변 여러 나라에 파급되었다. 고구려의 무기는 북방 유목 · 수렵 사회와 서방의 중원왕조 그리고 동북아시아 여러 나라의 군사적 변화와 상호작용하며 개발 · 분화하였던 셈이다. 고구려의 무기체계가 다시 재편된 시점으로는 6세기 후반이 주목된다.

이와 관련하여 『수서』 고려전에 보이는 수 문제(文帝)의 새서(璽書)가 주목된다. 이를 보면 6세기 후반 고구려는 쇠뇌를 개발하기 위해 수에 첩자를 파견해 기술자를 유치(誘致)하였는데, 이는 원거리 무기의 발달 및 분화란 군사적 변화를 함의하였다. 4~6세기 중반 동아시아 여러 나라에서는 기병에 대응하기 위해 보병의 무기와 무장도 개발하였다고 하였는데, 그 안에는 장병기만 아니라 원거리 무기가 포함되어 있었다.

특히 쇠뇌는 기계장치를 활용한 무기로 근력을 축적할 수 있었으므로, 활과 비교해 사정거리와 위력을 강화시키기 용이하였기에 중장기병을 위협하였다. 쇠뇌의 지속적인 개량은 중장기병의 퇴장에

일조하였고, 6세기 후반 이후 동아시아 여러 나라는 보병의 운용에 주목하였다. 북주(北周)의 군제 개편이 주목된다. 북주는 다수의 농민을 군인으로 동원하기 위한 군제 개편으로 이른바 부병제(府兵制)를 추진하였다. 용병 내지 전문적인 군인집단을 중심으로 군역을 세습시키던 군호(軍戶)를 민호(民戶)와 일치시키고, 전국 각지의 민호를 대상으로 군역(軍役)을 부과하였다. 이러한 군제 개편은 북주를 계승한 수(隋)가 6세기 후반 중원 지역을 통일하였던 원동력의 하나였다.

고구려는 이와 같은 수의 군제 개편 및 군대 재편에 대응해 쇠뇌를 개발하였던 것으로, 쇠뇌의 개발은 고구려의 군제 재편 및 군대 재편의 가능성을 시사한다(이정빈, 2010). 더욱이 5~6세기 중반 삼국 간의 항쟁이 격화되며 각국은 군사적인 요지와 거점마다 성(城)과 보루(堡壘)를 축조하고 방어체계를 갖추었다. 이에 성곽전의 비중이 높아졌는데, 성곽전의 주요 병종도 보병이었다. 이는 6세기 후반~7세기까지 마찬가지였다. 그러므로 6세기 후반 이후 고구려를 비롯한 삼국에서는 보병의 비중이 높아진 추이 속에서 동아시아 여러 나라의 군사적 변화와 맞물려 다양한 보병의 무기를 개발·운용한 것이다.

보병의 확대는 군대 규모의 확대를 의미하였다. 고구려를 비롯한 삼국은 대규모 군대를 운용하기 위해 국가 재정의 확대를 추구하였고, 부세를 징수·운용하기 위한 관료·지방 제도를 정비하였다. 민에 대한 직접적인 지배력을 한층 강화해 간 것이다. 6~7세기 고구려의 무기체제 재편은 중앙집권적 국가체제의 강화를 동반하였다. 무기의 역사는 고구려의 정치적·사회적 변화를 바탕으로 하였고, 이는 다시 정치적·사회적 변화를 추동하였던 것이다.

Ⅳ. 향후의 연구 과제와 전망

고구려(어디서)의 각종 무기(무엇을)는 시기마다(언제) 사용 주체가 변화하였는데(누가), 사용 주체는 여러 병종의 전술 운용(어떻게)을 반영하였다. 또한 정치적·사회적 변화만 아니라 동아시아 여러 나라의 군사적 변화와 상호작용하였다. 6~7세기의 경우 중앙집권적 국가체제의 강화를 동반하였는데, 동아시아 여러 나라의 대전(大戰)은 이와 같은 양상을 심화시켰다. 7~8세기 통일신라·발해, 당과 일본의 추이도 마찬가지였다. 고구려 무기의 역사는 동아시아의 역사적 변화 과정 속에서 중심적인 위치를 차지하고 있는 것이다.

연구의 중요성과 의의에도 불구하고 아직까지 고구려 무기 연구가 충분하였다고 말하기는 어렵다. 각종 자료에 보이는 무기의 종류와 기능에 대한 세부적인 파악은 앞으로의 과제로 남아 있다. 흩어져 있는 자료를 종합하고, 개별적인 무기마다 기능과 의미를 밝히는 데 천착할 필요가 있다. 그리하였을 때 연구의 방법도 다양해지고 시각도 넓어질 것으로 생각한다.

가령 새로운 무기의 도입에만 초점을 맞추어 이를 여러 사회 변화의 원인으로 단순화시켜서 접근하기보다 반대로 사회의 제반 변화 속에서 새로운 무기의 수용과 이에 따른 군사적 변화를 고려해 보기도 하는 등 입체적인 시각을 갖추기 위한 노력이 요청된다고 생각한다. 무기를 통해 고구려의 역사를 새로이 조망해 볼 수 있기를 기대한다.

참고문헌

1. 저서

강현숙 · 양시은 · 최종택, 2022, 『고구려 고고학』, 진인진

노영구, 2022, 『한국의 전쟁과 과학기술문명』, 들녘

정동민, 2022, 『고구려-수 전쟁-고대 동아시아 최대의 충돌-』, 신서원

김종일 · 성정용 · 성춘택 · 이한상, 2019, 『한국 금속문명사-주먹도끼에서 금관까
지-』, 들녘

서영교, 2014, 『高句麗 騎兵』, 지성인

이기백, 1978, 『한국사학의 방향』, 일조각

이기백, 2011, 『한국사학사』, 일조각

마쓰기 타케히코 지음, 천선행 옮김, 2021, 『인간은 왜 전쟁을 하는가-고고학으로
읽는 전쟁의 탄생-』, 생각과종이

2. 논문

堀田啓一, 1979, 「高句麗壁畵古墳にみえる武器と武裝」, 『展望アジアの考古學』,
橿原考古學研究所

김기웅, 1992, 「삼국시대의 무기」, 『한국무기발달사』, 국방군사연구소

김길식, 2005, 「고구려의 무기체계의 변화」, 『한국 고대의 Global Pride, 고구려』,
고려대학교 박물관

金性泰, 1993~1995, 「高句麗 武器(1)~(3)」, 『文化財』 26~28, 文化財管理局

金性泰, 2005, 「최근 보고된 고구려무기의 검토」, 『高句麗研究』 20

김문수, 2010, 「고구려시기 무기, 무장」, 『력사과학』 2010-2

박진욱, 1964, 「3국 시기의 창에 관한 약간의 고찰」, 『고고민속』 1964-1

박진욱, 1965, 「3국 시기의 활과 화살」, 『고고민속』 1964-3

박진욱, 1970, 「3국 무기의 특성과 그것을 통하여 본 병종 및 전투형식」, 『고고민속론문집』 2

전주농, 1958~1959, 「고구려 시기의 무기와 무장(1)·(2) - 고분벽화 자료를 주로 하여-」, 『문화유산』 1958-5·1959-1

정동민, 2008, 「高句麗 重裝騎兵의 特徵과 運用形態의 變化」, 『韓國古代史研究』 52

徐榮敎, 2004a, 「고구려 기병과 鐙子-고구려고분벽화 분석을 중심으로-」, 『歷史學報』 181

徐榮敎, 2004b, 「高句麗 壁畵에 보이는 高句麗의 戰術과 武器」, 『高句麗研究』 17

송계현, 2005, 「桓仁과 集安의 고구려 갑주」, 『북방사논총』 3

余昊奎, 1999, 「高句麗 中期의 武器體系와 兵種構成」, 『韓國軍事史研究』 2

李仁哲, 1996, 「4~5세기 高句麗의 南進經營과 重裝騎兵」, 『軍史』 33

이정빈, 2010, 「6~7세기 고구려의 쇠뇌 운용과 군사적 변화」, 『軍史』 77

4장

고구려는 한강유역을 지배하였을까

박종서(화서문화재연구원)

I. 들어가며

고구려는 압록강 중류 지역에서 기원하여 전성기에 남쪽으로 한강 유역을 넘어 소백산맥 이남까지 진출하였으며, 서쪽으로 후연을 몰 아내고 요동을 확보하였다. 북쪽으로는 부여를 복속시켜 한반도와 만주 지역을 포함하는 광활한 영토를 차지하였다.

한반도에서 한강유역은 정치, 경제, 문화의 중심지로 이 지역을 차 지하는 국가가 삼국의 주도권을 차지할 수 있는 중요한 지역으로 인 식되어 왔다(박성봉, 2015). 따라서 고구려는 평양으로 천도하며 한 강유역 진출에 대한 의지를 실행해 나아갔다. 장수왕은 한성을 공격 하여 함락시킨 후에 금강에 이르는 청원, 세종 지역까지 남진한 것으 로 알려져 있다. 그러나 장수왕이 한성함락 후 바로 회군하였으며, 『삼국사기』 백제본기에 등장하는 지명으로 고구려는 한강유역을 차 지하지 못하였으며, 백제가 한강유역을 차지한 것으로 주장하는 연구자가 있다. 이를 한강유역의 백제 영유설(百濟領有說)이라 하며, 이와 반대되는 고구려가 한강유역을 차지하였다고 주장하는 것을 한강유역의 고구려 영유설(高句麗領有說)이라고 한다.

이와 같이 한성함락 이후 한강유역에 대한 고구려 영유설과 백제 영유설이 서로 상반되는 견해를 주장하는 것은 동일한 고고학 자료를 서로 다르게 해석하는 것에서 비롯된 면이 적지 않다(김현숙, 2009). 따라서 이 글에서는 백제와 고구려의 영유설에 대한 내용을 정리하여 고구려가 한강유역을 영유하였음을 살펴볼 것이다.

II. 한성함락 이후에도 백제가 한강유역을 지배하였다?

장수왕(長壽王)이 한성(漢城)을 함락한 후, 신라에게 원군을 청하러 갔던 개로왕의 아들 문주왕은 신라에서 1만의 원병을 얻어서 돌아오는 중에 이미 개로왕은 죽고, 한성은 함락되었다는 소식을 들었다. 고구려군은 9월에 돌아가서, 문주는 즉위 후 10월에 웅진으로 천도하였다라고 『삼국사기』에 기록되어 있다. 475년 한성함락 후 장수왕과 고구려군은 포로 8천 명을 데리고 돌아가고, 나머지 고구려군은 계속해서 백제를 공격하기 위해서 몽촌토성에 남은 것으로 보인다(박중균·이혁희, 2018). 그 이후 고구려군은 계속 남진하여 금강 이북까지 진격한 것으로 확인되고 있다.

고구려군은 몽촌토성을 거점으로 진천, 청원과 대전까지 진격하며 웅진의 바로 앞 금강 건너편까지 공격하여 백제를 위협하였다. 진천

대모산성, 세종 남성골 산성, 대전 월평동 산성에서 고구려 남진의 흔적을 찾을 수 있다. 고구려가 한성을 함락한 이후 백제는 웅진으로 천도를 하였는데, 일반적으로 웅진 천도 이후 한강유역은 475년부터 551년까지 고구려가 차지하고 있는 것으로 알려져 왔다. 하지만 장수왕의 한성함락 이후에도 여전히 백제의 영역으로 남아 있다는 이론(異論)이 제기되었다.

백제 영유설은 475년 한성함락 이후부터 6세기 중반 사이의 『삼국사기』 백제본기 기록에 백제가 여전히 한강유역을 차지하고 있는 것처럼 전하는 사실을 논거로 삼아 제기된 것으로, 이 견해를 지지하는 연구자들은 한강유역뿐만 아니라 백제가 황해도 일부 지역까지 진출하여 고구려와 전투를 벌이고 있는 것으로 보고 있다.

『삼국사기』 백제본기에 등장하는 지명은 한산성(漢山城), 우두성(牛頭城), 치양성(雉壤城), 마수책(馬首柵), 고목성(高木城), 한성(漢城), 횡악(橫岳), 패수(浿水), 혈성(穴城), 오곡(五谷) 등이 있다. 이 중에는 한강 이북에 위치하고 있는 지명이며, 심지어 황해도 지역에 있는 성(城)까지도 보인다. 따라서 『삼국사기』 백제본기 기록을 그대로 따른다면, 475년에서 551년 사이에 백제가 한강유역을 차지하였다고 볼 수 있다.

백제 영유설을 주장하는 연구자들의 견해를 보면, 문헌사와 고고학 분야의 연구자들이 다양한 의견을 제시하고 있다. 문헌사 분야에서 박찬규는 동성왕과 무령왕대에 한성 백제 당시의 한강유역까지 회복한 것으로 보았다(박찬규, 1991). 김병남은 성왕대 전쟁이 주로 한강 이북 황해도 일대에서 이루어졌다는 점을 근거로 고구려가 551

년 이전까지 한강 이북까지만 차지한 것으로 보았다(김병남, 2008). 박현숙은 『삼국사기』 백제본기에 한산성, 한산, 한성으로 표현되는 한성시기의 중심지가 웅진시기에도 고구려나 말갈의 공격대상 지역이 되고 있다는 점을 들어 고구려군은 한성함락 이후 백제의 항복을 받은 뒤 한강 이북으로 철수하였고, 이 지역을 완전히 장악하여 통치한 것이 아니라 단순히 교두보를 마련한 것으로 보았다(박현숙, 2001). 김영관은 웅진시기의 대부분 동안 백제가 한강유역을 영유했으며, 성왕 7년(529) 10월 오곡지원에서의 패배로 백제가 한강유역을 상실한 것으로 보았다. 이때부터 551년까지 22년 동안만 고구려가 이 지역을 차지하고 있었다고 했다(김영관, 2000). 김락기는 한강 이남과 이북에서 확연히 다르게 나타나는 고구려 유물의 존재 여부를 통해, 『삼국사기』 지리지(地理志)보다는 본기(本紀)의 기록을 중심으로 이해하는 것이 더 사실에 가까울 수 있다는 점을 강조하였다. 그리고 『삼국사기』 지리지에 고구려 군현으로 기록된 지역은 실제 그러 했다기보다는 9주가 천하를 의미한다는 관념에 삼국을 통일했다는 신라인의 '삼한일통(三韓一統)' 의식이 어우러진 관념의 소산으로 보아, 경기 남부 지역을 직접 지배하지 못한 것으로 보았다(김락기, 2005). 백제 영유설을 주장하는 문헌사학계의 연구자들은 『삼국사기』 백제본기의 기록을 주목하여 논지를 전개하고 있는 것으로 보인다.

그렇다면 백제 영유설을 주장하는 고고학계의 견해는 어떠한가? 최장렬은 고고학적 자료를 들어 한강 이북의 보루 등 군사시설이 임시적인 성격을 보이기 때문에 고구려가 한강유역을 안정적으로 지배하지 못하였다고 했다(최장렬, 2002). 심광주는 고구려가 이 지역을 안정적으로 영역지배하지 못하고, 몇몇 중요한 거점을 확보하고, 중요 교통로를 통해 한반도 중부지역을 경영하는 이른바 군사적 거점 중심으로 지배한 것으로 보았다(심광주, 2002). 안신원은 현재까지의 고구려 고분을 종합해 볼 때, 한강 이남에 남겨진 고구려 유적들은 장기 거주를 증명해 주지는 못하며, 고구려의 군사적 공격과 후퇴의 과정에서 단기간에 남겨진 군사적 활동과 관련된 물질문화의 흔적이라고 했다(안신원, 2010). 신광철은 영역화가 진행된 임진강 이북에는 다수의 성곽과 보루가 복합적인 관방체계가 구축됐지만, 그 이남에 대해서는 영역화가 이루어지지 않아 보루만 축조되었다고 했다(신광철, 2011).

이와 같이 백제 영유설을 주장하는 고고학계의 연구자들은 단기간의 군사활동으로 보이는 보루 등 작은 규모의 성곽이 주 교통로 상에 위치하고 있으며, 주거시설과 군사행정의 복합적인 활동이 가능한 산성이 확인되지 않는 것으로 보아 군사적 거점만을 확보하였을 뿐, 영역 지배는 하지 못한 것으로 주장하고 있다.

그런데 한강유역 백제 영유설은 기본적으로 풀어야 하는 몇 가지 문제가 있다. 첫 번째, 『삼국사기』지리지에 한강유역에 위치한 군현이 본래 고구려의 군현이었다고 전하는 것에 대하여 합리적으로 설명할 필요가 있다. 최근 고고학 자료를 통해서 고구려 군현과 관련된 명문 기와 등의 출토유물에서 확인되는 '마홀(馬忽)', '주부토(主夫吐)', '잉벌노(仍伐奴)' 등은 한강유역에 상당 기간 동안 고구려 군현이 존재하고 있었음을 방증하는 자료로 이해할 수 있다. 두 번째로 한강이남 지역에서 확인되고 있는 고구려의 유물과 유적, 즉 성남,

용인, 화성, 충주 등지에서 확인된 고구려 석실분과 안성, 세종, 대전 등에서 발굴 조사된 고구려 보루 및 성곽들에 대해 합리적으로 설명할 필요가 있을 것이다. 백제 영유설에서는 한강이남 지역을 고구려가 점령하지 못하였다고 주장하고 있다. 그러나 현재까지 발굴 조사된 고고학 자료에 의한다면, 이와 같은 주장은 그리 설득력이 있다고 보기 어렵다. 또한 한강이남 지역에서 웅진시기 백제와 관련된 유적이나 유물이 아직까지 확인되지 않는 점도 해결해야 할 과제의 하나라고 볼 수 있다(박종서, 2023).

Ⅲ. 고구려는 한성함락 이후 한강유역을 지배하였다

고구려 영유설은 『삼국사기』 권35 잡지4 지리2 한주조의 기사를 중요한 논거로 삼아 제기된 것으로, 이 견해를 주장하는 연구자들은 한강유역 뿐만 아니라 충북 일부 지역, 심지어 경북 북부 지역에 위치한 군과 현까지 고구려의 군현이었다고 본다.

이에 대하여 고구려 영유설을 주장하는 연구자들 중에 노태돈은 한강유역을 백제가 차지하고 있는 듯 보이는 사료에 대해서 『삼국사기』 백제본기의 원전(原典)이 되었던 어떤 사전(史傳)이 편술될 때 착간(錯簡)이 된 부분이었을 것으로 보았다. 적극적이고 의도적인 사료조작이 이루어진 것은 아니지만, 착오에 의해 다른 시기 사료가 끼어들었을 것이라는 견해를 밝혔다(노태돈, 2005). 김수태는 백제가 한강유역을 육로가 아닌 해로를 통해 공격하였다고 보았다(김수태,

2006). 임기환은 사료의 원전계통이 다른 자료를 이용하면서 착란이 발생하였다고 보는 견해(임기환, 2002) 등이 제기되었다. 한편 여호규는 서로 다른 상황을 전하는 여러 사료가 착종되어, 실제 상황을 반영하는 사료와 그렇지 않은 사료를 구분하지 않고 연구를 진행한다면, 엉뚱한 결론에 도달할 수밖에 없다고 보았다. 그동안 웅진-사비기 백제의 한강영유를 반영한다고 논의된 사료들은 그 이전의 사료를 중복 게재했거나 아니면 또 다른 이유에서 현전하는 것처럼 사서상에 정착되었다고 파악하였다(여호규, 2013). 전덕재는 백제인이 후대에 475년 이후에도 한강유역을 영유한 것처럼 조작하였거나 후대에 부회(附會)한 것과 관련이 깊다고 주장하였다(전덕재, 2016). 김현숙은 백제 영유설과 고구려 영유설의 견해를 균형감 있게 비판하고 보완하는 입장에서 연구사를 정리하여 구체적인 지배양상에 대한 검토가 필요하다고 했다(김현숙, 2009). 이러한 측면에서 고구려 영유설을 주장하는 연구자들의 경우, 앞으로도 계속 입론을 보완할 필요가 있을 것으로 판단된다.

고고자료에 입각한 연구에서는 문헌사의 연구 성과를 받아들여 영역지배를 관철했다고 보기도 한다(최종택, 2008). 그렇지만 대다수 고고학자들은 지방행정의 치소(治所)로 비정할 만한 중대형 산성이 발견되지 않는다는 사실을 근거로 영역지배를 구현하지 못하고 거점지배나 간접지배를 시행했을 것으로 파악한다(심광주, 2001; 서영일, 2007; 안신원, 2010; 신광철, 2011; 이정범, 2015). 고구려의 한강유역 지배방식을 둘러싸고 영역지배설[직접지배설]과 거점지배설[간접지배설]이 팽팽히 맞서고 있다. 이처럼 논란이 분분한 가장 큰 이유는 관련 자료가 충분하지 않기 때문이다. 여기에 웅진-사비시기 백제의 한강유역 영유설까지 제기되면서 논의는 더욱 복잡한 양상을 띠게 되었다(여호규, 2020).

　현재 성남 판교동, 용인 보정동, 화성 청계리 등지에서 확인되고 있는 고구려 석실분에 대한 평가 또한 각 견해의 입장에서 자기 주장을 보강하는 증거로 이용하고 있다. 고구려 영유설을 주창하는 연구자들은 이들 고고학 자료를 고구려가 한강유역을 영유하고 있다는 확실한 증거로 제시하고 있다. 그러나 반대로 백제 영유설 입장에서는 장기간 거주한 흔적인 주거지 등의 유구가 확인되지 않고, 고분만이 확인되는 것만으로는 고구려가 한강유역을 확실하게 영역으로 편제하였다는 결정적인 증거로 삼기가 부족하다고 주장하고 있다(서영일, 2008). 그러나 최근 2020년 수도문물연구원에서 발굴 조사한 인천 선학동 유적에서 남한 지역에서 처음으로 고구려 주거지가 확인되었다. 인천 선학동 유적은 고구려 고고자료로서 많은 의미가 있는 유적이다(수도문물연구원, 2022). 남한지역에서 확인이 되지 않던 고구려 주거지가 확인이 됨으로써 앞으로 다른 지역에서도 확인될 가능성을 열어주었기 때문이다. 필자는 고구려 영유설을 긍정하는 입장에서 고구려 남진로 선상에서 계속하여 고구려의 고고자료가 확인될 것으로 기대하고 있다(박종서, 2022).

　고구려는 4세기 중국 군현 병합 이후 지속적으로 한반도 중부이남 지역에 대한 진출을 모색하였다. 광개토왕은 영락 6년에 백제를 공격한 것을 시작으로 하여 5세기대에 성공적으로 한강유역에 진출할 수 있었다. 이후 고구려는 대상과 시기, 대응에 따라 선택적으로 남진로를 활용한 것으로 파악된다. 고구려의 남진로를 구체적으로 구획하기 위해서는 고구려의 남진과 관련된 문헌자료와 고고자료를 검토할 필요가 있다. 특히 문헌자료가 부족한 고대사 분야에서는 고고자료를 적극 활용해야 할 것이다. 최근 활발한 고고학 발굴조사의 결과로 고구려 관련 유적이 다수 확인되었으며, 이에 대한 조사와 함께 연구도 활발하게 진행되고 있다. 이에 지금까지 남한 지역에서 고구려 유적, 유물로 확인된 것들을 정리하여 고구려 남진로의 변화를 검토한 연구가 있다. 먼저 남한지역에 분포하는 고구려 유적을 정리하였는데, 성곽(보루), 고분 등이 주를 이루고 있음을 확인할 수 있다. 이외에 주거지 등의 유적과 고구려의 유물이 수습되거나 고구려 유물이라고 전하는 것까지 모두 조사하여 정리하였다. 정확한 출토 위치는 알 수 없다고 하여도, 수습된 주변 지역에 대한 대략의 정보를 얻을 수 있다고 생각되었기 때문이다(박종서, 2023).

이와 같이 고구려 유적과 유물을 점으로 표시하고, 그 점을 이어 선으로 연결하면 고구려의 이동 경로, 즉 남진 경로이다. 고구려의 남진로에 대한 검토를 통해서 7개 경로를 새롭게 구명하였으며, 그동안 학계에서는 ○○천로, ○○산로 등 부분적이고 지협적인 명칭을 사용하여 복잡하고 이해가 되지 않는 부분이 있었는데, 각 남진로의 특징을 살려 새로운 명칭을 부여하였다. 고구려의 남진로는 첫째 해주로(海州路), 둘째 한성로(漢城路[熊津路(웅진로)]), 셋째 한강수로(漢江水路), 넷째 한성서부횡단로(漢城西部橫斷路), 다섯째 한성서남로(漢城西南路), 여섯째 신라왕경로(新羅王京路), 일곱 번째 동해안로(東海岸路) 등이 있다.

고구려 남진로는 크게 육로와 수로로, 다시 대상 국가에 따라 백제와 신라 공격로로 구분할 수 있다. 물론 각 노선에서는 지형과 대상과 시기에 따라 세부적인 부분에 차이가 있을 수 있다. 하지만 고구려 남진로의 큰 줄기는 〈표 1〉과 같다(박종서, 2023).

〈표 1〉 고구려 남진로 : 평양→백제(한성, 웅진), 신라(경주)

공격대상		번호	명칭	노선	기타
백제	육로	1	해주로	평양-재령-신원-해주…수로 3노선 연결	재령로
		2	한성로 (웅진로)	① 평양-황주-서흥-평산-금천-개성-장단-적성-양주-한성…웅진 ② 평양-황주-서흥-평산…연천-적성-양주-한성…웅진	자비령로 **백제주공격로**
	수로	3	한강수로	해주-관미성-한강수로-한성	한강수로→한성
		4	한성서부횡단로	해주-관미성-미추홀-안양천…한성	미추홀→한성
		5	한성서남로	해주-관미성-미추홀-화성, 용인 방면 진출…한성	경기 남부로
신라	육로	6	신라왕경로	평양-대동-연산-수안-신계-이천-평강-김화-화천-춘천-홍천-원주-제천-충주-죽령…경주	방원령로→죽령로 **신라주공격로**
		7	동해안로	평양-대동-연산-곡산-신평-법동-원산-강릉-삼척-울진-경주	동해안로

출처 : 박종서, 2023, 「고구려 장수왕대 한강유역 진출과 南進路 운영」, 『서울과 역사』 113, 28쪽, 〈표 4〉

Ⅳ. 나오며

고구려는 한성함락 이후 한강유역에 대한 영역지배를 시행한 것으로 추정된다. 물론 지방 통치의 중심지인 치소(治所)와 군사적인 역할을 담당한 중대형 산성, 주거지, 고분 등의 구체적인 고고학적인 증거가 확실하게 확인되었다고 보기에는 아직 부족한 면이 없지 않다. 그러나 한강이남 지역인 성남, 용인, 화성 등의 지역에서 일정한 간격을 두고 고구려 석실분이 출토되는 양상은 치밀한 계획 하에 교통로 상의 요충지를 거점으로 안정적인 지배를 한 것으로 추정된다. 특히 한강유역에서는 최초로 인천 선학동에서 고구려 주거지가 출토됨으로써 한강유역에 대한 고구려 영유설이 입증되고 있다.

반면에 진천 대모산성, 세종 남성골 산성, 대전 월평동 산성, 연기 나성리 유적 등 안성천 이남지역의 경우는 장기간에 걸쳐 안정적으로 지배하였다는 증거를 찾을 수 없다. 이 지역의 경우는 거점을 중심으로 군사적 활동을 주로 전개하였기 때문으로 짐작된다. 결과적으로 고구려는 대체로 안성천에서 정동(正東) 방향에 위치하고 있는 국원성(國原城, 충주)을 잇는 선을 경계로 '영역 지배'를 관철시켰다고 정리할 수 있다(박종서, 2022).

참고문헌

1. 저서

박성봉, 2015, 『고구려의 南進 발전과 史的 의의』, 경인문화사

서영일, 1999, 『신라 육상 교통로 연구』, 학연문화사

장창은, 2014, 『고구려 남장 진출사』, 경인문화사

전덕재, 2018, 『三國史記 본기의 원전과 편견』, 주류성

전덕재, 2021, 『三國史記 잡지·열전의 원전과 편찬』, 주류성

최종택, 2013, 『아차산 보루와 고구려 남진경영』, 서경문화사

2. 논문

김락기, 2005, 「경기 남부 지역 소재 고구려 군현의 의미-문헌 자료와 고고학 자료
　　　의 상호관계를 중심으로-」, 『고구려연구』 20

김병남, 2008, 「백제 문주왕대의 웅진 천도 배경」, 『역사학연구』 32

김영관, 2000, 「백제의 웅진천도 배경과 한성경영」, 『충북사학』 11·12

김현숙, 2009, 「고구려의 한강유역 영유와 지배」, 『백제연구』 50

노태돈, 2005, 「고구려의 한성지역 병탄과 그 지배 양태」, 『鄕土서울』 66

박종서, 2022, 「고구려 남진 연구」, 단국대학교 박사학위논문

박종서, 2023, 「고구려 장수왕대 한강유역 진출과 南進路 운영」, 『서울과 역사』
　　　113

박중균·이혁희, 2018, 「몽촌토성 북문지 일원 삼국시대 考古資料의 양상과 성
　　　격」, 『백제학보』 26

박찬규, 1991, 「백제웅진초기 북경문제」, 『史學志』 24

朴賢淑, 2001, 「熊津 遷都와 熊津城」, 『百濟文化』 30

서영일, 2008, 「한성 백제의 교통로 상실과 웅진천도」, 『향토서울』 72

신광철, 2011, 「고구려 남부전선의 지휘관과 군사편제」, 『韓國上古史學報』 74, 韓
　　國上古史學會

신광철, 2022, 「관방체계를 통해 본 고구려의 국가전략 연구」, 고려대학교 박사학
　　위논문

심광주, 2002, 「남한지역의 고구려 유적」, 『고구려연구』 12

안신원, 2010, 「최근 한강 이남에서 발견된 고구려계 고분」, 『고구려발해연구』 36

여호규, 2013, 「5세기 후반~6세기 중엽 고구려와 백제의 국경 변천」, 『백제문화』
　　48

임기환, 2002, 「고구려·신라의 한강유역 경영과 서울」, 『서울학연구』 18

전덕재, 2009, 「신라의 한강유역 진출과 지배방식」, 『鄕土서울』 73

전덕재, 2018, 「4~7세기 백제의 경계와 그 변화 -경기와 충청지역을 중심으로-」,
　　『백제문화』 58

최장렬, 2002, 「漢江北岸 高句麗堡壘의 築造時期와 그 性格」, 『한국사론』 47

5장

고구려를 공격한 수의 백만 대군은 어떻게 편성되었을까

정동민(한국외국어대학교)

Ⅰ. 들어가며

589년 진(陳)을 멸망시키면서 300여 년간 분열되었던 중국 대륙을 통일하고 초강대국으로 변모한 수(隋)는 동아시아에서 기존의 다원적인 세력을 인정하지 않고 중국 중심의 일원적인 국제 질서를 구축하고자 하였다(이성제, 2005, 171쪽). 반면 고구려는 계속해서 독자적인 세력을 유지하고자 하였는데, 이로써 양국은 충돌이 불가피하였고, 결국 598년, 612년, 613년, 614년 등 모두 4차례에 걸쳐 전쟁을 벌였다.

고구려-수 전쟁은 당시 동아시아 최강국 간 충돌이었고, 당사국은 물론 주변 제세력에게도 많은 영향을 미치며 동아시아의 국제 질서를 뒤흔들었던 사건이었기 때문에 다방면에 걸쳐 적지 않은 연구가 이루어졌다. 그 연구 동향을 살펴보면 크게 두 유형으로 나눌 수 있는데, 먼저 당시 국제 정세와 연관시켜 전쟁의 원인, 영향, 전쟁 당사국 간의 관계 혹은 주변 제세력과의 관계 등을 다룬 연구가 있다. 그리고 군사사적 관점에서 군단 편성, 무기체계, 방어체계, 전략·전술 등을 다룬 연구가 있는데(임기환, 2014, 10쪽), 특히 수군의 군단 편성과 관련하여 주목을 받았던 것 가운데 하나가 『수서(隋書)』에 보이는 기록으로 612년 고구려-수 전쟁에서 수가 동원하였다는 1,133,800명이라는 병력 수였다.

수가 동원하였다는 1,133,800명은 『수서』의 찬자가 언급한 바 있듯이 그 유례를 찾아볼 수 없었던 전무후무한 대병력이었다. 그러다보니 여전히 많은 연구자의 관심 속에서 그 진위를 두고 의견이 분분하다. 그리고 수군의 군단 편성과 관련해서 사료마다 상충되는 기록이 적지 않음으로써 연구에 혼란을 주고 있다. 이 글에서는 612년 고구려-수 전쟁 당시 수군의 군단 편성과 관련한 문헌 기록과 선행 연구를 살펴보면서 제기되는 문제의 해결을 위한 새로운 제안을 미약하나마 제시해보고자 한다.

II. 문헌 기록에 보이는 수군 편성의 모습은?

612년 고구려-수 전쟁 당시 수군의 군단 편성과 관련하여 주목했던 기록은 612년 1월 수양제(隋煬帝)가 고구려 원정에 나서면서 반포한 조서(詔書) 그리고 수군의 행군 모습과 편제 양상이 담겨 있는 『수서』 예의지(禮儀志)였다.

수양제의 조서에 따르면 수 육군은 좌군(左軍)으로 제1군 누방도군(鏤方道軍), 제2군 장잠도군(長岑道軍), 제3군 명해도군(溟海道軍), 제4군 개마도군(蓋馬道軍), 제5군 건안도군(建安道軍), 제6군 남소도군(南蘇道軍), 제7군 요동도군(遼東道軍), 제8군 현도도군(玄菟道軍), 제9군 부여도군(扶餘道軍), 제10군 조선도군(朝鮮道軍), 제11군 옥저도군(沃沮道軍), 제12군 낙랑도군(樂浪道軍), 그리고 우군(右軍)으로 제1군 점제도군(黏蟬道軍), 제2군 함자도군(含資道軍), 제3군 혼미도군(渾彌道軍), 제4군 임둔도군(臨屯道軍), 제5군 후성도군(候城道軍), 제6군 제해도군(堤奚道軍), 제7군 답돈도군(踏頓道軍), 제8군 숙신도군(肅慎道軍), 제9군 갈석도군(碣石道軍), 제10군 동이도군(東暆道軍), 제11군 대방도군(帶方道軍), 제12군 양평도군(襄平道軍) 등 24개 군이 있었다(『수서』 권4 제기4 大業 8년 춘정월). 그리고 『수서』 예의지에 따르면 수양제와 문무백관의 호위군으로 추정되는(寧志新·喬鳳岐, 2004, 124쪽) 천자군(天子軍, 御營軍)도 있었는데, 내군(內軍), 외군(外軍), 전군(前軍), 후군(後軍), 좌군(左軍), 우군(右軍) 등 6개 군으로 편성되어 있었다(『수서』 권8 예의3 大業 7년).

위의 기록을 종합해보면 수 육군은 '24군+천자 6군' 등 모두 30개 군으로 편성된 것으로 나온다. 수군에는 육군 이외에도 '창해도군(滄海道軍)'으로 불리는 수군(水軍)이 있었는데, 원정에 동원한 육군과 수군(水軍)의 총병력이 "1,133,800명이었고, 200만이라고도 일컬었으며, 군량을 나르는 자는 그 배가 되었다"고 한다(『수서』 권4 제기4 大業 8년 춘정월).

한편 수 육군의 병종 구성에 대해서 『수서』 예의지에 자세히 기록되어 있는데, 기병과 보병 그리고 치중융거산병(輜重戎車散兵)이 있었다고 한다(『수서』 권8 예의3 大業 7년). 기록에 따라 육군 각 군의 양상을 살펴보면 기병은 4단(團)이 있었고, 1단은 10대(隊)로 구성되어 있으며, 1대마다 100기(騎)가 있었다. 그렇다면 각 군에는 4,000기의 기병이 있었다고 볼 수 있다. 보병은 기병과 마찬가지로 4단이 있었고, 1단은 20대로 구성되어 있었다. 그런데 1대마다 몇 명의 군사가 있었는지 기록되어 있지 않아 각 군 보병의 수를 알 수 없다. 치중융거산병은 그 명칭으로 볼 때 예비군, 군수물자를 옮기는 보급병, 공성기계를 만드는 공인 등이 포함되어 있었을 것으로 추정되는데, 보·기병과 마찬가지로 4단이 있었다고만 나올 뿐 그 외는 기록되어 있지 않아 보병과 마찬가지로 각 군내 수를 알 수 없다.

이와 같이 육군 각 군의 보병·치중융거산병의 수와 총병력 수가 기록되어 있지 않기 때문에 이에 대해서 견해가 분분하다. 제시된 견해들을 살펴보면 각 병종의 수를 추정한 후에 총병력 수를 파악하기도 한다. 예컨대 보병 1대의 병력 수를 기병 1대의 병력 수와 동일하게 100명으로 추정하면서 기병 4,000기, 보병 8,000명, 치중융거산병 8,000명 등 총 20,000명으로 본 견해가 있다(서인한, 1991, 67쪽). 그리고 각 군 보병과 기병의 비율이 1:4였을 것이라는 가정 하에 보병 1대의 병력 수를 기병 1대의 병력 수의 2배인 200명으로 설정하고, 보병과 치중융거산병의 수가 동일하였을 것이라고 추정하면서 기병 4,700기(친위대 700기 포함), 보병 16,000명, 치중융거산병 16,300명(기타인원 포함) 등 총 37,000명으로 본 견해가 있다(김창석, 2007, 121~122쪽).

반대로 각 군의 총병력 수를 추정한 후에 각 병종의 병력 수를 파악하기도 한다. 예컨대 615년 우문아영(宇文娥英)이 남편인 이민(李敏)을 반역자로 무고하면서 했던 거짓 증언, 즉 '이민이 이혼(李渾)에게 "만약 고구려 원정이 재개되면 너와 나는 반드시 대장이 되고 각 군 2만여 명을 합쳐서 50,000명을 이끌 수 있다"라는 말을 건넸다'는 증언을 토대로(『수서』 권37 열전2 李穆子渾) 각 군의 총병력 수를 약 25,000명으로 추정하면서 기병 4,000기, 보병 16,000명, 기타 5,000명이었다고 보거나(淺見直一郎, 1985, 27쪽), 기병 4,000기, 보병 8,000명, 치중융거산병 13,000명이었다고 보기도 한다(이동준, 2009, 143~144쪽).

　　한편 육군 각 군의 병력 수를 25,000명 혹은 37,000명으로 추정한 견해에서는 수가 1,133,800명의 병력을 동원하였다는 기록에 대해 믿을 수 있다고 보고 있다. 수 육군이 30개 군으로 이루어졌다는 전제하에, 추정한 한 군의 병력 수를 대입하여 계산해보았을 때 1,133,800명이라는 병력 수에 미치지 못하지만, 기병·보병·치중융거산병·천자군 병력의 일정 정도 오차나(김창석, 2007, 122쪽) 수군(水軍)과 이종족 군대, 경장(輕裝)의 유군(遊軍), 소단위의 병력 수 생략 등의 변수를 감안하면(淺見直一郎, 1985, 29쪽) 그리 신빙성이 없다고 볼 수 없다는 것이다. 이 외에도 평양성(平壤城)으로 직공하기 위해 편성된 수 별동대가 9개 군 305,000명으로 이루어져 있었다는 기록을 토대로(『자치통감』 권181 수기5 大業 8년 7월) 육군 각 군의 병력 수를 33,900명으로 추정한 후 24군·천자 6군 813,300명, 어영노수(御營弩手) 30,000명, 서돌궐(西突厥)·고창(高昌) 병력 172,000명, 수군(水軍)

70,000명이었다고 보면서 그 기록을 신빙하기도 하였다(寧志新·喬鳳岐, 2004, 123~125쪽).

반면에 그 기록을 믿을 수 없다고 보기도 한다. 예컨대 한 군의 병력 수를 25,000명으로 추정하면서 24군 500,000~600,000명, 천자 6군 120,000~150,000명, 수군(水軍) 80,000명, 서돌궐 기병 500기, 말갈 돌지계(度地稽)의 집단 일부 등 800,000명이 동원되었다고 보는 견해가 있다(熊義民, 2002, 116쪽). 그리고 한 군의 병력 수를 기병 4,000기, 보병 8,000명, 치중융거산병 8,000명 등 총 20,000명으로 추정하면서 30개 군의 총 병력 수인 600,000명만이 실제 참전하였고, 나머지 533,800명은 원정을 떠난 병력을 대신해 수 영역내에서 새롭게 징집된 인원이나 이동 병력이었다고 보는 견해도 있다(이기훈, 1997).

Ⅲ. 수군의 군단 편성을 이해하는 새로운 제안

이상과 같이 612년 전쟁 당시 수군의 군단 편성에 대해서 연구자마다 의견이 분분하지만, 일치하는 전제가 있다. 그것은 바로 수 육군이 '24군+천자 6군' 등 30개 군으로 이루어져 있다는 것이다. 전술하였듯이 수양제의 조서와 『수서』예의지의 기록을 토대로 수 육군이 30개 군으로 이루어졌다고 보는 것이 통설이었다. 그런데 전쟁에 참전한 인물의 열전(列傳)이나 묘지명(墓誌銘) 등 사료의 폭을 넓혀보았을 때 과연 그렇게 볼 수 있는지 의문인데, 30개 군 이외의 군명이 확인되기 때문이다.

예컨대 성곽전의 고전 속에서 점령하지 못한 고구려의 성들을 우회하여 평양성으로 곧장 진군시킬 목적으로 편성한 별동대 관련『자치통감』의 기사를 보면 별동대로 참전하였다는 9개의 군명이 열거되어 있는데(『자치통감』권181 수기5 大業 8년 6월), 그 가운데 수성도군(遂城道軍)과 증지도군(增地道軍)은 수양제의 조서에 보이지 않는 군명이다. 그리고 전쟁에 참전했던 범안귀(范安貴)의 묘지명과 유원(遊元)의 열전(『수서』권71 열전36 遊元)을 보면 이들이 각각 험독도군(險瀆道軍)과 개모도군(蓋牟道軍)을 이끌었다고 하는데, 이들 군명 또한 조서에 보이지 않는다.

이 외에 612년 전쟁 때 편성되었을 가능성이 높은 군명도 확인된다. 이민의 열전을 보면 그는 신성도군(新城道軍)을 이끌고 612년 혹은 613년 전쟁에 참전하였던 것으로 추정되는데(『수서』권37 열전2 李敏), 군명에 보이는 신성(新城, 撫順 고이산성)이 4세기 이래 고구려의 전략적 요충지로서 그 중요성을 감안한다면 612년 전쟁 때 편성되었을 가능성이 높다고 여겨진다. 한편 613년 전쟁 당시 편성된 노룡도군(盧龍道軍)의 경우(『수서』권73 열전38 梁彦光), 612년 전쟁 때 편성되었다는 기록은 보이지 않는다. 그런데 613년 전쟁 당시 편성되었던 군명을 살펴보면 노룡도군을 제외한 부여도군(『수서』권66 열전31 房彦謙), 갈석도군(『수서』권64 열전29 魚俱羅), 조선도군(『수서』권65 열전30 周法尙), 답돈도군(『수서』권65 열전30 薛世雄), 창해도군(『수서』권64 열전29 來護兒) 모두 612년 전쟁에서 확인된다. 상대적으로 613년 전쟁에 동원된 병력 수가 적었을 것이라는 점을 감안하면 613년 전쟁 때 새로운 군명으로 군대를 조직하여 군사들을 배정하였을 가능성은 희박하다고 추정된다. 즉, 노룡도군 또한 612년 전쟁 때 편성되었다고 여겨지는 것이다.

위의 내용까지 종합하면 612년 전쟁 때 편성된 수 육군의 군명으로 기존의 '24군+천자 6군' 외에 4개, 최대 6개를 추가하여 모두 34~36개를 확인할 수 있다. 한편 수 육군의 진군과 관련하여 '탁군(涿郡, 北京 남서쪽 일대)에서 매일 한 군씩 출발하여, 40일이 되어서야 출발을 마쳤다'는 기록이 있는데(『수서』 권4 제기4 大業 8년 춘정월), 이 기록을 감안하면 수 육군은 40개 군으로 편성되었을 가능성이 높다고 여겨진다. 만약 수 육군이 40개의 군으로 편성되었다면 수가 1,133,800명의 병력을 동원하였다는 기록의 신빙성은 더욱 높아진다고 볼 수 있는데, 믿을 수 있다는 입장에서 수군의 군단 편성 양상을 살펴보고자 한다.

전술하였듯이 수군은 육군과 수군(水軍)으로 구성되어 있었는데, 수군(水軍) 병력에 대해서는 기록이 남아 있지 않다. 다만 611년 4월에 수가 장강(長江)과 회수(淮水) 이남 그리고 영남(嶺南)에서 수수(水手) 10,000명, 노수(弩手) 30,000명, 배찬수(排鑹手) 30,000명을 징발하였다고 하는데(『자치통감』 권181 수기5 大業 7년 4월), 수수는 노를 젓는 인력이므로 수군(水軍)으로 참전하였을 것이고, 배찬수가 지니고 있었던 배찬(排鑹) 즉 짧은 창(『자치통감』 권181 수기5 大業 7년 4월 胡三省 註)은 수군(水軍)에 유리한 무기이다. 이를 감안하면 611년 4월에 징발된 수수, 노수, 배찬수 등 총 70,000명은 수군(水軍) 병력이었다고 추정되는데(楊秀祖, 1996, 51쪽), 그렇다면 육군은

1,133,800명에서 70,000명을 뺀 1,063,800명이었다고 볼 수 있다.

만약 추론대로 수 육군이 40개 군으로 이루어져 있고 병력이 1,063,800명이었다고 보았을 때 육군 각 군의 병력 수를 단순 추산하면 26,500여 명이 되는데, 이는 우문아영의 증언을 토대로 추정했던 25,000명과 비슷하다. 즉, 육군 각 군의 병력 수는 25,000명이었을 가능성이 높다고 여겨지는 것이다.

한편 전술하였듯이 수 별동대의 경우 9개 군으로 이루어져 있고 총병력은 305,000명이었다고 하는데, 별동대를 토대로 육군 각 군의 병력 수를 추산하면 약 33,900명이 된다. 양자 간에 큰 차이가 나는 것인데, 이를 어떻게 보아야 할까? 이 문제와 관련하여 수의 장수인 양의신(楊義臣)의 열전 기록이 주목된다. 기록에 따르면 양의신은 숙신도군을 지휘하면서 압록수(鴨綠水)에서 을지문덕과 싸웠고 결국 패배하여 면직되었다고 하는데(『수서』 권63 열전28 楊義臣), 그의 행보는 수 별동대와 일치한다. 그렇다면 그는 별동대로 참전하였다고 여겨지는데, 그가 지휘하였다는 숙신도군은 9개의 군에 포함되어 있지 않다. 즉, 305,000명을 9개 군의 총병력 수라고 단언할 수 없는 것이다. 만약 추론대로 육군 각 군이 25,000명으로 이루어져 있었다면 별동대는 9개가 아닌 12개의 군으로 편성되었을 가능성이 높다.

수 육군 각 군의 병력 수가 25,000명이었다는 전제 하에 『수서』 예의지의 기록을 토대로 각 군의 기병, 보병, 치중용거산병의 수를 추산해보면, 기병은 4단이 있었고 1단은 10대로 구성되어 있었으며 1대마다 100기가 있었다고 하므로, 4,000기였다고 볼 수 있다. 보병의 경우는 4단이 있었고 1단은 20대로 구성되어 있었다고만 나올 뿐

1대마다 몇 명의 군사가 있었는지 기록되어 있지 않아 논란이 되었는데, 찬자가 그 수를 기록하지 않은 것은 앞에서 기록한 기병 1대와 같았기 때문이라고 여겨진다. 이와 같은 추론 속에서 기병과 마찬가지로 1대를 100명으로 본다면 보병은 8,000명이 된다. 그렇다면 치중용거산병은 25,000명에서 기병 4,000기와 보병 8,000명을 뺀 13,000명이었다고 볼 수 있다.

한편 육군 각 군의 병력 수가 25,000명이고 40개 군으로 이루어졌다고 한다면 총병력 수는 1,000,000명이 되는데, 앞에서 수 육군의 병력 수로 추정했던 1,063,800명과 비교하면 63,800명이 적다. 이와 같은 차이가 나는 것은 육군 각 군의 병력 수에 있어 변수가 존재함을 의미하는데, 그 변수는 천자 6군이 아닐까 싶다. 천자 6군은 수양제와 문무백관의 호위군이었기 때문에 여러 면에서 34개 군과 차이를 보였을 것으로 추정된다. 그런 만큼 각 군의 기병·보병·치중용거산병의 수와 총병력 수 또한 34개 군과 다르게 보아야 할 것이다.

천자 6군에 대해서는 관련 기록이 소략하기 때문에 자세한 양상을 파악하기 어려운데, 군내에 어영노수(御營弩手) 30,000명이 있었다는 기록에 주목해보고자 한다(『수서』 권68 열전33 何稠). 기록대로 천자 6군에 노수 30,000명이 있었다고 한다면 각 군마다 노수 5,000명이 있었던 셈이 된다. 한편 수군(水軍)의 경우 노수와 배찬수(창수) 각각 30,000명을 동원하였다고 하는데, 구성 비율로 보면 1:1이다. 이러한 수군(水軍)의 사례를 참고한다면 육군 각 군의 노수, 그리고 노수와 함께 육군의 병종이었던 창병의 구성 비율 또한 1:1일 가능성이 높다. 즉, 천자 6군에 소속된 창병 또한 노수와 마찬가지로 30,000

명이었고, 각 군마다 5,000명이 있었다고 여겨지는 것이다. 그렇다면 34개 군 각 군의 보병 수가 8,000명이었던 것과 달리, 천자 6군 각 군에는 10,000명의 보병이 있었다고 볼 수 있다. 34개 군과 천자 6군 사이에 보병 수의 차이가 있다면 기병 수에 있어서도 차이를 보일 것이라고 여겨지는데, 병력 수의 비율을 통해 유추해 본다면 34개 군 각 군의 기병과 보병 수는 각각 4,000기와 8,000명으로 1:2이고, 천자 6군 각 군의 보병 수는 10,000명이므로, 천자 6군의 각 군 기병 수는 5,000기였다고 추정할 수 있다.

이와 같이 천자 6군 각 군에 기병 5,000기, 보병 10,000명이 있었을 것으로 추정되는데, 그렇다면 치중융거산병의 수는 어느 정도였을까? 앞에서 34개 군은 각 군마다 25,000명의 병력이 있었다고 추정한 바 있는데, 그렇다면 34개 군의 병력 수는 약 850,000명이 된다. 천자 6군의 병력 수는 육군 총병력 수인 1,063,800명에서 34개 군의 병력 수인 850,000명을 뺀 213,800명으로 볼 수 있는데, 그렇다면 천자 6군 각 군의 병력 수는 대략 35,000명이 된다. 치중융거산병은 35,000명에서 기병 5,000기와 보병 10,000명을 뺀 20,000명 정도로 추산할 수 있는 것이다.

IV. 나오며

수 육군이 '24군+천자 6군' 등 30개 군으로 편성되었다고 이해하여 왔던 것은 수양제의 조서 내용 때문이었다. 전술하였듯이 조서는 612

년 1월에 반포되었는데, 그 이전에 수집한 자료를 바탕으로 작성하였다고 볼 수 있다. 즉, 612년 1월 이후의 상황은 반영되어 있지 않은 것이다. 수양제가 조서를 반포한 후 수군이 집결지인 탁군에서 최전방 군수물자 보급기지인 노하진(瀘河鎮, 요령성 錦州 일대)이나 회원진(懷遠鎮, 요령성 北鎮 일대)으로 진군하는 사이 혹은 이미 수집한 자료를 바탕으로 조서를 작성하고 있는 기간에 군단 편성의 변화가 있었을 가능성은 얼마든지 있다. 이와 같이 특정한 시점(612년 1월 이전)까지의 상황만 반영되어 있는 조서의 내용을 바탕으로 전쟁 기간 내내 수 육군이 '24군+천자 6군'으로 이루어졌다고 보는 통설은 재고의 여지가 있다고 여겨진다.

주지하듯이 고구려-수 전쟁과 관련한 역사서의 기록들은 대부분 소략하고, 병력 동원 수나 병종 구성만을 언급하는 경우가 많아 전쟁에 대한 자세한 양상을 파악하기 쉽지 않다. 하지만 소략한 기사라 할지라도 동일한 사건이나 상황에 대해 한 정사 안에서도 본기(本紀), 예의, 열전 별로 다른 기록을 전하는 경우가 많다. 그리고 전쟁에 참전했던 인물의 묘지명에는 역사서에 기록되어 있지 않은 내용이 담겨 있기도 하다. 그렇기 때문에 각 사건별 혹은 상황별로 상이한 그리고 새로운 기록을 모아 세밀히 분석하고 나름의 의미를 부여할 수 있다면 그 동안 보지 못했던 고구려-수 전쟁의 새로운 모습을 파악할 수 있을 것이며, 아울러 사료의 부족으로 인하여 612년 전쟁에 비해 다소 미진했던 598년, 613년, 614년 전쟁에 대한 군사사적 규명도 어느 정도 이루어질 수 있을 것이다. 고구려-수 전쟁에 대한 앞으로의 연구를 기대해 본다.

참고문헌

1. 저서

서인한, 1991, 『高句麗 對隋唐戰爭史』, 국방부 군사편찬위원회

이기훈, 1997, 『전쟁으로 보는 한국 역사』, 지성사

이성제, 2005, 『高句麗의 西方政策 研究』, 국학자료원

이정빈, 2018, 『고구려-수 전쟁 : 변경 요서에서 시작된 동아시아 大戰』, 주류성

임기환, 2022, 『고구려와 수당 70년 전쟁』, 동북아역사재단

임용한, 2001, 『전쟁과 역사-삼국편』, 혜안

정동민, 2022, 『고대 동아시아 최대의 충돌, 고구려-수 전쟁』, 신서원

喬鳳岐, 2010, 『隋唐皇朝東征高麗研究』, 中國社會出版社

孫繼民, 1995, 『唐代行軍制度研究』, 文津出版社

楊秀祖, 2010, 『高句麗軍隊與戰爭研究』, 吉林大學出版社

2. 논문

김복순, 1986, 「고구려 대수·당 항쟁전략 고찰」, 『軍史』 12

김선민, 2003, 「隋 煬帝의 軍制改革과 高句麗遠征」, 『東方學志』 119

김영수, 2007, 「612년 여·수 전쟁과 고구려의 첩보전」, 『민족문화』 30

김창석, 2007, 「고구려-수 전쟁의 배경과 전개」, 『동북아역사논총』 15

이동준, 2009, 「隋煬帝의 高句麗 원정과 군사전략」, 『學林』 30

임기환, 2014, 「7세기 동북아 전쟁에 대한 연구동향과 과제-고구려와 수, 당의 전쟁을 중심으로」, 『역사문화논총』 8

劉心銘, 2000, 「隋煬帝·唐太宗征高麗論略」, 『解放軍外國語學院學報』 2000-2

楊秀祖, 1996, 「隋煬帝征高句麗的几个問題」, 『通化師院學報』 1996-1

寧志新·喬鳳岐, 2004, 「隋煬帝首征高麗軍隊人數考」, 『河北師範大學學報』 2004-1

熊義民, 2002, 「隋煬帝第一次東征高句麗兵力新探」, 『暨南學報』 2002-4

韓昇, 1996, 「隋煬帝伐高麗之謎」, 『滾川師院學報』 1996-1

侯波, 2008, 「隋煬帝攻伐高句麗」, 『世界博覽』 2008-10

淺見直一郎, 1985, 「煬帝の第一次高句麗遠征軍-その規模と兵種」, 『東洋史研究』
　　　　44-1

6장

고구려 최후의 25년(644~668)을 돌아보다

이민수(서강대학교)

I. 들어가며

7세기 고구려는 598·612·613·614년 4차에 걸친 수(隋)와의 거듭된 전쟁으로 인한 피해 복구가 시급하였다. 수의 뒤를 이은 중국의 통일 왕조 당(唐)의 2대 황제인 당태종(唐太宗)은 대외팽창정책을 펼쳐 중국 중심의 일원적인 국제질서를 구축하고자 하였다. 당태종은 영류왕이 전승탑인 경관을 허물고, 태자까지 당에 입조시켰음에도 불구하고, 사신을 빙자한 첩자를 파견해 고구려의 정세와 지리를 염탐하고 침공 의사를 드러냈다.

그러던 중 642년 고구려에서 연개소문이 영류왕과 대신 180여명을 죽이는 정변을 일으키면서 고구려와 당을 둘러싼 국제정세에도 커다란 변동이 오게 되고, 고구려와 당 양국은 전쟁국면에 들어서게 되었다. 5세기의 독자적인 세력권을 회복하고자 했던 연개소문과 중국 중심의 일원적인 국제질서를 구축하려 했던 당태종과의 결전은 필연적이었다. 고구려-당은 국지전이 있던 644년부터 고구려가 멸망하는 668년까지 장장 25년에 걸쳐 전쟁을 전개하였다.

고구려-당 전쟁은 세부적으로 국경 지대 국지전(644년), 1차 전면전(645년), 소모전(647~648년), 요서 지역 각축전(650년대), 2차 전면전(661~662), 3차 전면전(666~668)으로 분류할 수 있다. 3차 전면전에서 고구려는 멸망하였으나, 당은 그로 인해 신라가 평양이남 및 백제고지를 차지하는 것과 토번이 토욕혼을 잠식하고 서역 방면으로 세력 확장하는 저지하지 못하였다. 고구려 멸망 이후 신라와 토번은 당과의 전쟁에서 승리하면서 동북아시아 국제질서의 중요한 축으로 급부상하였다. 이렇듯 고구려-당 전쟁은 양국은 물론 동아시아에도 지대한 영향을 끼쳤다.

고구려-당 전쟁사에 대해 본격적으로 다룬 연구는 2000년 초부터 진행되었다. 물론 그 이전에도 고구려-당 전쟁의 원인, 고구려-설연타 관계(노태돈, 1986), 안시성 전투와 당군의 패인(朴漢濟, 1993) 7세기 고구려의 군사역량(박헌, 1996), 고구려의 후기 방어체계와 전략 및 전술(여호규, 1999·2000) 등 의미 있는 유관연구가 진행되었으나, 구체적인 연구는 아직 미진한 상황이었다.

고구려-당 전쟁사에 대한 본격적인 연구는 의외로 일반 대중을 대상으로 한 수준 높은 전쟁 교양서로부터 시작되었다. 임용한, 김용만이 대표적이다. 임용한은 고구려-당 양국의 전략과 전술, 병종과 무기 체계, 주요 전투, 인간 심리에 대해 심도 있게 중립적으로 서술하였다(임용한, 2001). 김용만은 기존 사료 전면 재검토 및 새로운 사료를 다수 발굴하면서 사료 인용의 폭을 확장하고, 건안성, 신성 전투나

2차 전면전을 재조명하는 등 고구려-당 전쟁사 연구의 전기를 마련하였다(김용만, 2003). 이후 학계에서도 고구려-당 전쟁사에 대한 연구가 활발히 진행 중에 있다. 본고에서는 국내의 고구려-당 전쟁사 연구 동향에 대해 군사사(軍事史)를 중심으로 시기를 구분하여 간략히 되짚어보고자 한다.

II. 644년 고구려의 당 선제공격부터 645년 1차 전면전까지

644년 고구려는 수천 명의 병력으로 당의 영주를 선제공격하였다. 고구려가 영주를 선제공격한 이유는 당의 고구려 침공 조서 발표에 대한 대응과 전초 기지를 무력화하고자 하는 의도에서 비롯된 것으로 여겨지며(김용만, 2003 ; 서영교, 2007 ; 尹秉模, 2009 ; 방용철, 2015), 이에 당은 장검과 이도종을 요동으로 보내는 대응을 하였다. 이후 645년 전쟁에서 당군의 규모에 대한 논의로 10만 명(여호규, 1999), 17만 명(李鎔熙, 2021), 20만 명 이상(노태돈, 2009 ; 임기환, 2022), 32만 명(羅棟煜a, 2007) 등으로 보는 견해가 있다. 최근 당시 당군의 규모에 대해 집중적으로 다룬 두 견해가 있어 주목된다. 전자는 종3품~정3품 이상의 고관대작과 당 전기의 대표적인 인사들이 즐비한 지휘관급 구성원과 행군제도에 대한 구체적인 분석을 통해 당군의 규모를 최대 57만 명으로 추산하였다(李玟洙, 2018a). 후자는 645년 당군이 탈취한 군량을 바탕으로 당군의 규모를 분석한 결과 최소 42만 2천 명이라는 결론을 도출하였다(최진열, 2022).

기존의 645년 고구려-당 전쟁은 주로 안시성 전투 정도만 언급하고 나머지는 부수적으로 언급되는 수준이었다. 그러나 임용한의 연구(2001) 이후 요동성과 주필산 전투를 구체적으로 다루었으며, 김용만(2003)의 연구 이후 다양한 사료를 참고하면서 건안성, 신성, 주필산 전투를 재조명하여 더욱 발전된 논의가 진행되었다(노태돈, 2009 ; 임용한, 2012 ; 鄭媛朱, 2013 ; 서영교, 2013b ; 안희상, 2021 ; 임기환, 2022). 그리고 건안성, 신성 전투와 연계된 당태종의 친정이라는 태생적인 당군의 전략적 한계에 대해 다루기도 하였다(서영교, 2013b ; 임기환, 2022).

645년 전쟁에서 당태종의 본대와 이적의 요동도행군이 함께 치른 첫 번째 전투인 요동성 전투도 구체적인 전투 양상을 복원하는 시도가 이루어졌다(서영교, 2013a). 요동성 전투 당시 요동성에서 하급 관리인 장사가 부하에게 피살되자, 장사의 가족들은 백암성으로 도망쳤다고 한다. 당태종은 요동성 함락 이후 장사의 시신을 후장해주었는데, 이에 대해 요동성에서 반연개소문파인 요동성 장사가 항복을 주장하다가 부하에게 피살된 것으로 보기도 한다(임용한, 2001 · 2012). 이와 달리 요동성 장사에게 부하가 사적인 원한을 품었는데, 전란을 틈타서 살해한 것으로 이해하기도 한다(서영교, 2013a).

당군은 요동성 함락 이후 백암성을 함락하였는데, 백암성 전투에 대한 연구도 다각도로 진행되고 있다. 백암성 전투 직전 오골성의 구원군 1만 명이 기병으로 구성되었다는 것이나(서영교, 2021), 고돌발을 주축으로 오골성의 구원군 일부가 백암성에 입성에 성공했다는 것도 규명되었다(김용만, 2003). 당태종이 작은 성인 백암성을 공격한 원인에 대해서는 백암성을 지나 천산산맥을 넘는 길인 궁장령을 넘어 오골성으로 진격하고자 함으로 보거나(김용만, 2003), 당태종이 고구려의 민심이반을 기대한 일종의 심리전술로써 황제의 위엄과 자비를 과시하기 위한 것으로 보기도 한다(임기환, 2022). 요동성 함락 이후 당군이 안시성 공격에 이르기까지 걸린 시간은 32일로 지나치게 느린 행보에 대해서도 의문이 제기되고 있다(김용만, 2003 ; 鄭媛朱, 2013 ; 임기환, 2022).

백암성 전투 이후 당군은 안시성 인근에서 고구려군과 전투를 벌였는데, 이것이 주필산 전투이다. 현재 주필산 전투에 대한 연구는 고구려-당 전쟁사 연구에서 가장 많이 진척이 되었으며, 그만큼 논의도 병종, 병력규모, 전략전술, 전투양상 등 다양하다고 할 수 있다. 우선 주필산 전투에 직접 참전한 당군의 규모는 3만(임용한, 2001 · 2012 ; 서영교, 2003 · 2015a · 2015b ; 문영철, 2021), 16만 명(노태돈, 2009), 18만(羅棟煜, 2008a), 30만(김용만, 2003 ; 김성남, 2005), 수십만(백기인, 2011)으로 견해가 나뉘며, 고구려군의 규모는 4만(김성남, 2005 ; 백기인, 2011), 5~6만 이상(임용한, 2001 · 2012), 6~7만(문영철, 2021), 5~6만(임기환, 2022), 15만(노태돈, 2009)으로 견해가 나뉜다. 다만, 임기환은 당시 주필산 전투에 동원된 고구려의 총병력이 15만 명이라는 것과 이에 맞선 당군의 규모가 3만 명이라는 것은 중국 측이 당군은 3만 명으로 축소하고 고구려군의 규모는 과장하여 당태종의 승리를 과대 포장한 사례로 보았다.

고구려군의 규모의 경우 노태돈의 견해를 제외한 다른 견해들은 주필산 전투에 투입된 고구려군은 15만 명의 일부인 4~7만 명으로 보았으며, 이들을 제외한 본진이 별도로 존재한 것으로 이해하고 있다. 다만, 이 본진의 역할에 대해서는 고연수군이 패하자, 당군을 역포위 하여 50일 동안 지구전을 전개했다는 견해(김용만, 2003 ; 김성남, 2005 ; 백기인, 2011, 鄭媛朱, 2013 ; 신광철, 2022)와 신성, 건안성에 합류했다는 견해(서영교, 2014)로 나뉜다. 당시 고구려군의 기본 전략과 전술에 대해서도 평지ㆍ타격 전술(여호규, 2000 ; 노태돈, 2009 ; 문영철, 2021)이었다는 것과 지구전(김용만, 2003 ; 김성남, 2005 ; 백기인, 2011, 鄭媛朱, 2013 ; 신광철, 2022) 그리고 당태종 1인 제거 자체가 목적이었을 것(서영교, 2015a) 이라는 차이를 보이고 있다.

당군은 주필산 전투 이후 안시성을 공격하였다. 당군이 안시성을 함락하지 못하고 철군한 원인에 대해서도 다양한 견해가 제시되었다. 안시성은 산성이기 때문에 당군이 포차를 성 앞에 일렬로 집중 배치할 수 없었기 때문에 포차의 위력이 반감(김용만, 2003 ; 노태돈, 2009), 안시성 성 밖의 고구려군과 공동으로 토산을 탈취했을 가능성, 고구려군이 당의 육상 보급로를 차단하여 군량 부족 현상 야기했다는 견해가 제기되었다(김용만, 2003 ; 鄭媛朱, 2013). 그리고 안시성 군민의 결사항전 의지와 기민한 대응(임용한, 2001ㆍ2012 ; 노태돈, 2009)도 언급되고 있다.

특히 당군의 철군 원인에 있어 가장 치열하게 논의 중인 사안은 고구려가 주필산 전투 패배 이후 설연타에게 동맹을 시도했는데, 이것이 당군의 철군에 영향을 끼쳤는지 여부이다. 현재 이에 대한 긍정적인 견해(노태돈, 1989ㆍ2009ㆍ2015 ; 김용만, 2003ㆍ2007 ; 서영교,

2003 · 2014 · 2015a ; 김지영, 2011 ; 방용철, 2015 ; 서길수, 2020)와 회의적인 견해(이재성, 2013 ; 여호규, 2018 ; 이성제, 2015 · 2019 ; 임기환, 2020)로 나뉘어져 있다.

긍정적인 견해에서는 설연타가 당의 본토를 침공했기 때문에 안시성에 있던 당군이 급히 철군한 것으로 이해하고 있으며, 회의적인 견해에서는 설연타의 당 본토 침공과 당군의 철군은 시기적으로 맞지 않기 때문에 고구려의 강력한 군사적인 방어체계와 계절적인 요인을 들고 있다. 이외 당 수군의 활동 양상에 대한 연구 성과도 주목된다(서영교, 2023a). 비사성을 함락한 당 수군의 일부는 평양성으로 진군했어야 했으나, 배들이 전복하면서 그러하지 못했기 때문에 주필산 전투에서 승리한 당군도 평양성에 진군하지 못하고 패배의 원인이 되었다는 것이다.

Ⅲ. 647~648년 소모전부터 666~668년 3차 전면전까지

645년 고구려-당 전쟁에서 패배한 태종은 647~648년 대규모 함선건조, 압록수 이북 상륙 작전을 통해 '여건조성작전'을 전개하면서 소모전을 전개하였다는 견해가 나왔다(羅棟煜, 2009b). 이와 관련하여 당의 수군 증강 정책과 고구려의 수군 증강 정책이 이뤄지지 않은 원인에 대한 구체적인 분석도 이행되었다(서영교, 2023b).

당시 당의 소모전의 성격에 대해 수군이 중심이 된 고구려 재침을 위한 일종의 예행연습으로 파악하며, 신라와 함께 백제 공멸 밀약을 맺으면서 고구려 재침을 준비하였다는 견해도 제시되었다(李玟洙, 2021). 이처럼 640년대 후반 당의 소모전으로 인해 방자의 입장에 있던 고구려가 650년대에 이르러 공세로 전환하여 요서 지역에 진출하여 당과 전투를 전개하였다는 연구도 진행 중이다(김용만, 2003 ; 윤병모, 2009 ; 노태돈, 2009 ; 서영교, ; 2015, 윤성환 ; 2010 ; 방용철, 2015 ; 여호규, 2018 ; 이민수, 2022b, 임기환, 2022).

고구려의 이와 같은 요서 지역 공세 배경에 대해 당이 내부 정국의 혼란과 서돌궐의 흥기로 인해 고구려 방면에 집중하지 못하였다는 견해가 제시되었다(羅棟煜, 2009c). 그러나 658년 당이 서돌궐을 멸망시키고 연이어 거란과 해의 반기를 진압하면서 요서에서 고구려의 영향력이 현저히 감소한 것으로 이해된다(김용만, 2003). 660년 신라-당 연합군에 의해 백제까지 멸망하자, 고구려는 고립된 형국에서 당의 대군을 맞이한 것이다.

661~662년에 전개된 이른 바, 2차 고구려-당 전쟁은 최근 645년에 이어 고구려와 당의 두 번째 전면전이라는 측면에서 최근 학계의 주목을 받고 있다. 이에 대한 선행연구는 그간 삼국통일 전쟁의 과정으로만 언급된 이 전쟁에 대해 전반적인 양상을 다루면서 의의와 중요성을 환기시켰다(김용만, 2004 ; 김병곤, 2013 ; 장창은, 2016). 그리고 최근 2020년대에 들어 2차 고구려-당 전쟁 연구는 선행연구와 묘지명 등 새로운 사료를 기반으로 2차 고구려-당 전쟁 당시 당군의 진군로, 양국의 전략, 전쟁의 전황, 전후 양국의 동향 대해 구체적인 연구가 진행되고 있다(이민수, 2021 · 2022a · 2022b · 2022c).

이 전쟁의 주요 쟁점은 글필하력군의 진군로이다. 소정방 · 임아

상·방효태군은 평양으로 직공한 것이 확인된다(김용만, 2004 ; 김병곤, 2013 ; 장창은, 2016 ; 이민수, 2021·2022b·2022c ; 이상훈, 2023). 글필하력군의 경우 육로로 요동방어망을 통과하여 압록수 방면에 이르렀다는 견해가 있다(노태돈, 2009 ; 김병곤, 2013 ; 장창은, 2016 ; 서영교, 2023b). 그러나 글필하력군이 요동방어망을 아무런 전투 없이 경유하여 압록수 방면에 이르렀다가 회군하는 것은 불가능하기 때문에 해로로 진군했을 가능성이 제기되고 있다(김용만, 2004 ; 정원주, 2013 ; 이상훈, 2012 ; 우석훈, 2014 ; 이민수, 2021·2022a, 임기환, 2022). 최근 2차 고구려-당 전쟁에서 고구려의 승리를 결정지은 전투인 '사수 전투'와 사수의 위치와 평양성에 주둔한 당군의 주둔지 비정에 대한 구체적인 연구도 주목된다(이상훈, 2021·2023).

666~668년에 전개된 3차 고구려-당 전쟁은 선행연구에서 개괄적으로 다룬 바 있다(임용한, 2001 ; 2012·김용만, 2003 ; 서영교, 2007 ; 노태돈, 2009 ; 鄭媛朱, 2013 ; 김진한, 2016). 이 전쟁은 고구려가 멸망하였다는 점에서 매우 중요하지만, 군사사적인 시각에서 접근한 연구는 이제 초입단계라고 할 수 있다. 최근에는 남생의 투항으로 인한 고구려 성곽방어체제의 붕괴(오진석, 2021), 고구려-신라·당 연합군과의 전투를 종합적으로 다룬 연구(서영교, 2022a) 그리고 고구려-당의 전투(김강훈, 2017 ; 이민수 ; 2018b ; 서영교, 2021·2022b ; 임기환, 2022)와 고구려-신라 전투에 대한 세부적인 연구(김병곤, 2013 ; 이상훈, 2017·2021 ; 임기환, 2023)가 진행되고 있다.

기존에는 고구려의 부여성 탈환군과 당군이 전투를 전개한 설하수의 위치를 부여성 인근으로 비정하였으나(임용한, 2001 ; 2012·김용만, 2003 ; 노태돈, 2009 ; 김진한, 2016 ; 김강훈, 2017 ; 이민수 ; 2018b), 근래에는 지리지와 전황을 통해 압록강 일대로 파악한 것이 주목된다(임기환, 2022 ; 서영교, 2022a). 특히 이 연구들은 3차 고구려-당 전쟁에 대한 기본적인 사료부터 전면 재검토하여 전황 복원을 시도하고 새롭게 재조명한 부분이 적지 않다. 신라군의 역할과 비중에 대해서도 '영류산', '사수'를 중심으로 지리 비정과 진군로 규명을 시도하며, 종래의 고구려군- 당군 교전에 집중된 논의를 신라군과의 교전으로 환기하여 보다 심층적인 논의가 진행되고 있다(김병곤, 2013 ; 이상훈, 2017 · 2021 ; 임기환, 2023).

IV. 나오며

고구려가 당과의 25년 전쟁에서 멸망함으로 인해 동아시아 국제정세의 재편이 갖는 역사적 의미는 고대사회의 전환기에 위치해 변화를 촉구했다는 데서 찾을 수 있을 것이다(이정빈, 2019). 현재 고구려-당 전쟁사 연구는 아직 초입단계라고 할 수 있다. 특히 전쟁사의 시각에서 전쟁 자체의 경과 및 결과, 그리고 전쟁을 구성하는 전략과 전술, 무기체계, 방어체계 등 군사 관련 연구는 상대적으로 매우 취약하다는 지적(임기환, 2014)은 경청할 만하다.

현재까지의 고구려-당 전쟁사 연구를 살펴보면 주로 645년 1차 고구려-당 전쟁에 편중되어 있는데, 서영교의 연구가 대부분이라고 해도 과언이 아니며, 이마저도 2010년대에 시작되었다. 645년 전쟁에 편중되어 있는 원인은 아무래도 당태종이 친정했기 때문에 관련 기록이 소략하기 그지없는 다른 전쟁에 비해 비교적 소상한 탓도 있을 것이다. 이로 인해 645년 전쟁에서 전개된 개별적인 전투에 대한 연구(요동성, 백암성, 주필산, 안시성 전투)조차도 당태종이 참전한 전투에 한정되어 있는 실정이다.

특히 644년 고구려의 선제공격과 당의 대응에 대한 군사적인 시각에서 접근한 연구는 전무하며, 647~648년에 전개된 당의 소모전과 650년대 고구려의 요서 지역 군사 활동을 군사적인 시각에서 접근한 연구도 3편 정도에 불과하다. 661~662년 2차 고구려-당 전쟁사에 대한 본격적인 연구도 2020년대에 들어 양국의 전략과 전황, 전후 동향 그리고 당군의 주둔지와 주요 전장 비정이 본격적으로 진행되었다. 666~668년 3차 고구려-당 전쟁사에 대한 연구도 최근에 들어서야 기본적인 사료검토부터 양국의 전략과 전술, 주요 전장의 비정, 신라군의 역할과 비중 등이 본격적으로 진행된 만큼 아직 규명해야 할 부분이 적지 않다.

다행히 고무적인 것은 2020년대 들어서 선행연구와 후속연구가 조화로운 가운데 고구려-당 전쟁사 연구가 그동안 미진했던 만큼 다시 활력을 찾고 있는 추세를 보인다는 점이다. 최근 발간된 전쟁사 일반론적으로 접근한 교양서인 『고구려와 수·당 70년 전쟁(임기환 저, 2022, 동북아역사재단)』도 이러한 흐름의 연장일 것이다. 앞으로도 고구려-당 전쟁사에 대한 다양한 논의가 활성화되어 학계 뿐만이 아니라 일반 대중과도 보다 가까이 소통할 수 있는 날이 오기를 기대한다.

참고문헌

1. 단행본

김성남, 2005, 『전쟁으로 보는 한국사』, 수막새

김용만, 2003, 『새로 쓰는 연개소문傳』, 바다출판사

노태돈, 2009, 『삼국통일전쟁사』, 서울대학교출판부

서영교, 2007, 『고구려, 전쟁의 나라』, 글항아리

서영교, 2015, 『고대동아시아 세계대전』, 글항아리

이상훈, 2021, 『신라의 통일전쟁』, 민속원

임기환, 2022, 『고구려와 수·당 70년 전쟁』, 동북아역사재단

임용한, 2001, 『전쟁과 역사 -삼국편』, 혜안

임용한, 2012, 『한국고대전쟁사2』, 혜안

2. 논문

김강훈, 2017, 「책성 권역의 고구려부흥운동과 高定問」, 『歷史敎育論集』 65

김병곤, 2013, 「661~662년 당 수군의 평양 직공책의 전략과 한계」, 『韓國史學報』 50

김병곤, 2013, 「668년 고구려 멸망시 蛇川原戰의 재구성 및 의의」, 『高句麗渤海硏究』 46

김용만, 2004, 「2次 高句麗-唐 戰爭(661-662)의 進行 過程과 意義」, 『民族文化』 27

김용만, 2007, 「고구려 후기 고구려, 수·당 북방제국의 대립관계」, 『高句麗硏究』 29

김지영, 2011, 「7세기 중반 거란의 동향 변화와 고구려-660년 거란의 이반을 기점으로」, 『만주연구』 12

김진한, 2016, 「高句麗 滅亡과 淵蓋蘇文의 아들들」, 『韓國古代史探究』 22

盧泰敦, 1989, 「高句麗·渤海人과 內陸아시아 住民과의 交涉에 관한 一考察」, 『大東文化硏究』 23

羅棟煜, 2008, 『고구려의 대당 군사전략 변화-645년~659년을 중심으로』 高麗大學校大學院碩士學位論文

羅棟煜, 2009, 「640년대 후반高句麗·唐전쟁에 대한 검토」, 『軍史』 72

羅棟煜, 2009, 「7세기 중반 高句麗의 東蒙古 進出과 軍事戰略」, 『韓國史硏究』 144

박경철, 2007, 「麗唐戰爭의 再認識」, 『東北亞歷史論叢』 15

朴淵鎭, 1993, 『高句麗와 隋·唐과의 對決』, 忠南大學校敎育大學院碩士學位論文

박헌, 1995, 『高句麗의 軍事力量과 對 隋·唐戰爭』, 朝鮮大學校敎育大學院碩士學位論文

방용철, 2015, 「연개소문의 집권과 고구려의 대외정책 변동」, 『한국고대사연구』 80

方香淑, 2008 「7세기 중엽 唐 太宗의 對高句麗戰 전략 수립과정」, 『중국고중세사연구』 19

백기인, 2011, 「'연개소문 병법'에 관한 시론적 고찰」, 『전쟁과 유물』 3

문영철, 2021, 「645년 고구려군과 당군의 주필산 전투 고찰」, 『한국고대사연구』 102

서길수, 2020, 「아프라시압 高句麗 사절에 대한 새 논란 검토 - 高句麗 사신 사행(使行) 부정론에 대한 비판적 고찰(Ⅰ)」, 『고구려발해연구』 66

서길수, 2020, 「아프라시압 고구리[高句麗] 사절에 대한 새 논란 검토 - 고구리[高句麗] 사신 사행(使行) 부정론에 대한 비판적 고찰(Ⅱ)」, 『동북아역사재단』 68

徐榮敎, 2003, 「고구려의 대당전쟁(大唐戰爭)과 내륙아시아 제민족-安市城 전투와 薛延陀」, 『軍史』 49

서영교, 2013, 「645년 요동성(遼東城) 전투 복원」, 『大丘史學』 112

서영교, 2013, 「당태종의 고구려 親征과 작전 歪曲」, 『동북아문화연구』 36

徐榮敎, 2014, 「唐高宗 百濟撤兵 勅書의 背景」, 『東國史學』 57

徐榮敎, 2014, 「倭의 百濟 援助와 蘇定方의 平壤城 撤軍」, 『大丘史學』 117

徐榮敎, 2014, 「연개소문의 對설연타 공작과 당태종의 안시성 撤軍 -『資治通鑑』
　　　권198, 貞觀 19년 8 · 12월조 『考異』의 「實錄」 자료와 관련하여」, 『동북아
　　　역사논총』 44

徐榮敎, 2015, 「주필산 전투와 안시성」, 『동국사학』 58

徐榮敎, 2015, 「李勣의 騎兵과 長槍兵 -주필산 전투를 중심으로-」, 『東아시아古代
　　　學』 39

徐榮敎, 2021, 「唐太宗의 고구려 침공과 白巖城 전투」, 『東研』 9

徐榮敎, 2021, 「唐의 고구려 內戰介入과 新城 · 大行城 점령」, 『中國史研究』 131

徐榮敎, 2022, 「고구려의 最後와 彗星」, 『震檀學報』 138

徐榮敎, 2022, 「高句麗 最後의 戰爭」, 『歷史學報』 254

徐榮敎, 2023, 「唐太宗의 고구려 침공과 水軍」, 『東洋學』 90

서영교, 2023, 「당의 해양력과 고구려- 당의 2차 침공(647년) 이후를 중심으로」,
　　　『유라시아문화』 8

신광철, 2022, 『관방체계를 통해 본 고구려의 국가전략 연구』, 高麗大學校大學院
　　　博士學位論文

안희상, 2022, 『645년 고 · 당 전쟁과 고구려의 승리 원인』, 동국대학교교육대학원
　　　석사학위논문

余昊奎, 1999, 「高句麗 後期의 軍事防禦體系와 軍事戰略」, 『韓國軍事史研究』 3

余昊奎, 2000, 「高句麗千里長城의 經路와 築城背景」, 『國史館論叢』 91

여호규, 2018, 「7세기 중엽 국제정세 변동과 고구려 대외관계의 추이」, 『大丘史學』
　　　133, 2018

우석훈, 2014, 「遼河 유역의 高句麗 千里長城」, 『軍史』 92

오진석, 2021, 「연남생 투항 이후 고구려 서북부 성곽방어체계의 붕괴과정과 그
　　　영향」, 『역사와 현실』 122

尹秉模, 2009, 「고구려의 對唐戰爭과 遼西 및 동몽골 진출」, 『몽골학』 27

윤성환, 2010, 「650년대 고구려의 대외전략과 대신라공세對新羅攻勢의 배경」, 『국학연구』 17

李玟洙, 2018, 「645년 唐의 高句麗 원정군 규모 推算」, 『한국상고사학보』 100

이민수, 2018, 「李他仁의 唐 投降과 扶餘城의 高句麗 復國運動 鎭壓에 대한 分析」, 『역사와 경계』 106

李玟洙, 2021, 「660~661년 당의 고구려 공격군 편성과 水軍 운용 전략」, 『한국고대사탐구』 38

이민수, 2022, 「661년 고구려-당 전쟁의 전황」, 『軍史』 122

이민수, 2022, 「662년 고구려의 평양성 전투와 임진강 전투 재구성」, 『한국고대사탐구』 41

李玟洙, 2022, 「661~662년 고구려-당 전쟁 직후 양국의 동향」, 『高句麗渤海硏究』 73

이상훈, 2012, 「662년 김유신의 군량 수송작전」, 『국방연구』 55-3, 2012

이상훈, 2017, 「삼국통일기 고구려 마읍산의 위치와 군사적 위상」, 『軍史』 104

이상훈, 2020, 「고구려 영류산의 위치와 나당연합군의 진군로」, 『한국고대사탐구』 34

이상훈, 2023, 「제2차 고당전쟁기(661~662) 사수 전투의 전개 양상」, 『북악사학회』 17

李成制, 2015, 「高句麗와 투르크계 北方勢力의 관계」, 『高句麗渤海硏究』 52

이정빈, 2019, 「고구려와 수・당의 전쟁, 무엇을 바꾸었나?」, 『역사비평』 126

이재성, 2013, 「아프라시압 宮殿址 壁畵의 '鳥羽冠使節'에 관한 고찰— 高句麗에서 사마르칸드(康國)까지의 路線에 대하여 —」, 『中央아시아硏究』 18

임기환, 2014, 「7세기 동북아 전쟁에 대한 연구동향과 과제고구려와 수, 당의 전쟁을 중심으로」, 『역사문화논총』 8

임기환, 2022, 「고구려와 당 최후의 전쟁 과정 복원 시론」, 『韓國史學報』 86

임기환, 2023, 「고구려 멸망기 신라의 군사 활동」, 『韓國史學報』 90

장창은, 2016, 「660~662년 고구려와 신라・당의 전쟁」, 『新羅史學報』 38

鄭媛朱, 2013, 『高句麗滅亡硏究』, 韓國學中央硏究院博士學位論文

최진열, 2022, 「唐太宗 高句麗 親征과 唐軍의 병력- 군량으로 추산한 唐軍의 수와 그 함의 -」, 『軍史』 124

7장

고구려 유민의 생존 방식 중 하나, 고구려부흥운동

김강훈(구미중학교)

I. 들어가며

668년 9월 평양성이 신라와 당의 연합군에게 함락되면서 고구려는 멸망하였다. 이제 고구려인은 망하여 없어진 나라의 백성인 유민으로서 삶을 살게 되었다. 고구려 멸망 과정에서 살아남은 고구려 유민은 다양한 방식으로 생존을 도모하였다. 당으로 들어가 당 관인의 삶을 선택한 사람들, 고구려 고지(故地)에 남아 안동도호부 체제에 협력하며 기득권을 유지하고자 하였던 자들, 당의 지배에 적극적으로 협조하지도 저항하지도 않고 순응하였던 사람들, 당의 지배를 피해 인근 국가·지역으로 이주한 집단, 당의 지배에 반발하면서 고구려를 다시 일으키고자 했던 부류 등이 있었다. 여러 대응 방식을 넘나든 유민이 존재하였고, 자의로 선택하지 못한 사람도 있었을 것이다.

다종 다기하고 복합적이었던 고구려 유민의 삶 가운데, 이 글에서는 고구려를 다시 일으키고자 시도하였던 움직임을 다루고자 한다. 이를 무엇이라 부를 수 있을까? 근대 일본학자는 중국 측 기록에 따라 고구려 유민의 '반란'이라고 하였다(池內宏, 1960, 419~487쪽). 해방 이후 역사 교과서에는 독립운동, 광복운동으로 지칭한 사례가 있다. 하지만 이는 타자의 시선, 후대의 시각이다. 당시 고구려 유민의 입장에서 살펴볼 필요가 있다.

반당 항쟁을 전개한 대표적인 인물인 검모잠의 사례를 살펴보자. 『삼국사기』 고구려본기에 따르면, 검모잠은 "국가를 흥복(興復)하고자 당에 반(叛)하여 안승을 왕으로 세웠다."고 한다. 그런데 검모잠은 신라에 도움을 요청하며 "우리나라의 선왕(先王)이 도(道)를 잃어 멸망하였다."고 하였다. 이미 고구려가 멸망하였음을 분명히 인식하고 있었던 것이다. 즉 검모잠은 당에 의해 멸망한 고구려를 다시 일으키고자 하였고, 이를 위해 당의 지배체제에 맞서며 안승을 고구려의 왕으로 옹립한 것이다. 따라서 '흥복(興復)'은 멸망하여 왕통이 단절된 국가를 다시 세운다는 의미로 읽을 수 있다. '흥복(興復)'의 동의어로 지금은 '부흥(復興)'이 일반적으로 사용되고 있다. 그러므로 고구려 유민이 멸망한 고구려를 다시 일으키기 위해 전개한 활동을 고구려부흥운동이라 부를 수 있겠다.

II. 고구려 유민, 당의 지배에 맞서 일어나다

668년 10월 보장왕을 비롯한 고구려 지배층의 상당수는 당으로 끌려갔다. 12월 당은 개선 의례를 치르고 고구려에 대한 지배 방침을 결정하였다. 5부, 176성, 69만여 호로 이루어진 고구려 영역에 당의 지방 제도를 도입하여 9주, 42도독부, 100현으로 재편하고, 이를 통할하기 위해 안동도호부를 평양성에 설치하기로 한 것이다.

고구려가 멸망한 지 반년 정도가 흐른 669년 4월, 당 황제는 조칙을 하나 내렸다. 고구려 유민 중 이반(離叛)하는 사람들이 많기에 28,200호를 당 내지로 강제 이주한다는 내용이었다. 그리고 강제 이주는 다음 달에 곧바로 시행되었다(李丙燾, 1976, 458쪽). 고구려 고지 지배가 여의치 않음을 자인한 셈이다.

그렇다면 고구려 유민의 반당 항쟁이 촉발된 배경은 무엇일까? 대체로 당의 고구려 고지 지배 정책에서 찾고 있다. 당은 귀부한 이민족 부락이나 정복지에 당의 지방 제도를 적용하되 토착 수령에 의한 통치라는 지배방식을 취하였는데, 이를 기미지배(羈縻支配)라고 한다(金浩東, 1993, 141쪽). 기미(羈縻)란 굴레와 고삐를 가지고 말과 소를 제어한다는 뜻으로, 이민족을 간접적으로 지배·통어하는 방식이라는 의미로 쓰이게 되었다(호리 도시카즈, 2012, 109쪽).

당은 표면적으로 기미지배를 고구려 고지에 적용하였다. 따라서 고구려 유민을 지방 장관인 도독, 자사, 현령에 임명하면서 고구려인의 자치가 허용되었다. 그러나 실제로는 당 관리가 통치에 참여하면서 직접적으로 당의 지배 질서가 강요되었다(盧泰敦, 1981, 82쪽). 당 관리가 실질적인 통치를 담당하자, 당의 기미지배에 소극적으로 편입되어 기존의 지배 기반을 유지하고자 하였던 현지 유력자들이 반발하며 반당 투쟁을 일으킨 것이다(김종복, 2009, 30~33쪽 ; 여호규·拜根興, 2017, 79~80쪽). 또는 고구려 지방관이 군정과 민정을 총괄하는 권한을 지녔던 것에 비하여 기미지배에서 지방관의 권한이 제한적이었기에, 재지 세력들이 저항에 나섰다고 보기도 한다(장병진, 2016, 134쪽). 한편 당이 요동 일대만 지배에 두고 나머지 지역은 대규모 이주를 실시하여 황폐한 지역으로 만들려는 계획을 세우자, 고구려 유민의 이반이 시작되었다고 보기도 한다(정원주, 2018, 88~90쪽).

669년 초 당에 대한 저항이 광범위하게 전개되었던 정황은 『삼국사기』에서도 간취된다. 『삼국사기』 지리지4에는 669년 2월 당이 고구려 고지를 안동도호부로 개편하는 과정에서 작성된 주청문과 조칙 일부가 기재되어 있다. 뒤이어 압록수 이북의 성을 미항성(未降城; 아직 항복하지 않은 성), 이항성(已降城; 이미 항복한 성), 도성(逃城; 도망한 성), 타득성(打得城; 쳐서 얻은 성)으로 분류하고 구체적인 성의 이름을 나열한 이른바 '목록(目錄)' 기사가 있다.

그런데 일찍이 고구려 멸망 전의 상황이 '목록'에 기술되어 있다고 보는 연구가 있었다. 미항성에 신성(新城)이 기재되어 있으므로 당군이 신성을 함락한 667년 9월 이전에 작성된 기록에 근거하였다는 것이다(池內宏, 1960, 335~337쪽). 이를 구체화하여 당군이 신성을 포위한 667년 2월에서 신성을 함락하는 667년 9월 사이 작성한 전황표(戰況表)이며, 타득성이 3개에 불과하므로 개전 초기의 상황이 반영되었다고 보는 견해가 제기되었고(노태돈, 1999, 223~225쪽), 이후 많은 지지를 받아 왔다.

근래 '목록'의 작성 시기를 두고 연구가 활발히 진행되고 있다. 당이 압록강 이남 지역을 재편한 데 이어서 압록강 이북 지역에 부주현을 설치하기 위해 파악한 상황을 기록하였다고 이해하거나(장병진, 2016, 116~118쪽), '목록'의 항목 설정, 각 항목의 배치, 표기 방식 등 작성 방식을 중심으로 분석하여 669년 2월 이적과 연남생이 안동도호부 체제를 구성하면서 작성한 일차 현황 보고서로 파악한 연구가 있다(방용철, 2018, 118~128쪽). 한편 검교안동도호 설인귀가 당의 지배를 벗어나 있던 압록수 이북 지역의 성을 공략하기 위해 작성한 것으로 추정한 견해도 제기되었다(김강훈, 2022, 55~67쪽). 최근의 연구 경향은 '목록'의 작성 시기를 고구려 멸망 이후로 파악하면서, 고구려 멸망 직후 압록강 이북의 주요 성에서 당의 지배력이 관철되지 못하고 있었다고 이해하는 것이다. 이는 당의 고구려 고지 지배 정책이 본격적으로 실행되기 이전부터 부흥운동이 일어나고 있었음을 시사한다.

III. 부흥운동이 각 지역에서 전개되다

당의 고구려 고지 지배와 관련하여 활동하였던 고구려 유민 및 당 관인의 묘지명(墓誌銘) 연구가 활발히 진행되면서, 고구려부흥운동이 고구려 고지 거의 전역에서 광범위하게 전개되었음이 지적되었다(여호규·拜根興, 2017, 81~83쪽 ; 방용철, 2018, 137~140쪽). 이를 토대로 각 지역에서 전개된 부흥운동의 양상을 구체적으로 살펴보자.

먼저 서북한 일대이다. 검모잠은 잔민(殘民)을 모아 궁모성으로부터 패강 남쪽에 이르러 당 관리를 죽이고 신라로 향하던 중, 사야도에서 안승을 만나 한성으로 맞아들여 임금으로 삼았다. 그리고 이를 신라에 알려 도움을 요청하였고(670년 6월), 신라는 안승을 고구려왕으로 책봉하였다(670년 8월).

여기서 주목할 지점이 있다. 먼저 여타의 부흥운동과 달리 국왕을 옹립하여 고구려의 부흥을 실현하였다는 것이다. 이를 대체로 '한성의 고구려국'이라 부르고 있다. 한성은 고구려 후기 3경(京) 중 하나로, 황해도 신원군 일대로 비정된다. '한성의 고구려국'의 성립은 개별적·분산적으로 진행된 부흥운동을 결집하는 구심점이 될 수 있다는 점에서 의미가 있었다. 다만 이것이 구체적으로 사료에서 확인되지는 않는다. 다음으로 부흥운동이 신라와 결합하였다는 점이다. 이는 신라와 당 사이의 대립이라는 국제 정세 변동과 밀접히 관련되어 있다(임기환, 2004, 321쪽). 고구려 유민과 신라의 협력은 서북한 일대에서 부흥운동이 4년여 동안 이어지는 원동력이 되었으며, 고구려 유민이 신라로 이주하는 배경이 되기도 하였다.

한편 고연무가 이끄는 고구려 부흥군 1만 명과 설오유가 지휘하는 신라군 1만 명은 압록강을 건너 오골성 부근에서 당군의 지휘를 받는 말갈과 충돌하였다(盧泰敦, 1997, 2~8쪽). 고연무는 한성을 거점으로 부흥운동을 펼치다가 검모잠, 안승 세력과 결합한 고구려 부흥세력의 지도자로 추정된다(이정빈, 2009, 144~148쪽). 오골성 전투를 준비하는 과정과 이동 거리 등을 고려할 때, 서북한 지역의 고구려 유민과 신라의 군사 협력은 늦어도 669년 하반기부터 이루어졌을 것이다(이상훈, 2012, 90~91쪽).

그런데 '한성의 고구려국'에 내분이 발생하여, 안승이 검모잠을 죽이고 신라로 들어가는 사건이 발생하였다. '한성의 고구려국'의 존속 기간과 안승의 위상에 관하여 여러 견해가 있다. 짧게는 1~2개월 정도의 단기간 존재하였다고 이해하기도 하고, 673년 윤5월 호로하 전투에서 패하여 유민들이 신라로 도망가기까지 존속하였다고 보기도 한다. 그에 따라 안승에 대하여, 고구려 부흥에 대한 자발적 의지가 없었던 인물일 가능성(김수진, 2020, 21쪽)부터 '한성의 고구려국'의 국왕으로서 최후의 항전까지 지휘한 인물로 이해(최재도, 2015, 159~164쪽)하는 등 평가가 엇갈리고 있다.

요동 지역에서 부흥운동의 거점으로 가장 대표적인 곳은 안시성이었다. 안시성에는 '반란병[叛兵]'이라고 일컬어질 정도로 고구려 부흥군이 조직되어 있었다. 그리고 고구려인 승려가 안시성에서 예언 행위를 하며 고구려 유민 사회를 심리적으로 뒷받침하는 활동을 하고 있었다(방용철, 2013, 210~211쪽). 이는 안시성의 부흥세력이 당군의 압박을 약 1년 동안 견디는 밑바탕이 되었다.

당은 고구려부흥운동을 진압하기 위해 고간이 이끄는 동주도행군과 이근행이 이끄는 연산도행군을 파견하였다. 최근 「곽행절 묘지명」을 분석하여, 671년에 설인귀가 이끄는 계림도행군이 고간, 이근행의 행군과 함께 안시성을 공격하였다고 해석한 연구가 제출되었다. 묘지명에 따르면, 곽행절은 계림도행군에서 수송 업무를 지휘하였는데, 그가 익사한 장소가 요천(遼川)이었다. 여기서 요천을 요하(遼河)로 이해한 것이다(植田喜兵成智, 2014, 129~142쪽). 이러한 주장이 타당하다면, 671년 당은 요동지역의 부흥운동을 진압하기 위해 세

개의 행군을 운용한 셈이 된다. 그러나 요천은 요하 동쪽을 두루 일컫는 말로 주로 사용되었기에(권덕영, 2017, 189쪽), 요천을 요하로 한정하는 데 신중할 필요가 있다.

근래 검모잠이 처음 부흥운동을 일으킨 지역을 막연히 평양 일대로 파악하는 연구 동향을 비판하며, 검모잠이 요동 지역의 개모성에서 거병하였다고 추정하는 연구가 있다. 검모잠이 당의 변경을 침입하였다고 인식되었다는 점과 당의 행군명이 일반적으로 원정 목적지를 가리킨다는 점에 착안한 것이다(이상훈, 2014, 66~74쪽). 이를 바탕으로 검모잠과 요서 지역으로 옮겨진 고구려 유민 간의 연계를 추정하는 연구도 나왔다(김강훈, 2022, 109~113쪽). 하지만 설득력을 갖추기 위해서는 사료적 근거가 보완되어야 할 것이다.

송화강 유역의 부여 지역에서 부흥운동이 발생하였던 정황은 「이타인 묘지명」에서 확인된다. 이타인은 두만강 방면의 책성 일대를 관할하던 최고 지방관이었는데, 당에 투항하여 고구려 멸망에 기여한 대가로 우융위장군에 제수되었다. 그런데 그는 고구려가 멸망한 지 얼마 지나지 않아 부여 지역으로 출정하여 우두머리를 제거하고 당으로 귀환하였다. 묘지명에서 당시 부여 지역의 상황을 강유에 비유하고 있다. 강유는 중국 삼국시대 인물로, 위나라가 촉나라를 멸망시킬 때 거짓으로 투항하였다가 촉의 재건을 시도하였던 인물이다. 즉 강유가 촉의 부흥을 시도한 바처럼, 부여 지역에서 고구려를 부흥하려는 움직임이 있었음을 유추할 수 있다. 더불어 강유와 유사하게 부여 지역에서 부흥운동을 이끌었던 인물은 당에 투항하였다가 부흥운동을 일으켰을 가능성이 있다(여호규·拜根興, 2017, 83쪽).

한편 669년 8월 당 고종이 순행을 추진하자, 내공민이 이를 만류하면서 내건 명분 중 하나가 고구려 고지의 정세가 불안정하다는 것이었다. 여기서 저항이 거센 곳으로 부여가 언급된 점이 주목된다. 결국 당 고종은 순행을 포기하였다. 이를 통해 669년 8월경 부여 일대에서 고구려 유민들이 상당한 규모로 당의 지배체제에 저항하고 있었음을 확인할 수 있으며, 이타인이 부여 지역으로 파견된 배경을 이와 관련하여 이해할 수 있다(김강훈, 2022, 191~224쪽).

두만강 유역인 책성 지역의 정황은 당 관인이었던 양현기의 묘지명을 통해 살펴볼 수 있다. 「양현기 묘지명」에 따르면, 그는 668년 검교 동책주도독부 장사에 임명되었고, 이어서 반수령(反首領) 고정문 등을 주살하여 정양군공·식읍 2천 호에 봉해졌다고 한다. 동책주도독부는 책성에 두어진 당의 행정구역이었다. 장사는 도독부 장관인 도독의 다음가는 관직이었다. 당시 동책주도독은 이타인으로 추정되는데, 이타인은 당에 입조하여 부재한 상황이었다. 따라서 실질적으로 동책주도독부를 통치하였던 인물은 당 관리인 양현기였다(김강훈, 2022, 237~244쪽).

양현기가 주살한 인물은 반수령 고정문 등이었다. '반수령'이라는 표현 가운데, '반(反)'에는 고정문이 군사력을 동원하여 안동도호부 체제에 저항하는 군사 활동을 펼쳤던 사실이 반영되어 있다. 그리고 '수령'에서 고정문이 책성 지역의 유력자 내지 지방관이었음을 추정할 수 있다. 즉 두만강 유역 일대에서 부흥운동이 일어났으며, 그 지도자로 고정문의 존재를 확인할 수 있는 것이다(여호규·拜根興, 2017, 83쪽 ; 김강훈, 2022, 245~260쪽). 한편 이타인이 부여 지역의 부흥운동을 진압할 때 양현기가 이타인을 보좌하고 감시하는 역할을 맡았다고 이해하면서, 고정문이 부여 지역에서 부흥운동을 전개하였다는 주장이 제기되었다(이민수, 2018, 27~42쪽). 이에 관련 논지를 보강하여 고정문이 거병한 지역을 책성 일대로 보아야 한다는 반론이 있다(김강훈, 2022, 248~250쪽).

고구려 유민의 저항과 나당전쟁의 영향으로 당은 고구려 고지에 대한 지배 정책을 수정할 수밖에 없었다. 안동도호부의 당 관리를 모두 철수시키고 안동도호부를 평양에서 요동성으로 옮겼다. 그리고 677년 2월 보장왕을 요동주도독에 임명하고 요동으로 귀환시켜 유민을 안무하게 하였다. 당의 통제와 감시가 완화된 전형적인 기미지배로 전환한 것이다(盧泰敦, 1981, 83쪽 ; 김종복, 2009, 39쪽). 다만 당은 연남생을 요동에 파견하여 감독과 통제를 지속적으로 추진하였다.

보장왕은 679년 연남생의 사망과 돌궐의 부흥으로 촉발된 국제 정세의 변동을 기회로 삼아 말갈과 함께 고구려 부흥을 도모하였다(김종복, 2009, 54~55쪽). 그러나 거병에 이르지 못하고 발각되었다. 681년 보장왕은 당으로 소환되어 사천 지역에 유배되었고, 그곳에서 죽음을 맞이하였다. 끊임없이 발생한 부흥운동의 결과로 보장왕이 요동으로 귀환하였고 그 연속선상에서 보장왕이 고구려 부흥을 꾀하였다는 점에서, 요동지역 고구려부흥운동이 정점에 이른 사건으로 의미를 부여할 수 있다(김강훈, 2022, 305쪽). 또한 발해 건국과의 관련 속에서 보장왕의 부흥운동의 의미를 찾을 수 있다. 대조영이 보장왕의 부흥운동에 연루되어 강제 이주되는 과정에서 영주에 거주하게 되었음을 밝힌 연구(김종복, 2009, 57~59쪽)와 보장왕이 고구려 멸망 전후 영주 지역으로 옮겨진 친고구려적 성격의 말갈 세력과 연대하여 부흥을 도모하였다는 연구(임금표, 2022, 236~239쪽)가 대표적이다. 이는 고구려부흥운동과 발해 건국의 연관성을 보다 심층적으로 이해하는 발판이 될 수 있다는 점에서 주목된다.

Ⅳ. 나오며

고구려부흥운동은 당의 동방정책과 연계되어 서로 영향을 주고받았다. 그리고 서북한 일대의 부흥운동은 신라와의 협력을 바탕으로 진행되었기에 나당전쟁의 전개 과정 속에서 의미를 찾을 수 있다. 또한 고구려 유민은 독자적으로 또는 신라의 대일외교와 연동하여 외교사절을 일본에 파견하였다. 북방 유목 세력에 의탁한 고구려 유민이 있었고 돌궐의 부흥이 고구려부흥운동에 영향을 미치기도 하였다. 비록 국가는 멸망하였지만, 고구려 유민이 7세기 후반 동아시아 내지 동부유라시아의 주요 구성 세력으로 존재하였음을 고구려부흥운동은 보여주고 있다.

당대 금석문 중 고구려 유민이나 고구려 고지에서 활동한 당 관인과 관련한 자료가 남아 전하고 있다. 여기에는 고구려부흥운동을 전개한 유민의 목소리가 직접 새겨져 있지는 않지만, 부흥운동의 양상을 규명하는 실마리가 담겨 있다. 지속적으로 관련 자료에 대한 정리와 검토가 이루어지고 있으며 새로운 묘지의 출토도 이어지고 있기에, 고구려부흥운동의 실체가 새롭게 밝혀지리라 기대한다.

참고문헌

1. 저서

김강훈, 2022, 『고구려부흥운동 연구』, 학연문화사

김종복, 2009, 『발해정치외교사』, 일지사

노태돈, 1999, 『고구려사 연구』, 사계절

李丙燾, 1976, 『韓國古代史研究』, 博英社

이상훈, 2012, 『나당전쟁 연구』, 주류성

임기환, 2004, 『고구려 정치사 연구』, 한나래

호리 도시카즈(정병준·이원석·채지혜 옮김), 2012, 『중국과 고대 동아시아 세계』, 동국대학교출판부

池內宏, 1960, 『滿鮮史研究』上世二冊, 吉川弘文館

2. 논문

권덕영, 2017, 「중국 금석문을 활용한 신라사의 몇 가지 보완」, 『역사와 경계』 105

김수진, 2020, 「670년 평양 일대 고구려 유민의 남하와 부흥운동의 전개」, 『역사와 실학』 72

金浩東, 1993, 「唐의 羈縻支配와 北方遊牧民族의 對應」, 『歷史學報』 137

盧泰敦, 1981, 「高句麗 遺民史 研究 - 遼東·唐內地 및 突厥方面의 集團을 중심으로 -」, 『韓沽劤博士停年紀念史學論叢』

盧泰敦, 1997, 「對唐戰爭期(669-676) 新羅의 對外關係와 軍事活動」, 『軍史』 34

방용철, 2013, 「7세기 고구려 불교정책의 한계와 國祖神」, 『韓國古代史研究』 72

방용철, 2018, 「고구려 부흥전쟁의 발발과 그 성격」, 『大丘史學』 133

여호규·拜根興, 2017, 「遺民墓誌銘을 통해본 唐의 東方政策과 高句麗 遺民의 동

향」, 『東洋學』 69

이민수, 2018, 「李他仁의 唐 投降과 扶餘城의 高句麗 復國運動 鎭壓에 대한 分析」, 『역사와 경계』 106

이상훈, 2014, 「검모잠의 최초 거병지 검토」, 『한국 고대사 연구의 자료와 해석(노태돈 교수 정년기념논총2)』, 사계절

임금표, 2022, 「보장왕의 고구려 부흥운동과 '營州靺鞨'」, 『高句麗渤海研究』 72

장병진, 2016, 「당의 고구려 고지(故地) 지배 방식과 유민(遺民)의 대응」, 『역사와 현실』 101

최재도, 2015, 「漢城의 高句麗國 再檢討」, 『東北亞歷史論叢』 47

植田喜兵成智, 2014, 「唐人郭行節墓誌からみえる羅唐戰爭-671年の新羅征討軍派遣問題を中心に-」, 『東洋學報』 96-2

8장

웅진기 백제가 생각한 외교안보란 무엇일까

장수남(대전대학교)

I. 들어가며

백제는 475년 고구려에 의해 한성이 함락되면서 위기에 처하게 되었다. 한 순간에 왕도를 잃어버리고 왕권이 추락하였으며, 지배체제가 무너지고 한성의 경제기반을 상실하게 되었다. 더욱이 고구려군은 새 왕도 부근까지 접근하여 백제를 위협하고 있었다. 당시 재위한 왕들은 이러한 위기를 극복하는 것이 당면과제였다. 고구려의 위협으로부터 영토를 안전하게 지켜내고 지배체제를 재건하여 백제의 중흥을 이루어야만 했다.

웅진기 왕들은 위기를 극복하여 한성을 재건했고, 다시 왕권을 회복하여 무령왕대에는 '갱위강국'을 이루었다. 그렇다면 백제가 절체절명의 위기를 극복하고 다시 강국이 될 수 있었던 그 원동력은 무엇이었을까?

백제는 주변 다른 나라들에 비해 상대적으로 외교에 치중하였다.

그 이유 중에 하나는 짧은 역사에 비해 잦은 천도 때문일 것이다. 백제는 수도를 세 번이나 옮겼고, 웅진기에는 약 60여년이란 기간 동안 웅진(공주)와 사비(부여)로 두 번이나 천도를 한 경험이 있다. 역사적으로 천도는 국가의 명운이 걸린 대단히 중요한 선택일 때가 많다. 천도를 기획하고 실행하기까지는 많은 시간과 예산이 소요될 뿐만 아니라 천도에 반대하는 세력을 설득, 회유하는 과정을 거쳐야만 했다. 그리고 천도 후에는 새로운 지배체제를 운영하고 유지하기 위해 왕권을 지켜나가는 것이 중요하였다. 백제는 나라의 안녕과 왕권 강화에 외교를 적극적으로 활용하였다(장수남, 2013, 1~2쪽).

나라와 나라의 외교관계에서 중요한 것은 바로 국가의 이익이고, 그 이익에서 백제가 반드시 얻어야 하는 것은 국가의 안전이었다. 이 글에서는 고구려에 의해 의도하지 않은 천도를 하게 된 웅진기 백제가 생각한 외교안보가 무엇이었는지를 살펴보고자 한다.

II. 백제와 신라의 직접적인 공조(共助) : 고구려의 남진을 막자

백제와 신라의 나제동맹(羅濟同盟)은 『삼국사기』 기사를 토대로 보면 433년 백제 비유왕이 사신을 파견하여 신라에 화친을 요청하고, 434년에도 양마 2필과 백금을 신라에 보냈다. 이에 신라 눌지왕이 그 요청을 받아들여 양금과 명주를 보내 화답하였다. 이로써 백제와 신라는 동맹을 맺게 되었다는 '동맹'의 관점에서 두 나라의 관계가 연구되었다. 그러나 직접적으로 사료에 '동맹을 결성하였다'고는 기록되어 있지 않아 양국의 관계를 동맹으로 볼 수 없다는 견해도 제기되었다(정재윤,2001;이순근, 1998; 공석구, 2019). 한편 두 나라의 관계가 동맹을 부정하더라도 군사적 협력은 확인되기 때문에 구체적으로 양국관계를 드러낼 수 있는 용어는 '군사협력체제'라는 견해가 제기되기도 하였다(위가야, 2018).

두 나라가 직접적으로 전쟁을 일으키지는 않았기 때문에 동맹의 관계를 전제로 하여 양국의 관계를 살펴보면 백제와 신라는 동맹을 맺은 후 필요에 따라 구원을 수행하는 형태였다. 백제와 신라 사이에 동맹이 맺어진 것은 두 나라의 이해관계가 일치했기 때문이다. 그 이해관계는 바로 고구려와의 관계였다. 백제는 5세기 초부터 계속 고구려와 공방전을 벌이고 있었고, 신라는 고구려와 우호적인 분위기를 유지하고 있었다. 그러나 고구려를 등에 업은 눌지가 실성왕을 시해하고 왕위에 오르면서 고구려의 영향력은 더욱 강해졌다(장창은, 2008,103쪽). 눌지왕은 왕위 계승에서 고구려의 영향을 받은 것이 부담으로 작용하였고 이에 눌지왕은 고구려로부터 벗어나고자 하였는데 이런 상황에서 백제가 신라에 화친을 요청한 것이었다.

두 나라의 이해관계가 일치할 수 있었던 또 하나의 이유는 장수왕의 평양천도였다. 이것은 두 나라 모두에게 위협적인 것이었다. 신라와 고구려의 관계는 눌지왕 3년(454) 신라가 고구려의 변방 장수를 살해하면서 달라졌고, 신라는 고구려를 방어하기 위한 성들을 축성하였다. 한편 이 무렵 고구려의 공격대상이 백제로 바뀌면서 475년 고구려는 왕도를 함락시키고 이후 계속적으로 대립하게 된다.

백제와 신라의 공조관계가 직접적으로 보이기 시작하는 것은 웅진 천도 이후이다. 한성이 함락될 당시 백제는 신라에 구원군 1만을 요청하지만 한성이 함락된 후 신라군이 도착하였다. 고구려군에 의해 왕도가 함락되었고 신라군의 도움을 받지는 못했지만, 동성왕은 고구려와의 전쟁을 피할 수 없는 현실에서 신라의 도움이 절실함을 인식하고 있었다. 고구려와 신라가 재차 우호관계를 맺게 된다면 백제의 입장에서는 어려움에 처할 것임을 알고 있었기에 신라와의 화친이 필요하였고, 이에 백제는 동성왕 15년(493)혼인 동맹을 선택했다. 웅진기 백제와 신라가 우호관계를 유지했다는 것은 고고자료에서도 확인할 수 있다. 공주 송산리 고분군에서 신라산 은제 허리띠 장식이 출토 되었고(최병현,1992; 최종규, 1992), 신라 왕릉급 무덤에서 백제산 금동 식리와 청동용기류가 출토된 바 있다.(이한상, 2010) 혼인동맹으로 양국 간의 우호관계는 더욱 굳건해졌다. 언제든 동맹국에서 적국이 될 수 있는 상황에서, 5세기 초반에 맺어진 동맹 관계가 5세기 후반까지 이어진 것은 고구려의 남진을 저지해야만 하는 두 나라의 이해관계가 일치되었기 때문이다. 소지마립간 6년(484)에는 백제·신라가 공조하여 대고구려전쟁을 수행하였다.

동맹이 유지되던 이 시기에 백제는 고구려에 공격을 당하는 신라를 지원함으로써 백제의 위상을 대내외적으로 드러낼 수 있게 되었다. 법흥왕 8년(521)년에는 백제의 도움을 받아 양에 사신을 파견하는 배경이 되었다(조범환, 2016). 그리고 무령왕21년(521)에는 양에 갱위강국을 선언하면서 백제의 중흥을 선포하였다. 웅진기 백제와 신라의 동맹은 상호 군사지원을 주고받으며 큰 범주 안에서는 관산성 전투 이전까지는 화친이라는 틀을 유지하고 있었다. 결국 웅진기 백제와 신라의 동맹관계는 고구려의 남진을 막는다는 공동의 목적을 가지고 있었기 때문에 지속되어진 것이었다.(장수남, 2013, 34~39 쪽).

Ⅲ. 적극적인 남조로의 견사 : 고구려의 남진을 막는 가장 안전한 방어망

475년 고구려에 의해 한성이 함락되면서 백제는 웅진으로 천도를 단행하게 되었다. 그리고 시기를 정확히 단정할 수는 없지만 잠시나 마 새 왕도 웅진으로부터 30여km 부근인 청원 남성골산성과 대전 월평동산성에 고구려군이 주둔해 있어 백제를 위협하고 있었다. 최 근에는 고고학 발굴 성과에 의해 안성 도기동산성은 고구려 남진의 거점성으로 주목되고 있다(김진영, 2017; 신광철, 2019; 양시은, 2021; 장종진, 2022).

백제는 근초고왕 27년(372) 처음으로 동진과 교류한 이후 일관되 게 남조 중심의 외교 정책을 펴나갔다. 잠시 고구려의 군사적 압박이 강해지자 북위에 조공하며 군사적 도움을 요청하지만 거절되자 조공 을 끊어버리고 남조중심의 외교로 방향을 전환하였다(정재윤, 2009, 183~184쪽). 남조 중심의 외교를 지속한 이유에 대해서는 다음과 같 은 견해가 있다. 먼저 백제와 남조가 외교를 지속할 수 있었던 것은 군사적 충돌의 가능성이 없어 문화적 교류로 일관되게 관계를 지속할 수 있었다고 보는 견해가 있다(한승, 2007). 또는 개로왕대 북위가 요구를 들어주지 않아 조공을 끊어 외교를 단절하였지만, 웅진기에는 한성기의 남조중심 외교전통을 그대로 이어받아 남조 왕조들과만 조공 책봉관계를 맺고 있는데, 이것은 백제가 신라와의 군사동맹 체결로 고구려의 위협에 대처할 능력이 있었기에 남조의 선진 문화 수용을 위해 남조 중심의 외교 관계를 유지하였다고 보기도 한다(양종국,2007).

잠시나마였지만 새 도읍인 웅진까지 고구려군이 내려와 있다는 것은 백제 입장에서는 위협적이고 안전한 방어망을 구축하는 것이 무엇보다 시급하였다. 웅진까지 내려와 있는 고구려군의 위협을 해결하기 위해 백제가 선택한 것은 남조와의 외교였다. 발달된 선진문물과 제도를 가진 남조와의 통교는 웅진기 실추된 왕권을 회복하고, 국력을 성장시킬 수 있는 원동력이었다.

이에 웅진기 백제왕들은 남조견사를 시도하였다. 먼저 문주왕 2년(476)에 견사를 시도한다. 비록 고구려의 방해로 실패하였지만 견사를 시도한 것은 남조와의 외교를 강화하여 고구려를 견제하려는 것이었다. 교섭을 통해 직접적인 출병을 요구하지는 않았을 것이지만 송과의 접촉을 통해 고구려의 남진을 간접적으로 저지하고자 했던 것이다. 문주왕은 한성기에 고구려와의 관계에서 신라에 실제 구원병을 얻으러 갔었기 때문에 그 누구보다도 외교의 중요성을 인지하고 있었을 것이며 남조 견사를 서두른 한 요인 가운데 하나였을 것이다. 그리고 한성이 함락 당했지만 고구려와의 공방전이 끝나지 않았음을 알고 외교에 박차를 가하고자 했던 것이다(장수남, 2013, 68~69쪽).

〈표 1〉 웅진기 남조 견사의 시도와 결과

시기	남조 왕조	실현 여부	내용
문주왕2년(476)	송	X	조공(고구려의 방해로 실패)
동성왕6년(484)	남제	O	조공(고구려왕 거련이 표기대장군을 제수 받았다는 말을 듣고 사신을 파견함)
		X	조공(고구려의 방해로 실패)
동성왕8년(486)	남제	O	조공
동성왕12년(490)	남제	O	조공(7명의 관작을 요청)
동성왕17년(495)	남제	O	조공(8명의 관작을 요청)
무령왕12년(512)	양	O	조공
무령왕21년(521)	양	O	조공(무령왕을 지절도독 백제제군사 영동대장군으로 책봉)
성왕2년(524)	양	O	조공(성왕을 지절도독 백제제군사 수동장군 백제왕으로 책봉)

　문주왕의 견사 실패 후 동성왕은 재위 6년에 다시 견사를 시도한다. 동성왕이 견사를 재개 한 것은 그 당시 고구려를 저지하기 위해 주변국과의 외교망 구축이 필요했기 때문이다. 백제 단독으로 고구려의 남진을 저지하는데 한계가 있음을 알고 있었기에 주변국의 힘을 빌리려 한 것이었다. 그는 적극적으로 주변국과의 외교망 형성에 노력하였다. 남제로의 견사는 그 과정 가운데 일부였다. 백제를 중심으로 한 외교망이 백제-남제-신라-가야-왜로 구축된다는 것은 고구려의 남진 위협 속에서 백제가 취할 수 있는 가장 효과적인 방책이었다.

　백제가 남제와의 관계 형성에 적극성을 보이자 긴장한 것은 고구려였다. 당시 고구려는 남북조와 활발하게 교섭하였고 특히 북위와의 교섭에 주력하였다. 그럼에도 불구하고 고구려는 백제의 남제 교섭을 막아 백제와 남제가 다시 연결되는 것을 견제하고자 하였다. 당시 고구려는 동성왕대 백제의 외교노선이 개로왕대와 마찬가지로 남제-백제-왜-가야로 구축될 가능성을 우려했기 때문에 이를 사전에 차단하려는 의도가 있었다(이용빈, 2007, 104쪽).

웅진기 왕들이 남조와의 외교에 치중했던 이유는 그 당시 상황에서 백제를 지킬 수 있는 가장 안전한 방어책이라 여겼기 때문이다. 외교란 한 국가만의 일방적인 것이 아니라 국가와 국가 간의 상호관계를 토대로 자국에 이익이 바탕이 될 때 이루어지는 것이다. 동성왕에 이어 웅진기 백제의 적극적인 남조와의 외교는 무령왕은 양으로부터 '영동대장군(寧東大將軍)'이라는 작호를 받았고, 성왕은 '수동장군(綏東將軍)'의 작호를 받게 되었다. 그리고 중국 남조 문화 수용에도 적극성을 보였는데 그것이 바로 남조의 상장의례 수용이다. 그러나 무엇보다 웅진시기 백제왕들이 적극적으로 남조와의 외교를 했던 가장 근본적인 목적은 바로 고구려의 남진을 막고자 한 것이었다.

IV. 나오며

한성의 함락으로 천도를 단행하게 된 백제는 나라의 안전을 위해서 무엇보다 친백제 외교망이 절실하였다. 그 외교망의 큰 축이 남조와의 외교관계였다. 외교라는 것은 매우 가변적이며 각 나라 사이의 관계가 긴밀히 연동되는 것이다. 웅진기 백제가 추진했던 외교의 방향은 개별국가와의 관계 하나하나를 추구하였다기보다는 하나의 목적을 위해서였다. 그것은 바로 고구려의 남진을 막는 것이었다.

그것을 위해 백제가 생각한 방법은 첫째는 나제동맹을 통해 백제와 신라가 공조하여 안전하게 새 도읍 웅진을 방어하고 한성을 재건하는 것이었다. 이는 백제와 신라가 고구려 남진을 막겠다는 공동의 목적을 가지고 있었기 때문에 가능했던 것이다. 둘째는 남조와의 긴밀한 외교관계를 통해 가장 안전하게 고구려를 방어하고자 한 것이었다. 외교망이 백제-남제-신라-가야-왜로 구축된다는 것은 고구려의 남진 위협 속에서 백제가 취할 수 있는 가장 효과적인 방책이었던 것이다.

참고문헌

1. 저서

노중국, 2012, 『백제의 대외교섭과 교류』, 지식산업사

신형식, 2005, 『백제의 대외관계』, 주류성

이도학, 2010, 『백제 한성·웅진시대 연구』, 일지사

장창은, 2008, 『신라 상고기 정치변동과 고구려 관계』, 신서원

2. 논문

姜孟山, 1997, 「웅진시기 백제와 중국과의 관계」, 『백제문화』 26

공석구, 2019, 「'羅濟同盟'을 다시 검토한다」, 『백제학보』 30

金壽泰, 2008, 「웅진시대 백제의 대남조 외교」, 『百濟文化 海外調査報告書』 VI-中國 南京地域

양종국, 2007, 「웅진시대 백제와 중국」, 『百濟文化』 37

이순근, 1998, 「三國統一期 三國의 對外戰略(1)-소위 '羅濟同盟'과 신라의 한강하류 진출 배경을 중심으로-」, 『人文科學研究』 3

이용빈, 2007, 「동성왕의 왕권강화 추진과 신진세력」, 『웅진도읍기의 백제』, 충청남도 역사문화연구원

이한상, 2010, 「신라고분 속 외래문물의 조사와 연구」, 『중앙고고연구』 6

위가야, 2020, 「'나제동맹'의 攻守 전략검토」, 『한국고대사탐구』 34

정재윤, 2009, 「5~6세기 백제의 南朝 중심 외교정책과 그 의미」, 『백제문화』 41

정재윤, 2001, 「熊津時代 百濟와 新羅의 關係에 대한 考察 -羅濟同盟에 대한 비판적 검토」, 『호서고고학』 4·5

조범환, 2016, 「신라 법흥왕대 전반기 대백제 정책과 대양교섭」, 『동아시아 고대학』 42

韓昇, 2007,「百濟與南朝的文化交流及其在東亞的意義」,『東亞漢文化圈與中國關係』, 中國社會科學出版社

9장

백제의 무왕과 의자왕은 영토를 어떻게 넓혔을까

박종욱(고려대학교)

I. 들어가며

백제는 신라와 우호를 다지며 오랜 기간 고구려의 남진에 대항했고, 551년에는 신라와 함께 고구려를 공격하여 옛 수도 한성(漢城)을 수복하는 결실을 맺었다. 그러나 불과 2년도 지나지 않아 신라가 고구려와의 통호를 바탕으로 한강 유역을 독차지하자, 백제는 그 보복을 위해 554년 신라의 관산성(管山城)을 공격했다가 도리어 성왕(聖王)과 좌평 4명을 비롯한 약 3만 명이 전사하는 비극을 겪었다. 이때부터 백제의 칼끝은 자연히 신라로 향하게 되었는데, 660년 백제 멸망 때까지 백제와 신라는 치열한 상쟁을 벌이게 된다.

백제가 신라와의 전쟁을 본격적으로 추진하고 또 군사적 성과를 거둔 것은 무왕(武王) 그리고 그의 아들인 의자왕(義慈王) 때이다. 특히 624년 속함성(速含城) 전투 이후 무왕은 신라를 파상적으로 침공하면서 영역을 넓혀나갔고, 의자왕은 642년 신라 하주(下州)의 주치소(州治所) 즉 지금으로 따지면 도청 소재지 격에 해당하는 대야성(大耶城)까지 함락하였다. 결국 위기에 봉착하게 된 신라가 당(唐)에 구원의 손길을 내밀게 되는 바, 본격적인 삼국통일전쟁의 서막이 오르게 되었던 것이다.

그런 측면에서 무왕·의자왕대의 전쟁과 영역 확장은 백제사의 한 장면에 그치는 것이 아니라, 7세기 전반·중반 한반도 정세 및 국제 관계와 연동되는 중요한 문제이다. 또한 백제가 신라를 군사적으로 얼마나 압박했는지를 살펴볼 수 있는 것으로서, 나당연합군의 결성 및 출정 배경을 보다 구체적으로 이해할 수 있는 단서라 할 수 있다.

이 글에서는 백제 무왕과 의자왕이 어느 지역을 목표로 전쟁을 추진했는지, 그리고 그 성과로 어디까지 영역을 확장하였는지를 간략하게 살펴보고자 한다. 당시 진출 방향 및 군사적 성과의 기본적인 골자는 선학들의 연구를 통해 대체적으로 밝혀졌지만, 여전히 연구자들 간의 견해가 갈리는 부분도 많다. 이에 사료를 중심으로 큰 흐름을 짚어보면서 주요 쟁점을 함께 살펴보는 방식으로 논의를 진행하고자 한다.

II. 무왕, 마침내 소백산맥을 넘어 옛 가야의 땅에 진출하다

554년 관산성 전투 직후, 백제는 북쪽 그리고 동쪽 방면에서 신라와 군사적으로 대치하게 되었다. 각종 기록 및 고고학적 자료를 종합해볼 때, 당시 양국의 경계는 대체로 아산만-진천-청주-문의-대전-금산-무주 일대에서 형성된 것으로 여겨진다(김영관, 2010; 전덕재, 2018; 장창은, 2020; 박종욱, 2021). 또한 562년 신라의 대가야(大加耶) 병합 이후에는 장수-남원-지리산·섬진강 일대에서 양국이 군사적으로 대치한 것으로 파악된다.

6세기 후반 백제는 관산성 전투의 참패로 인해 주로 내정 안정 및 대중국 외교에 주력하였다. 약 45년의 재위기간 동안 위덕왕(威德王)은 562년·577년 두 차례 신라를 침공했으나 무위에 그쳤고, 혜왕(惠王)·법왕(法王)대에는 약 1년에 불과한 짧은 재위 탓인지 군사적 활동은 확인되지 않는다.

백제의 본격적인 전쟁은 무왕 즉위 이후부터 전개되었다. 무왕은 602년 아막성(阿莫城) 전투를 시작으로 재위 42년 동안 총 13차례 신라와 전투를 치렀다. 그중『삼국사기』지리지를 통해 전투 위치를 비교적 정확하게 파악할 수 있는 곳은 아막성(모산성)과 속함성으로, 각각 전북 운봉 및 경남 함양 일대로 파악된다. 그 밖에 늑노현(勒努縣)은『삼국사기』지리지에 기록된 근노성(靳弩城)의 오기로서 충북 괴산으로 비정되며, 전투 장소로 기록된 신라의 서쪽 변경은 전후 사건의 정황으로 볼 때 경남 서부지역으로 추정할 수 있다.

먼저 비교적 내용을 구체적으로 파악할 수 있는 자료를 중심으로 무왕대 대신라전의 양상과 성격을 살펴보도록 하자. 일단 무왕대 전쟁은 623년 늑노현 전투를 기점으로 크게 무왕 전기와 후기 두 시기로 구분된다. 무왕 전기에는 총 5차례의 전투가 있었는데, 신라의 선제공격(605년·618년)을 제외하면 백제의 공격은 602년 아막성·611

년 가잠성·618년 모산성(아막성) 전투로 확인된다. 이 시기 백제의 침공은 9년·5년 주기로 벌어졌고, 성을 탈취한 것은 611년 가잠성 전투가 유일하다. 하지만 곧바로 신라가 618년에 가잠성을 탈환했기 때문에, 약 20여 년에 달하는 무왕 전기에는 실질적인 군사적 성과를 거두지 못했다고 평가할 수 있다.

반면 무왕 후기의 전쟁은 전혀 다른 양상을 보여준다. 총 8번의 전투와 1번의 공격 시도 및 철군이 있었는데, 이는 모두 백제의 선제 공격으로 시작되었다. 즉 공방전을 벌였던 무왕 전기와는 달리, 무왕 후기에는 백제의 일방적인 공세 및 신라의 수세 향상으로 진행된 것이다(김수태, 2010, 66쪽). 또한 2년 주기로 신라를 빈번하게 침공했으며, 624년 속함성 전투를 비롯하여 총 3차례의 전투에서 신라의 성을 탈취하였다.

당시 전투 지점을 모아보면 공격 방향의 경향이 뚜렷하게 보이는데, 전투의 대부분이 신라 하주 방면에 집중되고 있다. 따라서 백제 무왕은 즉위 초부터 소백산맥을 넘어서 신라 하주 방면, 즉 가야고지(加耶故地)로 진출하려는 목적을 가지고 전쟁을 수행했다고 볼 수 있다(김병남, 2002, 64~69쪽; 김주성, 2009, 44쪽; 김수태, 2010, 68~69쪽). 그리고 624년 속함성 전투의 승리를 통해 마침내 소백산맥을 넘어 경남 함양 일대를 장악했는데, 이는 무왕 즉위 후 약 20여 년 만에 거둔 큰 군사적 성과였다.

다만 624년 당시 백제의 진출 범위에 대해서는 기잠·혈책 등 5성의 위치 비정에 따라 견해가 크게 갈리고 있다. 하나는 속함성 전투에 함께 나왔던 5성의 위치를 합천 및 산청 일대에서 찾고 남강 중·

상류권 진출을 상정한 것이다(전영래, 1985, 154쪽; 김태식, 1997, 77쪽; 김병남, 2004, 118쪽; 정동준, 2002, 53쪽). 그와 달리 눌최(訥催)가 봉잠·앵잠·기현 3성의 군사를 모아 지휘했다는 사료의 문맥을 강조하면서 5성의 위치를 속함군의 관할 범위 내로 보기도 한다(김주성, 2009, 48~50쪽). 물론 624년 속함성 전투 이후 백제가 남강 수계를 따라 산청과 진주까지 진출했을 가능성도 고려해야 하겠으나, 아직까지 백제의 남강 유역 진출이 실증적으로 규명되지 않았다고 하는 지적(장창은, 2020, 201쪽)을 유의할 필요가 있다.

한편 624년 속함성 함락 이후 백제는 경남 서부지역에서 신라를 파상적으로 침공하면서 일부 지역을 탈취했다. 당시 백제가 확보한 곳은 기록상 서쪽 변경의 2성(627년) 및 서곡성(西谷城)으로 나오는데, 구체적인 위치는 자세히 알 수 없는 실정이다. 다만 624년 속함성 함락 및 642년 대야성 침공과 모두 계기적으로 연결될 수 있다는 점에서, 그 위치는 경남 거창 방면으로 추정해볼 수 있다. 이처럼 백제 무왕 전기에는 신라와 비교적 간헐적으로 공방전을 주고 받았지만, 624년 속함성 공취 이후에는 소백산맥을 넘어 함양·거창 방면의 가야고지에서 신라의 영역을 잠식해나가기 시작했다.

그렇다면 무왕대에 다른 방향의 공격은 없었을까? 나머지 전투로 611년·618년·628년 가잠성 전투, 623년 늑노현 전투, 636년 독산성(獨山城) 전투 총 5건의 사건이 있다. 일단 충북 괴산 일대에 벌어진 늑노현 전투는 그 위치상 신라 신주(新州) 방면 진출 시도와 관계된다. 반면 독산성은 경북 성주군 가천면 일대로 비정되며, 이는 신라 상주(上州) 방면 진출 시도로 여겨진다. 다만 문제는 총 3차례의 공방전이 벌어졌던 가잠성(椵岑城)인데, 그 위치를 어디로 보느냐에 따라 무왕대 전쟁의 흐름과 목표는 다르게 이해될 수 있다.

처음에는 618년 가잠성 전투 당시 신라 북한산주군주(北漢山州軍主)의 참전에 방점을 두고 그 위치를 한강유역 방면에서 찾는 견해가 주로 대두되었다. 그중에서도 안성시 죽산면의 옛 이름인 개차산(皆次山)과 가잠(椵岑)을 연결시킨 안성 죽산설(김태식, 1997, 77쪽)이 널리 수용되었다. 이를 바탕으로 가잠성 전투를 623년 늑노현 습격과 함께 무왕대 한강유역 진출 시도로 이해함으로써, 백제 무왕이 가야고지와 한강유역 크게 두 방향으로 전쟁을 추진했다고 보는 경향이 주류를 이루어왔다(김주성, 1998, 84~85쪽; 김병남, 2002, 69~70쪽; 김수태, 2007, 187쪽; 강종원, 2017, 161~162쪽).

반면 최근에는 '백제의 동쪽 경계'에서 가잠성의 위치를 구하는 경향이 두드러지고 있다. 보덕성(報德城)의 반란군이 신라군에 대항하여 가잠성 남쪽 7리 지점에 진을 쳤다는 『삼국사기』 김영윤 열전에 주목하여 익산-김천 사이의 교통로에서 그 위치를 구한 전북 무주설(윤선태, 2010, 63~65쪽)을 시작으로, 충북 영동 양산설(전덕재, 2013, 8~16쪽)·충남 금산 추부설(박종욱, 2021, 235~237쪽)·전북 완주설(이도학, 2021, 232쪽)이 제기된 바 있다. 이 경우 백제의 가잠성 침공은 신라 상주 방면 진출 시도와 관계되며, 무왕대 군사적 전략은 신라 왕경으로 향하는 교통로와 신라 상주·하주의 거점을 집중적으로 공략하는 것이었다고 할 수 있다.

지금까지 살펴보았듯이 무왕대 가야고지 진출에 대해서는 대체적인 윤곽이 그려진 상황이다. 다만 남강 유역 진출 여부나 가잠성의 위치 비정에 관해서는 여전히 견해가 엇갈리고 있는데, 차후 고고학적 발굴조사 성과와 함께 후속연구가 긴요하다고 하겠다. 한 마디 덧붙이자면, 가잠성의 위치 문제와는 별개로 백제가 최종적으로 가잠성을 탈환하지 못했다는 점도 고려할 필요가 있다. 이는 결국 가야 고지 방면에서만 군사적 성과를 거두었을 뿐 다른 방향으로 추진된 무왕대 신라 침공은 별다른 성과가 없었음을 잘 보여주는 것이다.

Ⅲ. 의자왕, 대야성을 확보하고 낙동강 유역까지 진출하다

백제 무왕이 신라와의 전쟁에서 큰 성과를 남기고 재위 42년 만에 사망한 후, 그의 아들 의자가 641년 3월에 왕위를 계승하였다. 의자 왕은 즉위 초반부터 과감한 정치적 움직임을 보였는데, 642년 친위 정변을 통해 사탁씨 왕후의 측근 세력을 몰아내고 국정 운영의 주도권을 장악하였고, 뒤이어 직접 군사를 이끌고 신라를 침공하였다. 이는 즉위 초의 정치적 혼란을 잠재우고 국왕으로서의 능력을 보여주기 위한 행보라 할 수 있다.

당시 전쟁의 흐름을 살펴보면, 의자왕 초반에는 앞선 무왕대와 마찬가지로 신라 하주 방면 즉 가야고지 일대로 공격을 집중하였다. 642년 7월에 미후성(獼猴城)을 비롯한 40여 성을 함락하였고, 같은 해 8월에는 경남 합천에 위치한 신라 하주의 치소 대야성까지 공취하였다.

신라에 있어서 대야성은 6세기 중엽 이후 약 80여 년간 낙동강 이서(以西)의 가야고지를 지배하고 방어하는 핵심 거점이었다. 이곳을 상실하게 됨에 따라 신라는 가야고지에 대한 지배권을 백제에 내주게 되었고, 하주의 치소도 낙동강 이동(以東)에 위치한 경북 경산의 압량주(押梁州)로 옮겨야 했다. 이렇듯 642년 백제의 대야성 함락은 602년 아막성 침공 이래 무왕대부터 꾸준히 추진해왔던 신라 하주 방면 공략이 성공적으로 완수되었음을 보여주는 사건이라 할 수 있다.

그렇다면 당시 백제는 가야고지의 동쪽으로 어디까지 진출했을까? 이에 대해서는 다소 간의 차이는 있으나 크게 낙동강 이서지역으로 한정하는 견해(문안식, 2006, 406쪽; 김창석, 2009, 98쪽)와 낙동강 동안(東岸)의 구미·칠곡·대구 방면까지 진출했다고 보는 견해(전영래, 1985, 156~157쪽; 김수태, 2007, 193쪽; 김병남, 2018, 178~179쪽)로 구분해볼 수 있다.

당시 백제의 진출 범위와 관련해서는 644년 9월 신라 김유신의 가혜성(加兮城)·성열성(省熱城)·동화성(同火城) 등 7성 탈환 사건, 645년 1월 백제의 매리포성(買利浦城) 공격을 종합적으로 살펴볼 필요가 있다. 먼저 644년 신라가 탈환한 3성 중에서 비교적 명확하게 그 위치를 파악할 수 있는 곳은 가혜성으로, 지금의 경북 고령군 우곡면 일대에 해당된다. 따라서 이 기사를 통해 644년 9월 이전에 백제가 낙동강 서안까지 진출했음을 알 수 있다.

또한 매리포성은 『신증동국여지승람』 영산현 산천조의 매포진(買浦津)·멸포(篾浦)를 근거로 지금의 경남 함안군 칠북면 일대로 비정되고 있다. 이곳은 낙동강 중류와 남강 하류가 합류하는 지역으로, 낙동강 중류의 남안이자 남강 하류의 동안에 해당된다. 그런 측면에서 645년 1월 백제의 매리포성 공격은 그에 앞선 남강 수계권 방면 진출을 잘 보여주는데, 백제가 남강 하류의 이서지역을 확보하고 있었던 것으로 이해된다(박종욱, 2021, 162쪽).

이처럼 위치 비정 가능한 성을 중심으로 의자왕대 백제의 가야고지 진출범위를 비교적 안정적으로 추정해보자면, 백제는 644년 이전에 가야고지의 북동쪽 방면으로 고령군 우곡면 일대의 낙동강 서안까지 진출했고, 가야고지의 남동쪽 방면으로는 남강을 따라 진주 및 의령 일대의 남강 서안까지 진출했다고 볼 수 있다. 물론 사료상 낙동강 이동지역까지 진출했을 가능성도 염두에 두어야 하겠지만, 현존하는 자료 및 당시 나제 간 전선(前線)의 상황을 고려할 때 지금으로서는 매우 보수적으로 접근하는 것이 타당하리라 생각된다.

한편 신라의 김유신이 본격적으로 전장에서 활약함에 따라, 가야고지 방면의 양국 경계에도 약간의 변화가 있었다. 644년 9월에는 신라가 약 25년 만에 선제공격을 펼쳐 가혜 등 7성을 탈환하는 데 성공하였다. 이를 통해 신라가 다시 경북 고령군 방면을 확보했지만, 그 이듬해인 645년 5월 백제가 신라의 당 원조를 틈타서 다시 7성을 재탈환함으로써 낙동강 유역의 거점을 계속해서 확보하였다. 그 후 647~648년에는 전북 무풍 일대의 무산성(茂山城)과 대야성 인근에서 여러 차례 전투가 벌어졌는데, 백제와 신라는 무풍-김천 방면과 고령-합천 방면에서 치열한 공방전을 주고 받았다.

그런데 648년 공방전의 결과 및 영역 판도를 두고서 연구자들의 견해 차이는 꽤 크게 나타나고 있다. 『삼국사기』 김유신 열전에 기록된 옥문곡(玉門谷) 전투 및 악성(嶽城) 등 12성 공취의 내용을 어떻게 해석할 것인지, 그것이 바로 주요 쟁점이라 하겠다. 즉 이 전투를 통해 김유신이 대야성을 비롯하여 옛 하주 방면의 대부분 지역을 다시 회복했다고 보거나(문안식, 2006, 427쪽; 이문기, 2016, 226~227쪽), 아니면 백제가 고령-합천 방면의 성을 상실했을 뿐 여전히 대야성을 비롯한 가야고지의 대부분 지역을 계속 영유했다고 보는 견해(김창석, 2009, 103~104쪽; 김영관, 2010, 141~143쪽; 김병남, 2018, 181~183쪽; 장창은, 2020, 206쪽; 박종욱, 2021, 171~175쪽)로 나뉘고 있는 것이다.

648년 공방전 이후 가야고지 방면에서 백제와 신라의 전투 기사는 확인되지 않으므로, 648년 말~649년 초에 형성된 이 일대의 경계는 660년 백제 멸망까지 그대로 이어졌을 가능성이 높다. 따라서 이 문제는 백제 멸망 당시의 영역, 나아가 백제 멸망 후 나당연합군의 백제고지 지배 및 전후 처리 등과 관련된 중요한 사안이라 할 수 있다. 그런 측면에서 『삼국사기』 김유신 열전 기록에 대한 사료 비판, 본기 기록 및 중국 기록과의 합리적 이해 등 본격적인 사료 검토를 통해 648년 공방전 이후 백제와 신라의 영역 판도를 적극적으로 구명할 필요가 있다.

지금까지 살펴보았듯이 백제 의자왕은 무왕대의 전략을 계승하여 가야고지 방면을 집중적으로 공략하였는데, 당시 백제의 최대 진출 범위는 낙동강 서안 및 남강 서안까지로 이해되며, 관점에 따라 648년 신라의 반격 혹은 660년 백제 멸망 때까지 그 영역이 유지되었던 것으로 볼 수 있다.

그렇다면 백제 의자왕은 가야고지 이외에 다른 지역으로도 진출을 시도했을까? 앞서 언급했던 647년 무산성 침공은 신라 상주 방면 진출 시도로 여겨지는데, 무풍-김천 방면으로의 새로운 진출로를 노렸던 것으로 보이나 성과를 거두지는 못하였다.

한 가지 흥미로운 점은 649년 이후에 가야고지 방면에서의 전투가 사료상으로 더 이상 보이지 않는다는 것이다. 그에 짝하여 새롭게 신라 신주 방면, 즉 한강 유역 방면으로의 공격이 시작되는데, 649년 석토성(石吐城)·도살성(道薩城) 전투가 바로 그것이다. 이는 의자왕 후기에 들어와 대신라전 전략의 변화를 보여주는 것으로 여겨지는데, 그 변화 요인으로는 교착 상태에 빠진 가야고지 방면의 전선 및 고구려와의 관계 회복 모색 등을 꼽을 수 있을 것이다. 그 후 654년에는 고구려와 적극적인 연대를 통해 함께 신라를 공격했는데, 고구려는 영서 지역 일대를, 백제는 금산·영동 양산 일대를 공취하면서 신라를 전방위적으로 압박하였다(박종욱, 2022, 185~186쪽). 당시 백제와 고구려의 군사적 움직임은 신라에 큰 위기감을 불러일으켰고, 신라는 당에 피해 사실을 알리며 적극적인 개입을 요청하게 되었는데, 이로써 나당연합군의 출정이 본격적으로 논의되기 시작하였다.

IV. 나오며

지금까지 백제 무왕과 의자왕대 추진된 전쟁의 양상과 성격을 살펴보고, 전쟁의 결과로서 영역의 변화 과정을 대략적으로 살펴보았다. 백제 사비기의 역사에서 대신라 전쟁이 차지하는 비중은 결코 작지 않다. 이는 백제의 흥망성쇠에 직결되는 문제이기도 하며, 정치·외교·경제 등 국가 운영의 주요 요소에 가장 큰 영향을 미쳤던 동인이기 때문이다. 그런 측면에서 대신라 전쟁의 경향과 성격, 그 역사적 영향에 대한 종합적인 검토는 백제 사비기의 역사와 사회를 파악하기 위한 가장 기초적인 작업이라 할 수 있다.

물론 영성한 사료로 인해 당시 백제가 수립했던 군사적 전략을 구체적으로 논의하기에는 일정 부분 한계가 있다. 다만 전투 지점과 각 방면의 교통로 등을 종합적으로 분석한다면, 적어도 큰 틀에서 추진하고자 했던 전략의 대강을 살펴볼 수 있으리라 생각한다. 이 문제는 정치세력의 동향, 외교, 지방통치구조의 재편 등 여러 사안과 직결되는 바, 백제 사비기의 역사를 보다 폭넓게 이해할 수 있는 토대를 마련할 수 있을 것이다.

영역 문제 역시 시기별 변천 과정을 세심하게 정리해나갈 필요가 있다. 나아가 확장이나 퇴축과 같은 영역의 표면적인 현상만을 주목할 것이 아니라, 자국 영역에 대한 백제인의 인식 문제를 비롯하여 영토 분쟁이나 전후 처리 문제와 같은 이면적인 문제에도 관심을 가져야 할 것이다.

참고문헌

1. 저서

김수태, 2007, 『백제의 전쟁』, 주류성

박종욱, 2021, 「百濟 泗沘期 新羅와의 전쟁과 영역 변천」, 고려대학교 한국사학과 박사학위논문

문안식, 2006, 『백제의 흥망과 전쟁』, 혜안

장창은, 2020, 『삼국시대 전쟁과 국경』, 온샘

2. 논문

강종원, 2017, 「백제 무왕의 대신라 강경책과 그 배경」, 『百濟研究』 65

김병남, 2002, 「百濟 武王代의 영역 확대와 그 의의」, 『韓國上古史學報』 38

김병남, 2004, 「百濟 武王代의 阿莫城 전투 과정과 그 결과」, 『전북사학』 22

김병남, 2018, 「661년 신라 하주 州治의 大耶 이동 배경 - 신라와 백제의 공방을 중심으로」, 『지역과 역사』 42

김수태, 2010, 「백제 무왕대의 대신라 관계」, 『백제문화』 42

김영관, 2010, 「660년 신라와 백제의 국경선에 대한 고찰」, 『新羅史學報』 20

김주성, 1998, 「백제 무왕의 치적」, 『백제문화』 27

김주성, 2009, 「百濟 武王의 大耶城 進出 企圖」, 『백제연구』 49

김창석, 2009, 「6세기 후반~7세기 전반 百濟·新羅의 전쟁과 大耶城」, 『新羅文化』 34

김태식, 1997, 「百濟의 加耶地域 關係史 -交涉과 征服」, 『百濟의 中央과 地方』

박종욱, 2021, 「椵岑城의 지리적 환경과 7세기 전반 百濟·新羅의 攻防」, 『한국사학보』 84

박종욱, 2022, 「7세기 중엽 국제정세의 변화와 백제 의자왕대 한강유역 공격」,

『한국고대사탐구』 42

윤선태, 2010,「武王과 彌勒寺 -익산의 역사지리적 환경과 관련하여-」,『百濟 佛敎
　　　　文化의 寶庫 미륵사』(국제학술심포지엄 발표문), 국립문화재연구소.

이도학, 2021,「신라 · 백제의 境界와 아막성과 가잠성」,『고조선단군학』 46

이문기, 2016,「648 · 649년 신라의 對百濟戰 승리와 그 의미」,『新羅文化』 47

전덕재, 2013,「椵岑城의 位置와 그 戰鬪의 역사적 성격」,『역사와 경계』 87

전덕재, 2018,「4~7세기 백제의 경계와 그 변화」,『百濟文化』 58

전영래, 1985,「百濟南方境域의 變遷」,『千寬宇先生還曆紀念史學論叢』

정동준, 2002,「7세기 전반 백제의 대외정책」,『역사와 현실』 46

10장

백제부흥운동 연구는 어떻게 진행되었을까

이재준(충남역사문화연구소)

Ⅰ. 들어가며

660년 7월 9일 백제의 계백장군과 신라의 김유신장군이 황산벌에서 최초전투를 벌이고 단 10일 만인 7월 18일 의자왕이 나당연합군에게 항복함으로써 백제는 역사의 뒤안길로 사라지는 듯했다. 그러나 8월 2일 의자왕이 항복례를 행하는 도중에도 백제인들은 남잠(南岑), 정현(貞峴), 두시원악(豆尸原嶽) 등에 웅거하여 나당군을 초략(抄掠)하는가 하면, 8월 12일에는 3만여 명의 백제유민들이 충남 예산의 임존성에서 백제부흥을 기치로 거병한 이래 663년 11월 임존성이 함락될 때까지 3년 4개월간 백제를 다시 일으켜 세우기 위한 처절한 전쟁을 이어갔다. 오늘날 일반화된 명칭으로 불리는 '백제부흥운동'은 사실상 백제부흥전쟁이었다.

고대 삼국 중 결코 작지 않았던 백제가 개전 후 10일 만에 항복했다는 것은 믿기 어려운 사실이다. 전쟁을 지원하고 지도할 국가가 없는데도 불구하고, 더구나 고대시기에 유민들이 자발적으로 무장봉기하여 6.25 전쟁보다도 두 달이나 더 긴 기간 동안 사투를 벌였다는 것 또한 유래를 찾아보기가 힘든 역사적 사실이다.

특히 663년 8월에 백제와 왜(倭)가 연합한 백제부흥군과 나당군 간의 대해전(大海戰)이었던 백강구 전투(일본 : 백촌강)는 동아시아 최초의 국제해전이었다. 이는 한반도에서 벌어진 임진왜란, 청일전쟁, 러일전쟁, 6.25 전쟁 등 몇 안 되는 국제전쟁의 최초이기도 하다. 또한 한반도의 지정학적 운명을 결정지은 전쟁으로 이후 한반도는 대륙세력과 해양세력의 다툼에 희생양이 되곤했다. 백강구 전쟁은 한 · 중 · 일에게 서로 다른 지리 · 문화 · 역사적 경험의 시작이었고 오늘날까지도 동북아 삼국이 불가근불가원(不可近不可遠)의 관계를 이어오게 한 시발이었으며, 나아가 한 · 미 · 일 · 북 · 중 · 러의 6자 구도 속에 활로를 찾아야 하는 우리의 운명을 예견한 전쟁이었다. 하지만 백강구 위치에 대한 논란은 아직도 계속되고 있다.

백제부흥전쟁은 역사적으로 매우 의미 있으며, 강대국들의 이해관계가 상충되며 집약되고 있는 한반도 상황에 비추어 볼 때 되새겨봐야할 역사의 중요한 부분이다. 그러나 이 전쟁은 몇 안 되는 연구자들이나 학계를 제외하고는 잘 알려져 있지 않았다. 그것은 전쟁의 의미를 퇴색시킬 수 있는 백제부흥운동이라는 명칭으로 일반화 되어 사용되고 있는 분위기와도 무관하지 않다. 더구나 백제가 직접 기록을 남기지 못했고, 승자들의 기록만 있으며, 그나마도 사료의 혼란스러움 때문에 아직도 미궁에 빠져 있는 부분들이 많은 것도 한 요인 중의 하나이다. 이에 백제부흥전쟁 즉 백제부흥운동의 연구사와 문제점, 최근까지의 연구동향을 살펴보고자 한다.

II. 기존 연구사와 문제점은 무엇일까

백제부흥운동에 관한 근대적인 연구는 일제강점기인 1910년대 초부터 일본 학자들에 의해서 시작되었다. 당시 시대적 상황을 고려하면 일본 학자들의 연구는 일제의 한반도 지배에 대한 역사적 당위성을 합리화는 제국주의적 식민사관 입장에서의 연구였다. 따라서 일본인에 의한 연구는 왜(倭)가 한반도에 출병하여 당(唐)과 일전을 벌인 백촌강(白村江)과 백제의 마지막 왕성(王城)이었던 주류성에 관한 것이 주를 이루고 있으며, 이에 따라 백촌강과 주류성의 위치가 어디인가에 초점이 맞추어져 있었다.

이후 1950년대의 연구방향은 왜가 지원한 백제 구원전쟁의 역사적의의, 1960년대에는 백촌강 전투 후 당과 한반도 삼국과의 관계 등으로 바뀌기 시작한다. 1970년대 이후 지금까지 일본 학자들의 연구를 개략적으로 구분해 보면 위치비정에 대한 연구가 지속되는 가운데 왜의 출병동기, 당과의 관계, 한반도 삼국과 왜와의 관계 등 대외관계와 전후 왜의 율령국가 성립, 백제의 풍장왕(豊璋王) 등에 대한 연구 등으로 구분된다. 이러한 일본 학자들에 의한 백제부흥운동에 관한 연구는 일본인 입장에서의 연구라고 하는 한계가 있었다.

중국에서도 백제부흥운동에 관한 연구가 일부 진행되었다. 연구내용은 일본의 초기와 유사하게 백강(白江)의 위치와 관련된 것, 중·일

또는 동아시아 정세와 관련된 것, 당의 수군(水軍)과 관련된 것 등이며 인물로는 흑치상지(黑齒常之) 등에 대한 연구가 있다. 이들 연구는 당군이 대승을 거둔 백강구(白江口) 전투에 관심을 보이고 있고, 인물로는 당의 유인궤(劉仁軌)나 당나라로 망명한 흑치상지 등에 관한 연구들이 주를 이루고 있다. 이와 같이 중국 측 연구 또한 편향된 면이 없지 않았다.

우리나라의 백제부흥운동에 관한 연구는 홍사준이 1967년 「탄현고」, 1970년 「백제지명고」를 발표하면서 그 서막을 열었다. 초기에는 부흥운동이 벌어졌던 지역을 찾는 지명고증에 관한 위치비정 연구가 주를 이루었는데 주로 두량윤성, 주류성, 백강 등에 관한 것이었다. 1980년대 들어 연구가 본격화되고 위치비정이 주요 이슈로 부각되자 각 지역의 향토사학자들까지 가세하게 되었다. 이후 1990년대에 이르러 위치비정과 더불어 정치사, 관련인물, 관련전설 등에 대한 연구로 확대되었다. 2000년대 이후에는 백제부흥운동을 주제로 한 박사학위 논문도 약 4편이 제출되었다. 또한 연구가 폭발적으로 증가하면서 각 지방자치단체별로 주류성을 고증하기 위한 발굴조사 등 다양한 노력들이 수반되기도 하고 이와 병행하여 연구주제도 세분화 된다. 연구주제는 백제부흥운동과 관련된 정치사, 대외관계, 위치비정, 관련인물, 연구사 정리, 문제점, 실패원인, 의의, 교과서 분석 등으로 구체화되었으며 상당한 연구가 축적되었다. 또한 백제부흥운동에 관한 다수의 논저가 출간되기도 하였다.

이와 같은 국내의 연구 성과에도 불구하고 백제부흥운동과 관련한 많은 문제들이 아직도 접점을 찾지 못하고 있는 실정이다. 그 중 가장 주요한 문제점은 백제의 마지막 왕성이었던 주류성과 백강의 위치가 어디인가이다. 주류성의 위치는 대체로 전북 부안의 우금암 산성으로 보고 있으나 주류성이 금강 이남에 위치할 경우 설명이 안되는 부분이 너무 많으며 금강 이북이어야 한다는 주장도 만만치 않다. 주류성과 인접해 있을 백강(백촌강)에 대해서는 660년과 663년의 백강이 같은 강이다, 서로 다른 강이다 등으로 나뉘어 있다. 또한 그 위치도 금강이다, 금강이북이다, 금강 이남이다 등으로 나뉘어 아직도 큰 숙제로 남아있는 실정이다. 이에 따라 주류성과 백강은 물론 두량윤성(豆良尹城), 고사성(古沙城) 등 수많은 관련지명들이 충남과 전북지역으로 나뉘어 비정되고 있다. 이러한 위치비정 문제는 1910년 이래 100년이 넘는 기간 동안 논란이 되고 있으며 이제는 무의미한 논쟁이라고 하는 의견까지 제기되고 있는 상황이다.

하지만 이러한 위치비정의 논쟁은 오히려 백제부흥운동에 대한 연구를 심화시키는 효과를 불러온 면도 없지 않다. 신뢰할 만한 고고학적 발굴조사나 지표조사 등이 나타나지 않는 상황에서 연구자들은 자기가 주장했던 주류성과 백촌강(백강구)의 위치비정을 뒷받침하기 위해 보완적인 논문을 경쟁적으로 쏟아내고 있기 때문이다.

먼저 전북 부안 주류성을 주장하는 측에서는 부안 주류성, 동진강 또는 만경강이나 즐포만 중 하나가 백강이라며 이를 기정사실화 하려는 경향이 있다. 이에 편승하여 해당지역 지방 자치단체에서는 부안 주류성을 문화유적으로 등재하기 위한 노력에도 진력하고 있다.

하지만 금강이남 백강설이나 주류성설은 문헌적으로는 물론 군사적으로도 결함이 많다고 반론을 제기하는 쪽 의견도 만만치가 않다.

물론 충남 지역인 금강이북 주류성을 주장하는 경우는 대부분이 백강을 금강으로 보는 가운데 금강 이북인 대천, 안성천, 아산만 등을 주장하는 소수설도 존재하고 있다. 또한 주류성의 위치에 있어서는 서천, 부여충화, 연기, 홍성, 서산, 천안, 청양 등 수개 지역의 주류성설이 난무하고 있다.

최근까지도 전북 부안설은 직·간접적이고 보완적인 논문이 계속 나오는 것에 반해 금강이북 지역 백강과 주류성 연구는 다소 미진한 편이다. 재미있는 것은 전북지역은 1개 지역만을 주장하다 보니 도(道)차원의 지원을 받고 있어 연구가 더 용이한 반면 충남지역의 경우는 여러 곳이기 때문에 지자체나 도의 지원이 없어 다소 미진하다는 우스갯소리도 나올 정도이다.

Ⅲ. 최근 연구는 어떻게 진행되고 있을까

최근 2018년부터 2022년까지 5년간 학회지 현황을 살펴보면 백제부흥운동과 관련된 연구논문들은 약 50여 건이나 된다. 년 평균 약 10여건의 논문이 제출된 셈이다. 결코 적지 않은 논문들이다.

그 중에 주류성의 위치비정 문제를 거론한 논문은 약 15편이다. 1건을 제외하고 14건이 전북부안설이다. 위치비정 방법은 과거 음운학적, 지리학적 방법에서 탈피하여 전체 부흥운동의 전개과정을 통해 본 주류성 위치 비정(2022, 이효원), 백제부흥운동 관련 전북지역 지명 재검토(2022, 김병남), 대청일통지(大淸一統志)에 보이는 백강과 주류성(2021, 서영교) 등 다양한 방법을 동원하고 있다. 이들은 부안설이 이미 대세라고 보고 백강과 주류성의 위치를 직접 비정하기보다, 백제 부흥군의 다른 활동들을 연구하면서 백강과 주류성의 위치를 전제하거나 결론에 귀결시키고 있다. 다시 말해 보완적인 논문을 계속 양산하고 있는 상황이다.

이에 반해 금강이북 설에 관한 최근 논문으로는 군사학적인 방법으로 분석한 홍성설이(2019, 이재준) 보일 뿐이다. 기타 충남지역의 정확한 주류성의 위치는 제시하지 않으면서도 부안설은 성립이 될 수 없다는(2018, 2019, 이상훈) 논문들도 제기된 바 있다.

백강의 위치는 대부분 주류성과 함께 검토되고 있는 가운데 위치 비정 없이 백강구(백촌강) 전투를 다룬 논문도 약 5편이다. 주요내용은 해당 전투의 군사학적 교훈과 의미, 역사적 평가, 당시의 동아시아 국제관계나 당의 정책 등을 다루고 있다. 이들은 백촌강 즉 백강구의 위치에 대하여는 구체적인 거론 없이 일반론적인 교훈과 의미 내지는 평가를 내리고 있다.

이 외에도 웅진도독부의 위치, 백제 서방성 · 동방성, 공산성, 고사부리성 등에 대한 위치나 성격, 축성방법, 변천과정 등을 다루는 논문이 있다. 수성(水城)과 일본 미즈끼(水城)의 관계에 대한 논문도 눈에 띈다. 한편 최근 발굴조사에 근거하여 거물성의 축성시기와 역사적 배경 등을 논하는 논문도 있다. 이들 부흥운동 당시 거론된 고대 산성 내지는 5방성 등의 연구는 백제부흥운동에 대한 연구를 심화시켜 주는 효과도 있다. 특이한 것은 이들 중 대부분이 주류성 부안설을 보완하고 뒷받침하기 위한 경우가 상당수라는 것이다.

인물에 관한 연구로는 풍장, 부여 융, 흑치상지, 함자도 총관 묘지명 검토 등이 있으며, 당으로 압송된 백제 유민과 왜로 망명한 유민들의 출세배경과 활동 등도 다루고 있다. 이들은 과거는 문헌에 의존한 연구였다면 최근에는 발굴된 금석문들을 활용하고 있다.

그 외에 웅진도독부의 대왜정책 및 신라의 백제부흥세력 공략 과정, 경덕왕 대 백제고지 정책, 회맹(會盟), 백제부흥운동의 태동 배경, 피성 천도배경, 문무왕의 해양의식 등 정치사적 논문들도 다수 존재한다. 그리고 도침의 불교사상을 한국 최초의 호국활동으로 본 불교사적 연구와 실크로드피아, 줄포만 해양문화 연구 등 문화사적 연구가 있는가 하면 부흥전쟁지역의 관광자원화에 대한 논문도 제출되어 있다.

한편 교과서에 나타난 부흥전쟁 관련 검토 논문이 있어 주목된다. 660년 부흥활동이 지도부의 분열로 좌절된 내용만 부각되어 있지 단일 민족국가를 지향하는 한국 근·현대사적 분위기에 백제부흥활동에 대한 객관적인 평가가 미흡하다고 보면서 부흥운동을 전쟁으로 명칭을 바꾸어야 한다고 주장하고 있다. 그리고 부안지역을 주류성으로 보는 견해가 학계의 중심견해로 자리 잡고 있으므로 교과서 개편 시 이를 반영해야 하고 백강전투의 동아시아 역사적 의미 확산을 위해 내용을 보강하고 지속적 홍보와 교육이 필요하다고(2019, 조법종) 주장하는 경우도 있다.

논문 외에 백제부흥운동에 대한 단행본이 2000년대와 2010년대에 다수 출간되었다. 최근 5년 동안에도 예외는 아니었다. 부안설을 주장하는 "창조와 대안의 땅 전라북도"(2020, 조법종)가 있는가 하면 홍성설을 주장하는 "백제사기(百濟史記)의 비밀과 유적"(2018, 이강우)이 출간되었다. 편저로는 연기설을 주장하는 "쓰러져간 백제의 함성"(2020, 최병식) 등이 있다.

흥미로운 것은 백제부흥운동에 관심이 높아지다 보니 임존성에서 마지막까지 항전하다 고구려로 망명한 "백제지수신"에 대한 역사소설(2020, 류정식)이 나오기도 했으며, 백제부흥운동을 소재로 한 소설 "열도로 간 가야왕국"(2021, 신규성)이 출간되기도 하였다. 그리고 그동안 주류성이라고 제기된 연기 운주산성, 임존성, 홍성 장곡산성, 청양 두량운성, 부안 우금산성 등은 물론 주변 산사 등을 찾은 기행문 "부흥백제군 발길 따라, 백제산성산사를 찾아"(2021, 신규성)가 발간되었으며, 부안만을 주제로 한 기행문 "부안산성 이야기"(2021, 김형관)도 출간되었다. 이 외에 시집에 '백제 부흥의 원추리'(2021, 신익수)라는 시도 나타났다.

최근 연구논문이 지속되면서 단행본 저서, 기행문, 역사 소설, 시 등이 출간된 사실은 백제부흥운동에 대한 관심이 높아졌다는 것을 반증하는 것이다. 백강과 주류성의 위치비정 문제가 발단이 되어 이슈화가 되면서 관심이 높아질 수밖에 없었던 것으로 판단된다. 즉 첨예하게 대립해온 학설의 상대적 관계가 학문발전의 원동력으로 발전한 것이다.

Ⅳ. 나오며

백제사를 전공하는 사람은 물론 역사에 관심 있거나 특히 고대사를 연구하는 학자들은 나름대로 각고의 노력을 기울여 왔다. 하지만 아직도 백강과 주류성 등 아직 밝혀지지 않은 많은 과제들이 1세기 넘는 기간 동안 미궁에 빠져 있다. 연구자들이 고고학, 문헌고증학, 역사지리학 또는 음운언어학적 등 모든 방법을 동원해서 연구하였지만 만족할 만한 결과를 얻지 못하고 있다.

현재는 전라북도 동진강이나 만경강 등 백강설과 부안 주류성설을 주장하는 경우 이제는 대세라고 하며 다른 설을 폄훼하는 양상도 보인다. 반면 백강 금강설이나 주류성 금강 이북설을 주장하는 측에서의 최근 연구 성과는 크지 않으나 부안설은 동조할 수 없다고 하는 연구자 내지는 학계의 의견도 상당수다. 부안설이 더욱 많은 연구결과를 발표하고 있다는 것은 그만큼 반론이 많기 때문이기도 할 것이다.

이렇듯 수많은 연구 업적에도 불구하고 백제부흥운동에 관한 이견은 사료의 혼선과 다양한 가설로 인해 접점을 찾지 못하고 있다. 오히려 서로 다른 견해에 갈등이 깊어지고 있는 느낌마저 든다. 그렇지만 백제의 혼, 유민들이 백제부흥을 위해 3년 넘게 전쟁을 이어온 정신이 퇴색되거나 사장(死藏)되어서는 안 될 것이다. 그리고 발굴조사 등을 통한 고고학적 증거자료가 나오기 이전에는 다양한 논의를 계속하되 어느 일방의 주장이 고착화 되거나 화석화 되는 우를 범해서는 안 된다. 역사적 사실(史實)을 규명하는데 사실(事實)에 부합되지 않는 정반대 사안도 반대논리가 완벽하게 성립할 수 있기 때문이다.

참고문헌

1. 사료

『삼국사기』『삼국유사』『일본서기』『구당서』『신당서』『자치통감』

2. 저서

小田省五, 1929, 『朝鮮史大系 上世史』, 朝鮮史學會

今西龍, 1934, 『百濟史 研究』, 近澤書店

林泰輔, 1944, 『朝鮮通史』, 進光社書店

津田左右吉, 1964, 『津田左右吉全集』 11, 岩波書店

輕部慈恩, 1971, 『百濟遺跡の研究』, 吉川弘文館

山尾幸久, 1989, 『古代の日朝關係』, 塙書房

孫繼民, 1995, 『唐代行軍制度研究』, 文津出版社

森公章, 1998, 『白村江以後 -國家危機と東アジア外交』, 講談社

김재붕, 1980, 『전의 주류성 고증』, 보전출판사

박성흥, 1989, 『홍주 주류성고』, 홍주문화원

변인석, 1994, 『백강구 전쟁과 백제·왜 관계』, 한올아카데미

전영래, 1996, 『백촌강에서서 대야성까지』, 신아출판사

이도학, 1999, 『백제장군 흑치상지 평전』, 주류성

노중국, 2003, 『백제부흥운동사』, 일조각

김영관, 2005, 『백제부흥운동연구』, 서경문화사

양종국, 2008, 『의자왕과 백제부흥운동 엿보기』, 서경문화사

김용운, 2014, 『風·水·火』, ㈜맥스교육(맥스미디어)

엄정용, 2011, 『백강-기벌포, 탄현, 주류성의 위치비정』, 바다기획

이재준, 2017, 『백제멸망과 부흥전쟁사』, 경인문화사

이강우, 2018, 『百濟史記의 비밀과 유적』, 맑은샘

조법종, 2020, 『창조와 대안의 땅 전라북도』, 흐름출판사

최병식, 2020, 『스러져간 백제의 함성』, 주류성

류정식, 2020, 『백제 지수신』, 물병자리

이방주, 2020, 『부흥백제군 발길따라, 백제山城山寺를 찾아』, 밥북

신규성, 2021, 『열도로 간 가야왕국』, 청어

김형관, 2021, 『부안산성 이야기』, 평사리

3. 논문

홍사준, 1967, 「탄현고」, 『역사학보』 35 · 36

전영래, 1982, 「삼국통일과 백제부흥운동-주류성 · 백강의 군사지리학적 고찰」,
    『군사』 4

심정보, 1995, 「백제의 부흥운동」, 『백제의 역사』, 백제문화연구소

김은숙, 1996, 「백제부흥운동 이후 天智朝의 국제관계」, 『일본학』 15

노중국, 2002, 「부흥백제국의 성립과 몰락」, 『백제부흥운동 재조명』, 공주대학교

이도학, 2002, 「백제부흥운동에 관한 몇 가지 검토」, 『동국사학』 38

김영관, 2003, 「백제부흥운동 연구」, 단국대학교 박사학위 논문

김현구, 2003, 「白江전쟁과 그 역사적 의의」, 『백제문화』 32

서정석, 2003, 「부흥운동기 백제의 군사활동과 산성」, 『백제문화』 32

최병식, 2006, 「백제부흥운동과 연기지역」, 상명대학교 박사학위 논문

노태돈, 2010, 「백제부흥운동 백강구전투」, 『한일역사의 쟁점2010』, 경인문화사

김병남, 2012, 「백제 부흥기 고사비성 전투의 의미」, 『정신문화연구원』 35

김주성, 2012, 「웅진도독부의 지리적 위치와 성격」, 『백제연구』 56

이재준, 2016, 「백제부흥군의 백제부성 포위공격과 웅진강구 전투」, 『군사연구』
    142

이재준, 2017, 「백제멸망과 부흥운동에 관한 군사학적 검토」, 영남대학교 박사학
    위 논문

김병남, 2018,「백제부흥운동의 태동배경에 관한 일고찰」,『백제학보』23

김수태, 2018,「예산지역 백제부흥운동」,『백제문화』58

이상훈, 2018,「부안 주류성의 군사학적 고찰」, 홍주향토문화 연구회

길병옥, 2019,「백제부흥군의 군사학적 의미와 교훈」,『한국동북아학회』24

이재준, 2019,「군사적 관점에서 본 주류성과 백강의 위치」,『한국고대사탐구』31

이상훈, 2019,「백제부흥군의 군사력과 병력구성」, 홍주향토문화 연구회

한지연, 2019,「도침의 불교사상과 백제부흥운동」,『한국불교학』89

井上直樹, 2019,「日本における白村江の戰い研究の現狀と課題」, 홍주향토문화
　　　연구회

김영관, 2020,「在唐 백제유민의 활동과 출세배경」,『한국고대사탐구』35

최인호, 2020,「백제부흥전쟁의 관광자원화에 관한 연구」,『한국지역문화학회』7

조대연, 2020,「실크로드피아의 활용과 문화유산 창출」,『국제문화기술진흥원』6

이재석, 2021,「백제부흥전쟁과 부여풍장, 왜국 多臣氏」,『일본사학회』54

이효원, 2022,「백제부흥운동 전개과정을 통해본 주류성의 위치비정」,『백제연구』
　　　75

김병남, 2022,「백제부흥운동 관련 전북지역의 지명 재검토」,『전북사학회』64

김수태, 2022,「백제주류성에 대한 최근 인식검토」,『충청학과 충청문화』32

11장

신라의 영역 확장과 한강유역 진출의 의미는 무엇일까

윤성호(한성대학교)

I. 들어가며

삼국시대에는 각국의 성장에 수반하여 빈번하게 전쟁이 발생하였다. 고대군사사의 중요한 테마인 전쟁은 고대국가을 이해하는 요소 중 하나이다. 그리고 전쟁의 결과가 반영된 영역 변동은 삼국의 역관계를 이해하는 중요한 연구주제이다.

경주에서 성장하기 시작한 사로국은 주변으로 확대하면서 소국을 복속하였다. 고대의 전쟁을 국가형성기의 소국복속, 국가발전기의 영역확장, 국가완성기의 세력 간 각축으로 나누어 분석하기도 하였다(金瑛河, 2001). 국가발전기에 신라는 남쪽으로는 낙동강 이서 지역, 북쪽으로는 소백산맥을 넘어서 팽창해 나갔다. 6~7세기의 신라는 국가발전기에서 완성기로 넘어가면서 과거 백제와 고구려의 영역이었던 한강유역을 차지하고 가야지역까지 복속을 완료하였다.

이러한 신라의 영역 확장은 최종적으로 백제와 고구려를 순차적으로 멸망시키고 한반도를 통일하면서 종결되었다. 우리는 중고등학교 한국사 교과서와 역사부도를 통하여 4세기(백제 근초고왕대 최대영역), 5세기(고구려 장수왕대의 영역), 6세기(신라 진흥왕대의 최대영역) 삼국의 영역을 표시한 지도가 익숙해져 있다.

그런데 국경선이 없던 당시의 영역 변동을 단편적으로 이해할 수 있을까라는 의문이 제기된다. 『삼국사기』 지리지 신라강계조에 "처음에 고구려 백제와 영토의 경계가 개의 이빨처럼 들쑥날쑥하여, 혹은 서로 화친하고 서로 노략하다, 후에 대당과 함께 두 나라를 쳐서 멸하고 그 토지를 평정하여 9주를 설치하였다."는 내용이 있다. 이 기록은 삼국간 경계의 파악이 쉽지 않음을 암시한다. 또한『삼국사기』 지리지 삼국유명미상지분을 통하여 『삼국사기』가 편찬된 고려 시대 당시에도 자료의 부족으로 삼국시대의 지명비정이 쉽지 않았음을 알 수 있다.

최근까지 관련 연구기관이 주도한 삼국시대 영역을 표시한 지도 제작 과정에서 연구자간에 합의점을 도출이 쉽지 않았던 경험이 있다. 그만큼 영역 변동의 이해는 정치한 연구사의 검토가 계속되어야 한다.

한국고대사연구는 사료의 고갈이라는 한계에 직면한 상황에서도 역으로 대외관계사, 영역사 연구 분야는 지속적으로 성과를 쏟아내고 있다. 물론 연구성과가 증가할수록 지명의 비정이나 영역 변동의 향방, 고고학 자료와의 정합에 있어서 이견도 함께 늘어나고 있다. 이러한 점에서 모든 연구 성과를 짧은 지면에 일괄하는 것은 불가능하겠지만, 최근의 신라의 영역관련 주요 연구성과를 정리해 보는 것은 의미가 있을 것이다.

II. 영역의 개념과 신라의 영역 확장 시도를 알아보자

신라의 본격적인 영역 팽창의 과정을 살펴보기에 앞서서 영역이 무엇인지에 대한 개념을 정리해 보자. 국제법상 '영역(領域)'은 '영토', '영해', '영공'을 포함하는 주권이 미치는 범위를 의미한다. 여기서 '영토'는 국가가 배타적 권력을 행사하는 공간이자, 국가와 국민을 연결해 주면서 국가권력의 기초가 되는 것이다(柳炳華, 1983). 물론 근대 이후의 개념을 고대국가의 영역과 동일하게 볼 수는 없다. 기왕의 연구에서는 고대국가의 성립과정에서 혈연중심 사회단위의 생활범위가 정치적, 법제적인 '영역'으로 정제된 것이라는 견해가 있었다(方東仁, 1997). 또한 '영역'은 고대국가 체제가 성립된 이후에 중앙 왕권을 중심으로 정치적 지배, 조세 수취, 군사력을 이용하여 외국과의 분리된 내부 공간이라는 정의도 있었다(申瀅植, 2002).

『삼국사기』에서 '영역'의 용례는 없지만 이에 부합하는 '강역(疆域)'은 확인된다. '강(疆)'의 사전적 의미는 경계, 한계, 왕기(王畿)의 가장 외곽이다. 이에 강역을 초기에는 영역 내 중심 지역을 지칭한 것이나, 고대국가에서는 영토나 국토의 의미로 사용되었다는 견해도 있다(金昌錫, 2005). 그렇다면 현대에 익숙하지 않은 '강역'이라는 용례는 '영역'의 용어로 대체가 가능할 것이다. 다만, 시간과 역관계에 따라서 지배력이 미치는 범위가 같은 성격을 가지지는 않는다.

이에 영역은 영토를 포함하여 중앙의 직접지배가 이루어지는 공간으로 파악할 수 있을 것이다. 이와 함께 영역 팽창을 위한 사전단계로 재지세력을 포섭하여 간접지배가 이루어지는 공간 범위는 '세력권(Boundary)', 변경에서 문물 교류가 확인되는 범위는 '영향권(A range of influence)'으로 파악한 연구도 적용할 필요가 있다(김영심, 2003; 장창은, 2014; 尹星鎬, 2018)

고대국가로 성장한 신라는 대외적으로 힘을 쏟으면서 내부적인 성장을 추구하였고, 이러한 신라의 진출은 왕경을 중심으로 교통로를 따라서 전방위적으로 이루어졌다(서영일, 1999). 『삼국사기』와 『삼국유사』 등에서 확인되는 소국 복속 기사와 함께 고고학적인 자료를 통하여 이러한 시도는 충분히 입증되고 있다. 대체적인 신라의 진출 방향은 지리적으로 본다면 북쪽으로는 동해안 지역, 서북쪽으로는 소백산맥 일대, 남서쪽으로는 낙동강 이동지역에 해당한다.

4세기 후반에 신라는 백제와의 완충지대인 가야지역으로 진출을 시도하였다. 이에 백제의 부용세력인 왜의 공격이라는 역풍을 맞게 되고, 신라는 어쩔 수 없이 고구려에 도움을 청하였다. 고구려 광개토왕의 남정으로 위기를 모면하였으나, 이제 신라는 고구려의 간섭을 받는 처지가 되었다. 나물마립간의 아들인 복호와 실성을 고구려에 볼모로 보내야 했고, 실성마립간과 눌지마립간의 즉위과정에 고구려가 개입하기도 했다. 이러한 상황은 바로 『충주 고구려비』를 통해서 확인이 가능하다.

그렇지만 신라는 계속 고구려의 압박을 받을 수 없었다. 440년 신라가 고구려의 변장을 실직에서 살해한 이후에 영동 지역을 중심으로 고구려 세력을 축출하였다. 그리고 고구려 장수왕의 남진으로 백제의 수도인 한성을 상실하였던 백제와 나제동맹을 맺는다(金秉柱, 1984; 鄭雲龍, 1996). 신라는 나제동맹을 통하여 고구려에 공동으로 대응하는데, 이와 관련된 대표적인 사례는 481년에 고구려가 신라의 호명 등 7성을 빼앗은 사건이다. 고구려군이 기세를 몰아서 미질부로 진군하였지만, 신라·백제·가야가 함께 고구려군을 격퇴하였다. 여기서 주목되는 점은 나제동맹 하에서도 신라는 영역 확장을 시도한 점이다. 신라는 소지마립간대에 소백산맥의 남쪽 일선군 일대 뿐만 아니라 추풍령, 화령을 넘어서 삼국간의 점이지대에 삼년산성과 굴산성(보은 이성산성) 등의 축성을 통해 전진기지를 설치하는 대범함을 보였다(윤성호, 2019). 그리고 최근 고고학적인 성과를 통하여 신라는 이미 5세기 후반에는 죽령을 넘어서 단양일대까지 진출하였음도 확인된다. 즉, 신라는 소지마립간대인 5세기 후반에는 이미 죽령-계립령-화령-추풍령을 넘어서 북쪽으로 전진기지를 배치하여 세력권을 넓혀나가고 있었다.

신라의 영역 확장 시도는 지증왕대에 가시적으로 나타난다. 고구려와 충돌이 소강기에 접어든 지증왕대에는 이사부가 주축이 되어 동해안 지역에서는 실직주를 설치하여 안정적인 지역 지배를 시도하면서 우산국을 복속하였다. 그리고 낙동강 이서 지역으로 진출하는 전진기지로 운영하면서 금관국을 압박하기도 하였다.

법흥왕대에는 섬진강 유역의 기문과 대사를 두고 백제와 충돌한 대가야와 외교적 접촉을 시도하였다. 신라는 522년에 결혼외교를 통하여 대가야(가라국)의 친신라화를 기도하였으나, 탁순국과 같은 가야제국의 움직임으로 인하여 신라화하는데 실패하였다. 그렇지만 524년에 가야제국의 맹주 중 하나인 금관가야(금관국)와 접촉하기 시작하였고, 결국 532년에는 자진투항의 형식으로 금관국을 복속하는 성과를 거두었다. 신라의 가야지역 진출에 대하여 백제가 안라국에 군사를 파견하기도 하지만, 탁순국, 탁기탄국의 복속과 소가야(고자국)에 대한 친신라화라는 흐름으로 끌고가게 된다. 이와 같은 법흥왕대의 낙동강 이서지역에 대한 신라의 영역과 세력권의 확장은 인적·물적인 자원의 증가를 가져오게 된다. 이보다 뒤 시기의 내용이지만 신라가 한강유역을 장악하고 지배하는 과정에서 주도적인 역할을 수행한 김무력은 금관가야의 마지막 왕인 구형왕의 아들이다. 그리고 신라가 백제를 멸망시키는 과정과 김춘추를 무열왕으로 즉위시키는 배후에 구형왕의 증손자이자 김무력의 손자인 김유신이 활약한 배경도 신라가 법흥왕 이전부터 추진한 가야지역으로 진출한 성과인 것이다. 즉, 신라의 영역 확장 노력은 단기간에 이루어 진 것이 아니고, 장기간 지속된 과정이다. 이러한 노력이 결국 진흥왕대에 이르러 한강유역의 확보를 가능하게 하였다.

III. 신라의 북진과 한강유역 영역화 과정은 어떠하였을까

신라의 한강유역 진출을 살펴보기에 앞서 475년 고구려 장수왕으로부터 수도인 한성을 공격받은 백제의 상황이 궁금해진다. 이 시기에 대한 연구사 검토는 꾸준히 이루어졌다(김현숙, 2009; 尹星鎬, 2017). 우선 475년 이후에 고구려가 한강유역을 지속적으로 영유하였다는 견해가 있다(고구려 지속영유설, 今西龍, 1934; 李基白, 1978). 이 견해는 이후 많은 연구자들이 『삼국사기』 백제본기의 기록과 고고자료를 통해 입지를 보완해 나갔다. 반대로 백제가 수도를 웅진으로 천도하였지만 한강유역을 그대로 영유하였다는 견해(백제 지속영유설, 千寬宇, 1976)가 있었다. 그렇지만 이러한 입장도 받아들이기에 무리가 있으므로 백제가 고구려와의 충돌 상황에 따라서 일시적으로 지배 또는 상실하였다는 견해가 제기되었다(수정론, 손영종, 1990; 梁起錫, 2005). 신라의 영역 확장과 관련하여 이러한 논쟁은 신라가 백제와 함께 한강유역으로 진출하기 전후 상황과 관련하여 연구자는 입장을 명확하게 할 필요가 있다.

529년 백제가 동원한 3만의 군대가 오곡(황해 서흥)에서 고구려에게 패한 뒤 삼국간 전쟁 기사가 보이지 않는다. 전투가 발생한 지점을 영역의 경계와 직접 연결할 수는 없을 것이다. 그렇지만 475~529년 사이에 아산만 이북 지역 전체가 계속 고구려의 영역이었는지 고민이 필요하다. 백제는 아산만 이북 지역을 통과하여 한강을 건너서 황해도까지 장거리를 진군할 수 있었을까라는 의문만으로도 한강유역을 차지한 세력의 변동을 상정할 수밖에 없다.

백제와 고구려간 전투는 548년에 백제의 독산성(『일본서기』의 마진성)이 고구려의 공격받으면서 다시 시작되었다. 물론 독산성의 위치도 논란이 많다. 고구려의 지속영유설 입장에서는 독산성의 이칭이 마진성이라는 점에 주목하여 충남 예산에 비정하기도 했다(李丙

鬒, 1977; 양기석, 1999). 그렇지만 『삼국사기』의 한북(한수 이북) 독산성이라는 표현에 유념한다면 독산성은 한강 이북지역에 위치하였을 가능성을 배제할 수 없다(鄭雲龍, 1996). 이러한 점에서 백제가 안성천에서 안양천방면으로 연결되는 교통로를 장악하여, 기존 한성을 우회하여 한강 이북에 전진기지를 배치하였을 가능성도 상정된다(尹星鎬, 2018).

즉, 독산성을 독산성이 한강 이북에 위치하였다면 신라는 백제를 지원하면서, 한강유역의 지리적인 상황과 양국의 군사적인 허실을 파악할 수 있었을 것이다. 이어서 550년에는 삼국의 경계의 접점인 미호천 상류지역에서 중요한 사건이 발생한다. 백제는 고구려 도살성을 빼앗고, 고구려는 백제 금현성을 서로 차지하는 사건이다. 그런데 엉뚱하게도 신라가 두 성을 모두 탈취하였다. 신라는 금현성을 재탈환하려는 고구려를 공격을 막아낸 승세를 타고 고구려 남진의 거점인 국원(충주)까지 확보하였다. 551년에 신라 진흥왕은 연호를 개국으로 고치고, 새롭게 확보한 미호천 유역과 남한강 상류를 순수하였다. 이때 진흥왕은 낭성(청주)에서 대가야 출신의 우륵을 불러서 음악을 연주하게 하는 방식으로 신복속지에 대한 통합의 의지를 밝혔다. 즉, 신라는 남한강 상류지역을 안정적으로 확보하게 되면서 고구려의 남진로는 이제 신라의 북진로가 되었다.

이제 신라와 백제가 한강유역으로 북진을 시작하는 중대한 사건에 주목해 보자. 백제는 한성과 남평양을 포함한 6군을 점령하여 한강 일대를 장악하였다. 신라는 고구려의 10군을 확보하여 북한강 상류지역으로 북진하였다. 그런데 고구려를 임진강 유역까지 밀어올린 양국 간에는 이해하기 힘든 일이 벌어진다. 백제는 한성을 포함한 한강유역을 포기하고, 신라가 백제가 북진한 지역을 장악한 것이다. 신라는 553년에 기존 상주와 하주에 이어서 새롭게 확보한 영역이라는 의미를 담아서 이 지역에 신주를 설치하였다.

이러한 배경에는 『삼국유사』의 기록을 통하여 신라와 고구려간에 소위 밀약이 맺어졌을 것으로 보는 것이 통설이다(노태돈, 1999). 만약 신라와 고구려가 동쪽과 북쪽에서 백제를 압박한다면 북진한 백제군은 고립될 위기에 있었으므로 일시적으로 신라에게 영토를 넘겨준 뒤 후일을 도모한 것으로 보인다. 백제는 고토를 상실하였음에도 불구하고 오히려 왕녀를 신라에 보내어 혼인외교로 교란을 시도하였다. 백제의 내심은 신라의 상주 지역을 직접 공격하여 교통로를 차단함으로써 신주를 고립시키는 것이었다. 이 전투가 바로 관산성(옥천) 전투이다. 관산성 전투에서 백제가 신라를 강하게 압박하였지만, 성왕이 신라군의 매복에 걸려서 급사하면서 전세가 역전된다. 관산성 전투 이후 백제는 장기간 내부적 혼란에 빠지면서 한강유역을 재탈환할 기회를 상실하고 말았다.

한편 신라가 한강유역에 설치한 광역주인 신주는 이후 치소가 변경에 따라서 협의의 주명칭이 몇 차례 변경되었다(姜鳳龍, 1994). 주치소의 이동이 영역의 변화와 무관하다는 견해도 있지만, 주치는 군사 주둔지인 정과 동일하다는 점에서 주치의 변화를 추적하는 것은 무의미하지 않다.

최초 신주의 치소는 기록상으로 명확하지는 않지만, 후대의 한산주의 치소와 연결된다면 하남(구 광주)일대일 가능성이 높다(皇甫慶,

2009). 555년에 신라는 대가야를 비롯한 가야 제국의 잔여세력을 복속하기 위하여 완산주(창녕)를 설치하였고, 진흥왕이 한강 이북의 북한산을 순수하였다. 그리고 이듬해인 556년에 신라는 북한산주를 설치하였다. 북한산주의 치소는 아차산 일대에 해당하는 것으로 추정되는데, 고구려의 남평양을 지역의 중요성을 인식하였을 가능성이 높다. 여기서 한강 이남에서 한강 이북으로 주치소를 옮긴 것을 통해서 신라의 한강유역 안정화와 북진의 의지를 읽어낼 수 있다.

그렇지만 일시적으로 신라와 밀약을 맺은 고구려의 내부적인 상황이 수습되면서, 고구려는 다시 남진을 시도한 것으로 보인다. 568년에 신라는 북한산주를 폐지하고 남천주(이천)를 설치하였다. 동시에 비열홀주(안변)를 폐지하고 달홀주(고성)를 설치하였다. 이러한 대대적인 주치의 변화는 신라의 영역 축소와 관련된다. 이 시기에 전쟁 기록이 보이지 않음에도 신라는 572년에 팔관연회를 개최하였다. 다수의 전사자가 관련된 팔관회를 통해서 568~572년 사이에 군사적 충돌을 유추해 볼 수 있다. 그리고 『고려사』악지 장한성가를 통하여 신라의 장한성을 고구려에게 빼앗겼다가 신라가 재탈환하였다는 내용도 연결해 볼 수 있다.

즉, 신라의 한강 이북의 영역화를 강화하자 고구려가 반격하였고, 신라는 일시적으로 한강유역을 상실하였다가 탈환한 것으로 추정된다. 이러한 흐름은 590~594년경에 발생한 온달의 아단성 전투 기사와 연결된다. 아단성의 위치가 단양 영춘(을아단)의 온달산성인지(李道學, 2006; 장창은, 2014), 서울 아차산성인지에 대한 논란이 분분하다(李丙燾, 1976; 윤성호, 2017). 연구자의 입론에 따라서 두 곳 중 어느 곳을 상정하여 당시의 상황을 재구성하고 있는 상황이지만 신라와 고구려간의 충돌과 영역 변동을 상황을 유추하기에는 무리가 없다.

IV. 신라의 한강유역 영역화 완료와 역사적 의미는 무엇일까

신라는 아단성에서 온달을 전사시키면서 고구려의 남진을 막아내었다. 학계의 논란 속에서도 603년에 고구려 장군 고승이 북한산성을 공격한 기사에 대해서는 이견이 없다(황보경, 2016). 신라 진평왕은 한강유역으로 북진한 진흥왕의 업적을 계승하고자 하였다. 당시 백제가 신라가 차지한 가야고지에 설치된 아막성(남원)의 공세를 막아내고, 1만 명의 군사를 친히 이끌고 공세를 가하여 고구려군을 격퇴하였다. 이러한 진평왕의 한강유역 영역화의 의지는 남천주를 폐지하고 북한산주를 재설치한 것에서 읽어낼 수 있다. 이 시기에는 임진강 하구일대와 양주분지 이남의 한강유역에서 신라의 고분군이 조성된다. 여기서 한강 이북 지역에 대한 신라의 안정적인 지배가 가능해졌음을 알 수 있다(윤성호, 2022). 또한 7세기 전반에 신라는 한강 하류~임진강 유역, 서해안 지역에 대대적인 축성을 통하여 대고구려 방어선을 강화하였다.

이와 같이 신라의 한강 이북 지역이 안정화되자, 608년에 고구려는 동해안 지역의 신라 북쪽 변경과 임진강에서 한탄강 방면으로 우회하여 우명산성(춘천)을 공격한다. 이러한 공격을 통하여 고구려가 일시적으로 북한산주의 북쪽을 장악하였으나, 연개소문이 당의 상리현장과 나눈 대화에서 고구려-수의 전쟁이 본격화되는 612~614년에 신라가 고구려의 땅 500리를 빼앗았다는 내용이 확인된다. 이를 통하여 신라는 춘천 일대를 포함한 추가령구조곡 이남 지역을 다시 확보하였음을 알 수 있다. 이어서 629년에 있었던 낭비성(포천) 전투가 신라의 한강유역 영역 안정화에 중요한 의미가 있다. 신라는 용춘, 서현, 유신을 함께 투입하여, 고구려의 낭비성을 함락시켰는데, 낭비성을 장악하면서 신라는 임진강 이남 지역까지 방어선을 북상시킬 수 있었다(박종서, 2022).

637년에 우수주가 설치되면서 북한산주의 관할범위와 운영에 변화가 발생하였다. 우수주의 설치는 608년에 고구려의 공세를 받은 대응 차원에서 북한산주와 하슬라주 사이에 정을 추가로 설치하여 북한강 유역의 방어력을 증가하려는 것이었다(전덕재, 2009). 우수주가 북한산주에서 분리되면서, 북한산주는 한산주로 개칭되고 치소도 한강 이남의 이성산성 일대로 옮겨졌다. 한산주가 설치된 이듬해인 638년에 고구려의 칠중성을 공격을 신라가 막아낸 이후 대고구려 전투는 고구려와 당 사이 전쟁의 여파로 소강기에 접어들었다.

그렇지만 낭비성 전투를 전후하여 가야고지에 해당하는 신라 하주의 상황은 한강유역과 달랐다. 이 시기에 신라는 백제로부터 집중적인 공세를 받았다. 위치 비정에 논란이 많은 가잠성과 아막성(남원)은 신라와 백제와 치열한 공방이 벌어진 대표적인 곳이었다. 결국 624년에 신라는 속함성(함양) 외 5성을 상실하였다. 이후 백제는 지속적으로 신라의 측면을 공격하였는데, 624년 하주의 치소인 대야성을 공격하여 김춘추의 딸과 사위 김품석을 죽음에 이르게 하였다(장창은, 2020; 박종욱, 2021). 이러한 사건은 백제의 공격으로 인한 신라의 위기감이 고조됨과 동시에 김춘추의 복수심으로 인하여 백제가 멸망하게 되는 원인이 되었다. 신라의 고구려와 왜에 대한 청병 요청이 실패하자, 당과 밀착하게 된다. 신라는 고구려-당의 전쟁에서 당을 지원하면서 일시적으로 임진강 이북 지역으로 도강하기도 하였다. 결국 신라와 당의 연합군은 660년에 백제를 멸망시켰다. 백제의 멸망기에 고구려는 북쪽으로는 당과 남쪽으로는 신라에 묶여서 어떠한 지원을 하지 않았다. 정작 백제가 멸망한 이후에 위기를 느낀 고구려는 칠중성을 공격하고, 이듬해인 661년에 북한산성(아차산성)에 대한 2차 공격을 감행하였다(이상훈, 2016). 기왕의 전투와 다르게 육군과 수군을 동시에 동원하여 공격하였으나 실패하였고, 이후 신라에 대한 공세는 중단된다. 신라는 당과 함께 고구려를 멸망시키기 위한 전투에 참여하였는데, 한강유역의 한산주는 방어 거점에서 최전방 공격 거점으로 바뀌게 되었다.

668년 고구려를 멸망시킨 이후 신라는 한반도를 영역화하려는 당과 충돌하면서 나당전쟁을 치르게 된다. 나당전쟁시 전투의 대부분이 임진강 일대와 서해안과 한강 하류역에서 진행되었다. 기왕에 한강유역의 영역화 과정에서 타 지역에 비해서 치밀하게 축성된 방어선이 제 역할을 한 것이다. 나당전쟁 종결 후 임진강 이북 지역의 고구려 영역에 대한 신라의 영역화는 당과 외교적으로 문제로 전환되었다. 신라는 735년에 이미 실효적으로 진출한 패강(대동강) 이남의 영토에 대한 영유권을 당으로부터 공인받았다. 그리고 748년까지

한산주(한주)에 14군을 증치하면서 신라의 서북방 영역을 확정하게 된다. 이러한 신라 영역의 범위는 바로 신라의 한강유역 영역화 과정의 최종 결과였다.

어떻게 본다면 신라의 영역확장에서 한강유역의 영역화 시도는 고구려와 백제를 동시에 적으로 돌리는 매우 위험한 선택이었다. 그렇지만 신라가 성장하면서 축적된 에너지를 발산할 장소로 한강유역을 선택한 것은 필연적이었고, 이러한 신라의 시도는 성공적이었다. 결론적으로 신라의 영역 확장에서 한강 유역 진출은 남북국시대 신라의 황금기로 넘어가는 계기를 마련하였다는 점에서 역사적 의미를 찾을 수 있지 않을까.

참고문헌

姜鳳龍, 1994, 『新羅 地方統治體制 研究』, 서울大學校 國史學科 博士學位論文

김영심, 2003, 「웅진·사비시기 百濟의 領域」, 『古代 東亞世亞와 百濟』, 서경

金瑛河, 2001, 『韓國古代社會의 軍事와 政治』, 高麗大學校 民族文化研究所

金昌錫, 2005, 「古代 領域 관념의 형성과 王土儀式」, 『韓國史研究』 129

方東仁, 1997, 「韓國 上古時代의 領域認識」, 『韓國 國境劃定研究』, 一潮閣

申瀅植, 2002, 「高句麗의 성장과 그 영역」, 『한국사의 전개과정과 영토』, 국사편찬
위원회

金秉柱, 1984, 「羅濟同盟에 관한 研究」, 『韓國史研究』 46.

金瑛河, 2001, 『韓國古代社會의 軍事와 政治』, 高麗大學校 民族文化研究所

김현숙, 2009, 「475~551년 한강유역 領有國 論議에 대한 검토」, 『鄕土서울』 73

今西龍, 1934, 「百濟史講話」, 『百濟史研究』, 近澤書店

노태돈, 1999, 『고구려사연구』, 사계절

千寬宇, 1976, 「三韓의 國家形成」, 『韓國學報』 2·3

손영종, 1990, 『고구려사』 1, 과학백과사전종합출판사

박종서, 2022, 『高句麗 南進 研究』. 檀國大學校 史學科 博士學位論文

박종욱, 2021, 『百濟 泗沘期 新羅와의 전쟁과 영역 변천』, 高麗大學校 韓國史學科
博士學位論文

서영일, 1999, 『신라 육상 교통로 연구』, 학연문화사

양기석, 1999, 「신라의 청주지역 진출」, 『문화사학』 11·12·13

梁起錫, 2005, 「5~6世紀 新羅의 漢江流域 進出과 經營」, 『博物館紀要』 20

柳炳華, 1983, 「國際法上 領土의 槪念 및 그 權限」, 『領土問題研究』 1

윤성호, 2017, 「『三國史記』 溫達傳 所載 阿旦城의 위치에 대한 재검토」, 『韓國史
學報』 66

윤성호, 2018, 『新羅의 漢江流域 領域化 過程 硏究』, 高麗大學校 韓國史學科 博士 學位論文

윤성호, 2019, 「5세기 중후반 신라의 소백산맥 이서 지역 진출」, 『전북사학』 55

윤성호, 2022, 「신라의 임진강 유역 진출과 대고구려 경계의 형성」, 『韓國古代史 探究』 41

李基白, 1978, 『韓國古代政治社會史硏究』, 一潮閣

李道學, 2006, 『고구려 광개토왕릉비문 연구』, 서경

李丙燾, 1977, 『國譯 三國史記』, 乙酉文化社

이상훈, 2016, 「661년 북한산성 전투와 김유신의 대응」, 『국학연구』 31

장창은, 2014, 『고구려 남방 진출사』, 景仁文化社

장창은, 2020, 『삼국시대 전쟁과 국경』, 온샘

전덕재, 2009, 「牛首州의 설치와 변천에 관한 고찰」, 『江原文化硏究』 28

鄭雲龍, 1996, 「羅濟同盟期 新羅와 百濟 關係」, 『白山學報』 46

皇甫慶, 1999, 「新州 位置에 대한 硏究」, 『白山學報』 53

皇甫慶, 2009, 『삼국 문화 연구』, 주류성

황보경, 2016, 『역사자료로 본 삼국과 한강』, 주류성

12장

신라 상·중대 병부(兵部)는 군정권을 어떻게 다루었을까

정덕기(서울대학교)

I. 들어가며

신라의 중고기~중대 초는 상고기의 전통적 행정 운영 경험을 기초로 국가체제를 재편한 시기이다. 상고기 말인 마립간시기에 신라의 영역은 비약적으로 팽창하였다. 이것은 신라가 쓸 수 있는 인적·물적 기반의 증대 및 신라보다 먼저 고대 집권 국가로 발전한 고구려·백제와의 직접 접촉·항쟁이 시작됨을 의미하였다. 동이 세계의 후발주자인 신라가 삼국 간 체제경쟁에서 생존·통일을 전망하려면, 국가체제의 질적 발전을 도모해야만 하였다. 이 점에서 상고기 국가체제의 재편은 중고기~중대 초의 시대적 과제였다. 이러한 과제는 동이·신라 전통에 기초하고 외래문물을 참용하며 풀이되었다(정덕기, 2021, 34~36쪽).

이런 흐름에서 신라의 병마행정(兵馬行政)도 진전을 이루었다. 신라는 율령반포 3년 전인 법흥왕 4년(517)에 "내외 병마의 일을 관장하는(掌內外兵馬事)" 군정 전담 관청으로 병부를 두고, 약 160년간 병부 조직을 정비하였다. 병부는 중고기·중대 신라 중앙행정제도에서 운영된 4부(部) 중 가장 먼저 설치되었고, 가장 긴 시간 동안 정비되었다. 또 병부는 중대의 44관청 중 최상위 관청이자, 위화부(位和府)의 발달이 미약한 중고기에는 관인의 인사권(人事權)을 장악한 관청이다(정덕기, 2019, 208~211쪽). 더욱이 병부령(兵部令)은 재상(宰相)·사신(私臣)을 원칙적으로 겸할 수 있는 관직이었다. 이 점에서 병부의 성립·정비과정은 군령권(軍令權)·군정권(軍政權) 분화를 비롯한 병마행정의 변화과정 및 신라 중앙행정제도의 발달과정과 그 특질·함의를 압축적으로 보여주는 주제이다.

선행연구는 병부의 성립 원인·기원, 병부(령)과 그 담당업무에 대한 이해를 위주로 진행되었다. 이 글에서는 신라 상·중대 병부의 성립·정비과정과 행정적 위상을 정리하기로 한다.

II. 병부 만들기와 "안·밖의 병마를 맡는다(掌內外兵馬事)"라는 의미

병마(兵馬), 즉 군사(軍事) 관계 권한은 군령권과 군정권으로 크게 구분된다. 군령권은 군의 용병(用兵)·작전(作戰) 등 군대의 실질적 운용과 직결된 지휘(指揮)·명령(命令)·감독(監督)에 대한 권한이며, 군정권은 군의 편성(編成)·조직(組織)·보충(補充)·동원(動

員)·인사(人事) 등 군대의 유지를 위한 행정적 권한이다(李文基, 1997, 278~279쪽). 병부의 업무를 고려하면, 군정권의 변화과정은 병부의 성립과 긴밀히 연관된다.

병부의 성립 원인은 군정권의 일원화를 기준으로 몇 가지가 지적되었다. 첫째, 신라의 팽창에 기인한 군사 수요의 증가이다. 신라는 백제·고구려와 빈번히 충돌하며 점령지를 확대하였다. 이 과정에서 군제·병제를 일원적으로 지배·통제하고, 각지의 군사력을 왕실에 결부시킬 필요성이 있었다. 이것은 지역적 성격을 지닌 군주(軍主)를 통해 실현하기 어려우므로, 군사권을 전담하는 병부의 설치가 필요하였다(申瀅植, 1984, 152~153쪽). 둘째, 병권의 분산성을 극복해 왕권에 통속시키고 군령권·군정권을 분화할 필요성이 있었다(盧重國, 1987, 49~52쪽). 셋째, 국가 차원에서 군사행정을 통일적으로 처리할 필요성이 있었다(李文基, 1997, 316쪽). 넷째, 마립간시기 장군(將軍)이 제도적인 상설 관직으로 전환되며 장군과 무관 후보자 인사 업무의 양·중요도가 급증해 조직을 갖출 필요성과 병마행정권을 체계적·일원적·효율적·상시적으로 관리할 필요성이 있었다(정덕기, 2021, 87~90쪽).

병부의 제도적 기원은 관청의 끝 글자(末字)인 '부(部)'나 명칭인 '병부(兵部)'를 고려해 후위(後魏) 제도의 영향을 주목하기도 하나(李仁哲, 1993, 30쪽), 신라 내부에서 찾는 것이 일반적이다. 상고기에 정복지의 확장·통치를 위해 둔 군주(軍主)로 보기도 한다(申瀅植, 1984, 155~158쪽). 또 중국의 육전체제(六典體制) 아래 병부는 수대(隋代)에 처음 보이므로, 신라 병부는 6전 하 병부와 무관한 신라 고유 관청으로 보기도 한다(권영국, 2007, 479~480쪽).

병부의 장관인 령(令), 즉 병부령(兵部令)은 병부령의 정원(定員)은 법흥왕 3년(516)에 1인을 두고, 진흥왕 5년(544)에 1인을 증원하고(1차 증원), 태종무열왕 6년(659)에 1인을 증원하였다(2차 증원). 따라서 병부령의 정원은 중고기 초 이후 2인, 중대 이후 3인이었다. 병부령은 "내외병마사"를 맡았고, 재상(宰相)·사신(私臣)을 원칙적으로 겸할 수 있는 관직이었다. 병부령의 위상·업무에 대한 이해는 병부의 위상·업무에 대한 이해와 직결된 문제이다.

병부령의 정원을 3인까지 증원한 이유로 몇 가지가 제시되었다. 첫째, 왕경·지방·전국 병권의 분장(分掌)을 위한 조치이자, 귀족합의제 전통이 장관직의 복수제에 반영된 것이다. 1차 증원은 지방의 군사력을 왕실에 결합하려는 조치이며, 2차 증원은 백제·고구려 정복을 위해 통일적으로 조직을 관리하는 조치이다(井上秀雄, 1974, 265~267쪽). 둘째, 병부령 간 병권을 분산해 상호견제를 도모하려는 조치이다(金哲埈, 1990, 70쪽). 셋째, 해당 시기 긴급한 군사적 필요성을 반영한 조치이다. 1차 증원은 대당(大幢)·서당(誓幢) 등 군제(軍制)가 확장된 때에 이루어졌다. 따라서 1차 증원은 가야 정벌 및 고구려·백제와의 항쟁에 대비해 전국의 군사권을 획일적으로 통제할 필요가 있어 나타났다. 2차 증원은 백제 토벌 및 당군(唐軍)과의 연합전에 대비해 나타났다(申瀅植, 1984, 155~159쪽). 넷째, 병부령의 업무증가 및 폭증을 반영한 조치이다. 1차 증원은 군역의무자로 구성된 대당(大幢), 소모병(김募兵)으로 구성된 삼천당(三千幢)의 설치로 인해 나타났고, 2차 증원은 고구려·백제 정복을 위한 군사 동원과정에

서 군사 관계 업무가 폭증하며 나타났다(李文基, 1997, 앞의 책, 316·
320쪽).

병부령의 위상은 병부령의 겸직 규정, 기원, 병부령 설치의 정치적
함의 등을 위주로 설명되었다. 겸직 규정으로 병부령의 강대한 실권
이 설명되고, 왕은 병부를 통해 병권을 장악하며 왕권을 강화했다고
이해되었다(金哲埈, 1990, 59~60쪽). 또 병부령은 상고기 대보(大輔)
의 병마권(兵馬權) 관계 업무가 분화한 것이므로, 왕권과 밀착된 존
재로 상정되었다. 이로 인해 처음 둘 때는 군령권도 관장하며 상대등
(上大等)을 겸직하기도 하나, 진평왕대 이후 상대등과 완전히 구별되
고 전시에만 장군으로 군사를 지휘한다고 보았다(申瀅植, 1984,
151~152쪽). 병부령이 병부보다 1년 앞서 설치된 것과 신라 관직의
초기 분화과정에 보이는 모대등(謀大等)도 주목되었다. 516년 훗날
병부령이 되는 모대등을 두었고, 이를 위주로 병부가 성립하며 병부
령이 된다는 것이다(李文基, 1997, 314~315쪽). 병부령 설치는 귀족
대표들에게 분장(分掌)된 병권이 군주 권력으로 회수되었음을 의미
하므로, 고대국가로의 성장을 완료했다는 함의가 있다고 지적되었다
(金翰奎, 1997, 352~353쪽).

병부령에 대한 이해가 심화되며 병부(령)의 관장업무인 "장내외병
마사(掌內外兵馬事)"의 실체가 논의되었다. 병권은 군정권·군령권으
로 구분되므로, 병부령의 군령권 장악 문제가 관심사로 부상하였다.
병부령은 일종의 당연직으로 대당장군(大幢將軍)을 겸직하며(朱甫
暾, 1987, 33~39쪽), 병부령 보임자는 왕의 측근이므로 병부령의 군령
권 장악이 설명되었다(盧瑾錫, 1992, 267~268쪽). 그러나 병부령은

군정권만 장악했다는 반론이 제기되었다(李明植, 1992, 237쪽). 또 병부령은 평시에 군을 관리하다 전시에 장군단을 편성해 군령권을 위임하고, 평시의 군 관리는 무관 선발, 병력충원, 무기·무구의 생산·관리를 의미한다고 설명되었다(李文基, 1997, 308~311쪽, 322~327쪽). 이후 병부(령)은 군정권만 장악했다는 시각에서 논의가 진행되었다. 시기별 차이가 있지만, 병부(령)의 업무는 마립간시기 장군이 분장한 군정권을 일정히 회수해 병마행정을 체계적·일원적·상시적·효율적으로 관장하는 것이며, 구체적으로 장군의 정원(定員) 유지, 현직 장군의 인사·보임·포폄·감찰, 무관 후보자 관리 등으로 설명되었다(정덕기, 2021, 89~90쪽). 또 위화부의 발달이 미약한 중고기에는 병부(령)이 관인의 인사권을 장악했다고 한다(정덕기, 2019, 208~215쪽).

최근에는 시위부의 발달과정을 고찰하며 내·외의 의미에 착안해 "내외병마사"를 내병마사(內兵馬事)·외병마사(外兵馬事)로 구분하기도 한다. 내(內)는 왕성, 외(外)는 '왕성 외'를 말하므로, 시위부·병부가 내병마사·외병마사를 관장했다고 한다. 시위부의 설치연대, 시위부 설치 이전 경위 조직의 운영을 고려하면, 내병마사는 마립간시기~진평왕 46년(624)까지 왕이 관장하다 624년 이후 시위부가 맡고, 외병마사는 516~517년부터 병부가 맡았다고 한다. 541년 이사부가 병부령으로 맡은 "내외병마사"는 진흥왕 친정(親政) 이전의 일시적인 상황이라 한다(신범규, 2020, 324~334쪽). 다만 이 견해에서 제기한 내·외의 개념은 상고기 신라본기의 용례와 약간 차이가 있다. 신라는 상고기에 전국을 수도·지방으로 나누어 내·외라 하고, 수도를 궁실 기준으로 나누어 내·외를 구분하였다. 이 점에서 '내(內) 중 내(內)', '내(內) 중 외(外), 즉 일종의 중(中)', '외(外)'를 상정할 수 있기 때문이다(정덕기, 2022, 260·272쪽).

III. 병부의 정비과정과 위상 이해하기

병부는 『삼국사기(三國史記)』 권38, 잡지(雜志)7, 직관(職官) 상 (上)(이하 '직관 상')의 44관청 중 최상의 관청이며, 병부 관원의 관질 (官秩)은 타 관청 직제(職制)에 영향을 주었다는 점이 연구 초기부터 지적되었다(申瀅植, 1984, 162쪽). 병부는 신라 중앙행정제도의 재편 과정에서 가장 먼저 설치된 부(部)로, 가장 긴 시간 동안 정비되었다. 병부의 정비과정은 신라 중앙행정제도의 재편과정을 압축적으로 드러내며, 대감계(大監系) 경(卿)의 활용 양상과 '주요 6관직'의 상당위 (相當位)를 고려하면, 병부의 조직은 상급 중앙행정관청 조직의 모범 이기도 하다(정덕기, 2021, 74쪽). 병부의 정비과정과 시기별 운영을 살피면 〈표 1〉과 같다.

〈표 1〉병부의 정비과정과 시기별 운영

중고·중대		중고기					중대					
기수 구분	I (법흥4~ 진평10)				II(진평11~태종4)			III(태종5~문무10)		IV(문무11~경순19)			
운영 기간	517~588, 71년				589~657, 68년			658~670, 12년		671~936, 265년			
No. 관직	516	517	544	합계	589	623	합계	658	659	합계	671	672	675	합계
① 令	1	·	+1	2	·	·	2	·	+1	3	·	·	·	3

중고·중대	중고기							중대						
② 大監	×	×	×	×	×	2	2	·	·	2	·	·	+1	3
③ 弟監	×	×	×	×	2	·	2	大舍	·	2	·	·	·	2
④ 弩舍知	×	×	×	×	×	×	×	×	×	×	·	1		1
⑤ 史	×	12	·	12	·	·	12	·	·	12	+2	+3		17
⑥ 弩幢	×	×	×	×	×	×	×	×	×	×	1	·	·	1
시기별 조직 운영	令-史 (2職14人)				令-大監-弟監-史 (4職18人)			令-大監-大舍-史 (4職19人)			令-大監-大舍-弩舍知-史-弩幢 (6職27人)			
비고	·				558년 노(弩) 개발 선부서 대감·제감			·			678년 선부(船府) 별치(別置)			

※ ①숫자 : 초치 정원. ②'+숫자' : 증치 정원. ③'×' : 미설치. ④'·' : 변화 없음.

Ⅰ기 병부는 Ⅳ기 병부보다 직제·정원이 적으므로, Ⅳ기 병부가 관할한 모든 업무를 유사한 형태로 맡지 않았다고 이해된다. Ⅰ기 병부는 무관의 인사권 관장 절차를 율령에 맡도록 정비하고, 병마행정권의 장악·집행을 위한 기초 작업을 주로 담당하였다.

Ⅱ기 병부는 중고기 병부의 체계로 볼 수 있다. Ⅱ·Ⅲ기 병부의 조직은 차이가 큰 차이가 없으므로 Ⅱ기 병부의 체계는 중대 초까지 영향을 미쳤다. Ⅱ기 병부부터는 Ⅳ기 병부의 업무를 대부분 담당하였다. 또 신라는 진흥왕 19년(558) 노(弩)를 개발하고, 진평왕 5년(583) 선부서(船府署)에 대감·제감을 두었다. Ⅱ기 병부는 노(弩) 및 수군·선박 업무를 담당하였다.

Ⅲ기 병부는 Ⅱ기 병부에 있던 제감을 대사로 개칭하였다. 따라서 Ⅲ기 병부는 Ⅱ기 병부보다 병마 행정의 관리기구라는 성격이 강화되었다.

Ⅳ기 병부는 노사지(弩舍知)·노당(弩幢)을 두었으므로, 노 관련 업무를 전문화하였다. 한편 중고기 병부의 속사인 선부서는 문무왕 18

년(678) 선부(船府)로 별치(別置)되었다. 따라서 Ⅳ기 병부는 수군·선박 관계 업무를 담당하지 않았다(정덕기, 2021, 95~106쪽).

병부의 업무는 국초 이래의 "장내외병마사"를 계승·재편한 것이다. 전근대 국가의 주요 목표 중 하나는 '병사와 먹거리를 넉넉히 하는 것(足兵足食)'이고, 고대에는 군사·전쟁 등 병부 업무와 관련된 문제가 더욱 중요하였다. 이것은 병부령의 상당위를 '대아찬(大阿湌)~태대각간(太大角干)'으로 설정했다는 것에서 쉽게 이해된다. 신라 병부의 행정적 위상은 대감계 경의 활용과 병부 조직이 상급 관청 조직의 전형으로 작용했다는 점 외에도, 직관 상의 상당위 서술방식이나 중고기 병부의 인사권 장악 문제를 통해 생각할 수 있다.

직관 상의 상당위 표기 방식은 직접·간접 서술방식과 축약의 3가지로 구분된다. 간접서술방식은 관직의 상당위를 특정 관청의 관직에 빗대 서술하는 직관 상 특유의 표기 방식이며, 모범이 된 조직이나 업무상 계통 관계를 일정 정도 반영한 표현으로 이해된다. 직관 상에서 상당위를 쓴 사례 99건 중 간접서술방식은 40건으로 40.4%를 차지하며, 이 중 병부 관직을 최종기준으로 쓰는 사례는 24건으로 60%를 차지한다. 이 점에서 병부 조직이 중앙행정체계에 미친 영향력과 위상을 일단 감지할 수 있다.

이 현상의 원인은 중고기 병부·위화부의 관계에서 찾을 수 있다. 병부·위화부는 무선권(武選權)·문선권(文選權)을 담당하는 주무관청이나, 중고기 위화부의 정비는 더디게 진행되었다. 중고기~중대 초 신라는 대규모 전쟁을 지속했으므로, '무(武)·문(文) 겸비(兼備)', '출장입상(出將入相)' 등으로 표현할 수 있는 인재, 즉 우수한 무관으로서 문관의 능력을 갖춘 인재가 필요하였다. 군사예비군이자 인재 수급을 위한 공적 장치인 화랑이 문관(행정관료) 후보자 양성 기관인 국학보다 먼저 설치된 이유도 그것이었다. 이로 인해 중고기~중대 초 병부는 위화부에 상급 관직이 설치되는 신문왕 2년(682)까지 무선권·문선권 등 인사권 일체를 장악하였다. 병부령의 겸직 규정도 중고기~중대 초 병부의 상황을 반영했을 가능성이 높다. 인사행정절차에 있어 상대등은 최종심의자의 하나이다. 인사권을 장악한 병부령이 최종심의자의 하나인 상대등을 겸직하면, 인사행정절차가 대폭 감소하기 때문이다. 반면 위화부는 병부 중심의 인사행정절차를 보조하거나, 병부 인사 업무의 사전 단계를 처리하는 관청으로 성립하였다. 중앙행정제도가 재편되는 대부분의 시기에 병부가 인사권을 장악하고, 이 상황이 장기화되었다. 더욱이 신라는 중대 이후에도 문·무의 관위를 구분하지 않았으므로, 병부가 위화부보다 인사권을 더 많이 행사해도 규정상 문제가 없었다. 병부 조직이 신라 중앙행정관청 조직의 전형으로 남은 것은 병부 관직을 기준으로 관청별 조직을 구축하는 것이 개별 관청의 인력배치에 용이했을 것이기 때문이다. 이상에서 병부는 전쟁이 빈발하는 시기에 병마행정권을 담당하고, 중고기에 문선권·무선권 등 인사권을 장악한 이래 중대에도 무선권 등 상당한 인사권을 행사하여 높은 행정적 위상을 지닌 관청이었다(정덕기, 2019).

Ⅳ. 나오며

병부는 직관 상의 44관청 중 최상급 관청에 해당하며, 신라의 4부(部, 집사부·병부·예부·창부) 중 가장 긴 역사성을 갖고 있다. 전근대 국가의 중요 과제 중 하나는 '병사와 먹거리를 넉넉히 하는 것(足兵足食)'이고, 고대는 전쟁이 빈발하는 시기이다. 이 점에서 병부에 대한 이해는 신라 군사사 이해의 기초를 마련하는 것이라 할 수 있다.

최근 병부의 이해를 위해 필요한 논의가 상당히 진전되었지만, 아직 남은 과제가 많이 있다. 병부령의 정원(定員)이 3인인 이유, 병부와 군역동원의 관계, 하대 병부의 위상, 병부령의 겸직 문제, "내외병마사" 중 내외의 마사(馬事)·마정(馬政)에 대한 문제 등을 비롯해 신라와 고구려·백제·고려 병마행정과의 비교 검토에 대한 문제를 해명할 필요가 있기 때문이다.

신라 병부와 그 운영에 대한 자료는 상당한 양이 전하고 있다. 또 중국·일본의 병마행정 관계 자료를 비교사적으로 검토하면, 신라의 병부와 병마행정을 이해하기 위한 단서를 많이 확보할 수 있다. 이 점에서 향후 신라 병부 연구의 전망은 밝다고 하겠다.

참고문헌

1. 저서

金哲埈, 1990, 『韓國古代史研究』, 서울대학교 출판부

金翰奎, 1997, 『古代東亞細亞幕府體制研究』, 一潮閣

申瀅植, 1984, 『韓國古代史의 新研究』, 一潮閣

李明植, 1992, 『新羅政治史研究』, 螢雪出版社

李文基, 1997, 『新羅兵制史研究』, 一潮閣

李仁哲, 1993, 『新羅政治制度史研究』, 一志社

정덕기, 2021, 『신라 상·중대 중앙행정제도 발달사』, 혜안

井上秀雄, 1974, 『新羅史基礎研究』, 東京, 東出判株式會社

2. 논문

권영국, 2007, 「고려 초기 兵部의 기능과 지위」, 『史學研究』 88

盧瑾錫, 1992, 「新羅 中古期의 軍事組織과 指揮體系」, 『韓國古代史研究』 5

盧重國, 1987, 「法興王代의 國家體制强化」, 『統一期의 新羅社會研究』, 慶尙北道·
　　　　東國大學校 新羅文化研究所

신범규, 2020, 「신라 內外兵馬事의 성격과 변화 양상」, 『한국고대사연구』 99

정덕기, 2019, 「신라 중고기 병부의 人事權 掌握과 그 영향」, 『한국고대사탐구』 32

정덕기, 2022, 「신라 상·중대 6부 관청의 운영과 구성 원리」, 『東아시아古代學』 65

朱甫暾, 1987, 「新羅 中古期 6停에 대한 몇 가지 問題」, 『新羅文化』 3·4

신라 군사조직은 어떻게 구성되었을까

I. 들어가며

"아저씨 몇 사단 출신이에요?"

징병제가 유지되고 있는 우리나라에서 군대에 다녀온 사람들이라면 한 번쯤 들어봤을 이야기이다. 대한민국 사람들에게 군대는 6·25전쟁 이후 한국사회문화의 전반을 이루는 하나의 줄기이기에 위처럼 처음 만나는 사람들과 쉽게 이야기를 연결할 수 있는 아이스브레이킹(Ice breaking)의 소재로 쓰이기도 한다. 그런데 여기서 나오는 사단(師團)은 무엇인가? 전진부대, 오뚜기부대 등 소위 메이커 부대의 이름은 모두 사단급 부대를 지칭하는데, 이 사단은 군사조직(軍事組織)의 한 단위이다.

군사조직은 '군사목표를 달성하기 위해 형성된 군사력의 효율적 결집과 그것의 원활한 운용을 위해 국가가 마련한 제도적 장치'라고 이야기할 수 있다. 여기서 군사조직은 다시 군사명령을 내리고 행정

13장 신라 군사조직은 어떻게 구성되었을까 183

을 처리하는 조직, 즉 군령권(軍令權)·군정권(軍政權)을 행사하는 조직과 실제 전투임무를 수행하는 군대조직으로 구분된다. 그러나 통상 군사조직이라고 이야기하면 대부분은 전쟁에서 전투임무를 수행하는 군대조직을 떠올린다. 여기서는 군사조직 중 실제 전투임무를 수행하는 조직을 군사조직이라고 하고, 이들에 대해 이야기하고자 한다.

II. 삼국통일의 기반, 신라 군사조직을 알아보자

대한민국 국군은 1945년 광복 이후 미군정기에 편성된 국방경비대를 모체로 1948년 8월 15일 정부수립과 함께 창설되었다. 창설 당시, 미 군사고문단의 지도와 지원 아래에 국군이 편성되었기에 그 조직의 편성도 서양의 군사조직 제도를 따르고 있다. 그렇다면 서양 제도를 이식받기 이전, 우리나라 고유의 군사조직 제도는 어떠한 형태였을까?

사료를 살펴보면 조선시대에는 전기 5위, 후기 5군영으로 대표되는 군사조직이 있었으며, 고려시대에는 2군 6위가 존재했다. 한편 우리나라 역사에서 그 어느 시기보다 전쟁과 전투가 빈번하게 벌어진 시기는 바로 삼국시대이다. 삼국시대의 세 나라 고구려, 백제, 신라는 주변의 소국을 병합하면서 점차 중앙집권국가로 성장하였는데, 주변 소국을 병합할 때 무력을 사용했음은 자명하다. 중앙집권국가로 성장한 이후에도, 각자 자신들의 영토를 넓히기 위해 끊임없이 전투를 벌였으며, 이와 동시에 외부의 침공에 대항하여 싸웠다. 이렇게 많은 군사활동이 있었던 시기였기에, 이 군사활동을 수행하는 군사조직 역시 마련되어 있었을 것이다.

그러나 중국과 치열한 전쟁을 벌였던 고구려, 마한을 정벌하고, 고구려·신라와 치열하게 패권을 다투었던 백제의 군사조직은 그 이름조차 남아있지 않다. 다만 신라의 군사조직 명칭만이 현재까지 우리에게 전해져오고 있다. 이를 알 수 있는 사료가 『삼국사기(三國史記)』권(卷)40 잡지(雜志)9 직관(職官) 하(下) 무관조(武官條) 부분이다(이하 무관조). 무관조는 크게 4부분으로 구분할 수 있는데, 각각 시위부(侍衛府), 제군관(諸軍官), 범군호(凡軍號), 금·화(衿·花)이다.

이 중 범군호 부분에는 신라 23개의 군사조직을 다루고 있는데, 이를 살펴보면 다음과 같다.

〈표 1〉 범군호 기록 신라 군사조직

	군호	소속 군사조직
①	6정(六停)	대당(大幢), 상주정(上州停), 한산정(漢山停), 우수정(牛首停), 하서정(河西停), 완산정(完山停)
②	9서당(九誓幢)	녹금서당(綠衿誓幢), 자금서당(紫衿誓幢), 백금서당(白衿誓幢), 비금서당(緋衿誓幢), 황금서당(黃衿誓幢), 흑금서당(黑衿誓幢), 벽금서당(碧衿誓幢), 적금서당(赤衿誓幢), 청금서당(靑衿誓幢)
③	10정(十停)	음리화정(音里火停), 고량부리정(古良夫里停), 거사물정(居斯勿停), 삼량화정(參良火停), 소삼정(召參停), 미다부리정(未多夫里停), 남천정(南川停), 골내근정(骨乃斤停), 벌력천정(伐力川停), 이화혜정(伊火兮停)
④	5주서(五州誓)	청주서(菁州誓), 완산주서(完山州誓), 한산주서(漢山州誓), 우수주서(牛首州誓), 하서주서(河西州誓)
⑤	3무당(三武幢)	백금무당(白衿武幢), 적금무당(赤衿武幢), 황금무당(黃衿武幢)
⑥	계금당(罽衿幢)	-
⑦	급당(急幢)	-
⑧	사천당(四千幢)	-
⑨	경5종당(京五種幢)	-

	군호	소속 군사조직
⑩	2절말당(二節末幢)	-
⑪	만보당(萬步幢)	-
⑫	대장척당(大匠尺幢)	-
⑬	군사당(軍師幢)	-
⑭	중당(仲幢)	-
⑮	백관당(百官幢)	-
⑯	4설당(四設幢)	노당(弩幢), 운제당(雲梯幢), 충당(衝幢), 석투당(石投幢)
⑰	개지극당(皆知戟幢)	-
⑱	39여갑당(三十九餘甲幢)	경여갑(京餘甲), 소경여갑(小京餘甲), 외여갑(外餘甲)
⑲	구칠당(仇七幢)	-
⑳	2계당(二罽幢)	한산주계당(漢山州罽幢), 우수주계당(牛首州罽幢)
㉑	2궁(二弓)	한산주궁척(漢山州弓尺), 하서주궁척(河西州弓尺)
㉒	3변수당(三邊守幢)	한산변(漢山邊), 우수변(牛首邊), 하서변(河西邊)
㉓	신삼천당(新三千幢)	우수주삼천당(牛首州三千幢), 나토군삼천당(奈吐郡三千幢), 나생군삼천당(奈生郡三千幢)

　　신라 군사조직을 살펴보면 정(停)으로 끝나는 조직과 당(幢)으로 끝나는 조직이 확인된다. 정(停)은 신라에서 군영[營]을 가리키는 말로 사용되었는데, 이것이 군사조직의 이름으로 사용된 것이다. 정(停)은 『삼국사기』에서 오직 신라 군호 기록에서만 나타나므로 신라 고유의 제도라고 할 수 있다. 당(幢)은 『위서(魏書)』의 연연(蠕蠕: 유연)전에서 처음 확인되는 단위로 중국을 거쳐 고구려로, 다시 신라로 들어온 것으로 보인다. 여기서 정(停)은 상주정(上州停), 신주정(新州停)처럼 그 앞에 지역명이 결합되어 '어느 지역의 군사조직'임을 나타낸다. 당(幢)은 군사조직의 성격을 나타내는 글자와 결합하여 '어떤 성격을 가진(역할을 담당하는) 군사조직'임을 나타내고 있다. 이를테면, 서당(誓幢)의 경우, '맹세하다'의 뜻을 나타내는 '서(誓)'와, 군사조직을 나타내는 '당(幢)'이 결합하여 '국왕에게 충성을 맹세한 부대'의

뜻을 나타내는 데, 이는 곧 다른 군사조직보다 국왕과 밀접한 관련이 있는 성격의 부대를 뜻한다.

그런데 범군호 부분은 신라의 모든 군사조직을 기록하고 있지는 않다.『삼국사기』신라본기(新羅本紀)나 열전(列傳)에서 언급되는 군사조직의 명칭이 범군호에서는 찾아지지 않는 경우가 확인되기 때문이다. 가령 신라의 초기 군사조직 중 하나로 추정되는 법당(法幢)의 경우 진평왕 24년(624) 백제의 5성 침공에 맞서 구원군으로 파견되는 5개 군사조직(상주정, 하주정, 귀당, 법당, 서당) 중 하나로 신라본기와 눌최(訥催)열전에서 확인되지만, 범군호에서는 법당 명칭을 찾아볼 수 없다. 이는 범군호 자료가 특정 시기에 존재했던 군사조직들에 관해 정리한 것이기 때문이다. 군호와 지역명이 사용된 상한연대와 하한연대를 고려할 때, 범군호 부분에서 언급된 23개의 군사조직은 7세기 후반에 진행된 광범위한 군사조직 개편 이후의 상황을 정리한 것이다. 곧 효소왕 2년(693) ~ 경덕왕 16년(757) 사이에 존재한 군단들에 대해 서술한 것이라고 이해할 수 있다.

한편 범군호에는 각 군사조직의 간략한 연혁과 군사조직의 이칭(異稱), 금색(衿色)도 함께 기록하고 있다. 여기서 금색은 휘직(徽織), 즉 부대를 구분하는 표지(標識)를 나타내며, 현재의 부대마크와 같은 역할을 했다. 신라에서는 각 군사조직의 금색이 겹치지 않도록 단색 또는 복수의 색을 조합하여 부대를 구분할 수 있도록 하였다.

그러나 23군호 중 비교적 많은 내용이 서술된 군사조직은 6정, 9서당, 10정에 불과하며 대부분은 설치연대와 금색만 기록하고 있어 군사조직의 이름을 통해서 군사조직의 성격을 유추하는 등 군사조직의 성격과 역할을 파악하는 데 어려움이 있다. 또한 범군호에 기록된 내용 중에는 명백히 잘못 서술된 부분도 존재하기에 『삼국사기』의 다른 부분과 비교·분석하면서 조심스럽게 접근해야 한다.

Ⅲ. 신라 군사조직 연구 톺아보기

　신라의 군사조직에 대한 기록은 『삼국사기』 무관조 부분과 본기와 열전에 흩어져 있는 내용이 전부일 정도로 아주 소략하다. 이러한 사료의 한계에도 불구하고 신라 군사조직 연구는 지금까지도 지속적으로 이루어지고 있다.

　신라 군사조직에 대한 관심은 조선후기부터 시작되었다. 조선후기의 학자들은 당대의 현실적 문제였던 군정(軍政) 및 군제(軍制)의 개혁을 위해 역대 병제를 참조하는 과정에서 신라의 군사조직에 관심을 가졌다. 하지만 신라 군사조직의 연구가 활발해진 시기는 20세기초 근대적 역사연구법이 유입된 이후라고 할 수 있다. 이 시기 연구는 역사지리적 측면에서 신라 군사조직의 소재지를 고증하거나, 무관조 범군호 부분에 열거된 23군호을 나열하면서 그 성격을 간략하게 언급하는 등 역사지리적 방법론에 입각한 산발적이고 단편적인 검토에 그쳤다.

　1945년 해방 이후부터 1960년대 말까지의 시기는 신라 군사조직에 대해 보다 활발하게 연구된 시기로 제도적 측면의 연구가 심화되어 신라 군사조직의 기본적인 골격을 파악할 수 있게 되었다. 군사조직 명칭에 사용된 정(停)과 당(幢)의 의미와 유래, 군사조직에 대한 제도사적 검토를 시도하였으며, 군사조직과 사회구조와의 관련성, 즉 군령권(軍令權)과 군사조직의 관계 및 그 변화과정을 추적하기도 하였다. 특히 군사조직이 지방제도와 불가분의 관계에 놓여있음이 논증되어 군사조직과 지방제도, 군사지휘관과 지방관의 관련성 해명에 크게 기여하였다.

한편 1970년대를 기준으로 그 이전에는 신라 전(全)시기의 다양한 군사조직을 한꺼번에 다루는 등 전반적으로 포괄적이고 개괄적인 방향으로 연구가 진행되었다. 그러나 그 이후에는 연구의 범위를 좁혀서 특정 시기, 특정 조직 혹은 조직 내 특정 직책에 대한 것들이 주요 연구주제로 다루어졌다. 그리고 이 과정에서 고고학 자료를 활용한 연구도 함께 이루어졌다. 이와 함께 지방제도·지방통치조직에 대한 연구가 다각도로 이루어지면서 군사조직와 지방조직 간의 관계에 대한 연구가 심화되었다. 한편으로 신라 최고 군정기관인 병부(兵部) 및 그 최고책임자인 병부령(兵部令)과 군사조직의 관계, 군사조직의 인적 기반인 일반 병졸집단의 성격과 이들을 동원하게 할 수 있었던 군역(軍役)에 대해서도 연구가 진행되었다.

2000년대부터는 6정, 9서당, 10정, 5주서 등 비교적 그 기록이 남아 있는 군사조직 외에 기록의 소략으로 그 실체를 파악하기 어려웠던 범군호의 나머지 군사조직에 관해서도 관심을 두기 시작했으며, 그동안 부족했던 군사조직 상호 간의 유기적인 관계, 구성 군사조직의 운용 실태에서도 연구성과가 나타나기 시작했다. 또한 신라 전(全)시기를 관통하여 군사조직의 변화과정을 추적하는 연구도 발표되었다.

일례로 범군호 부분의 계금당, 2계당, 4설당, 3변수당 등 범군호에 20여 자 내외로만 기록되어있는 군사조직에 대해서도 그 실체와 성격, 운용에 대해 살펴보는 연구가 이루어지거나, 신라의 방어체계와 연결하여 방어체계 속 군사조직의 역할과 운용에 대한 연구도 이루어졌다. 또한 한산주(漢山州), 수약주(首若州) 등 일정 지역 내에서 함께 주둔한 상이한 군사조직의 관계에 대한 연구 및 금색(衿色)의 위계를 통한 군사조직간 서열관계에 대한 견해가 제시되기도 하였다.

이렇게 단순 언급에서만 시작했던 신라 군사조직 연구는 시기별, 조직별 세분화하면서 정밀해진 연구가 가능해졌고 현재는 지방조직, 방어체제, 군역제도 등 관련 분야와 함께 연구되면서 연구 성과가 축적되었고, 그 실체에 한걸음 가까워졌다.

그러나 여전히 극복해야할 부분도 적지 않다. 지금까지 신라 군사조직 연구는 개별 군사조직에만 집중해왔다. 또한 개별 군사조직의 견해도 다른 군사조직과의 연결없이 서로 충돌하고 있다. 따라서 신라 군사조직 전체의 모습을 밝히는 작업은 아직 제자리걸음에 머물러 있다고 할 수 있다. 또한 신라 군사조직의 활동 모습이 단편적으로만 기록되어 있기 때문에 이들의 운용실태를 정확히 파악하기도 어렵다. 한편으로 이들 군사조직을 구성하는 구성원들이 어떻게 충원되었으며, 총원이 몇 명으로 구성되었는지, 어떤 체계 아래에서 작동했는지에 대한 부분은 물론 신라 군령권 및 군정권의 최고 기관인 병부(兵部)와 연결하여 이해하려는 부분도 아직 완전히 해결되지는 못한 실정이다.

IV. 나오며

고대 국가에서 그 강함을 이야기할 때 빼놓지 않는 것은 군사력이다. 신라의 관청 중 군사력을 관장하는 부서인 병부가 가장 먼저 설치되었다는 사실은 당시 군사력이 얼마나 중요했는지를 단적으로 보여주는 사례이다. 이 군사력을 외형적으로 보여줄 수 있는 것이 바로 군사조직이다. 한국고대사에서 군사조직의 실체를 거의 알 수 없는 고구려·백제와 달리 신라는 다행히도 『삼국사기』에 그 기록이 남아 있었기에 이들에 대한 연구가 진행되었다.

그런데 한가지 궁금증이 생긴다. 군사의 징발, 이동, 물자의 보급, 군 인사체계 등 하나의 군사조직을 유지하기 위해서는 많은 행정력이 필요하다. 그런 군사조직을 신라는 상당히 많은 수를 유지하였다. 신라는 그 군사조직을 어떻게 유지하였을까? 이제 신라 군사조직 연구는 단순히 개별 군사조직 연구를 넘어 군정기관, 군역제도 연구와의 연계를 통해 많은 행정력이 필요한 군사조직이 신라 사회 속에서 어떻게 운용되고 유지되었는지, 그 시스템의 실체를 파악하는 것에 주안점을 두어야 하겠다.

자료의 미비, 다른주제보다 떨어지는 관심으로 신라 군사조직에 대한 연구는 아직도 갈 길이 멀다. 그럼에도 불구하고 많은 연구자들이 조그만 단서를 통해 신라 군사조직의 실체를 밝히기 위해 노력하고 있다.

참고문헌

1. 저서

末松保和, 1954, 『新羅史の諸問題』, 東京, 東洋文庫

井上秀雄, 1974, 『新羅史基礎研究』, 東京, 東出判

李基白·李基東, 1982, 『韓國史講座』Ⅰ, 一潮閣

이인철, 1993, 『新羅政治制度史研究』, 一志社

이문기, 1997, 『新羅兵制史研究』, 一潮閣

서영일, 1999, 『신라 육상 교통로 연구』, 학연문화사

서영교, 2006, 『羅唐戰爭史 研究』, 아세아문화사

육군본부, 2012, 『한국군사사』 2, 경인문화사

한준수, 2012, 『신라중대 율령정치사 연구』, 서경문화사

이상훈, 2013, 『나당전쟁 연구』, 주류성

서영교, 2016, 『新羅軍事史新研究』, 출판사 은서

민 진, 2017, 『한국의 군사조직』, 대영문화사

김종수, 2020, 『한국의 고대·중세 군사제도사』, 국학자료원

전덕재, 2021, 『三國史記 잡지·열전의 원전과 편찬』, 주류성

2. 논문

신태현, 1959, 「新羅職官 및 軍制의 研究」, 『新興大論文集』1-2

최원식, 1987, 「軍事力의 增强과 軍事的 基盤」, 『統一期의 新羅社會研究』, 동국대
      학교 신라문화연구소

김윤우, 1988, 「新羅十停과 所在地名 變遷考」, 『慶州史學』7

양정석, 1996, 「한국 고대 군사사 연구의 현황과 과제」, 『軍史』32

노중국, 1999, 「신라 통일기 九誓幢의 성립과 그 성격」, 『韓國史論』41·42

서영교, 2003,「新羅 騎兵隊 五州誓 附屬 步兵」,『慶州文化硏究』6

이문기, 2012,「신라의 군사제도와 방어체계」,『한국군사사』1, 육군본부

이문기, 2012,「통일신라의 군사제도」,『한국군사사』2, 육군본부

최상기, 2013,「6~7세기 신라 六停의 戰時 운용」,『韓國史論』59

이상훈, 2016,「군사조직과 그 운용」,『신라 천년의 역사와 문화08-신라의 통치제
　　　　도』, 경상북도문화재연구원

이상훈, 2016,「나당전쟁기 신라의 대규모 축성과 그 의미」,『한국고대사탐구』
　　　　23

한준수, 2015,「신라 통일기 新三千幢의 설치와 운용」,『한국고대사연구』78

한준수, 2017,「신라 통일기 罽衿幢 · 二罽幢의 설치와 확대」,『한국학논총』47

한준수, 2018,「신라 통일기 三武幢의 설치와 麗濟유민」,『한국고대사탐구』30

홍성열, 2018,「신라 중고기 서당의 설치와 운용형태」,『新羅史學報』43

한준수, 2020,「신라 신문왕대 皆知戟幢의 창설과 통일국가의 위상 강화」,『탐라
　　　　문화』63

한준수, 2021,「신라 통일기 二節末幢의 창설과 병참 지원」,『한국고대사탐구』
　　　　37

한준수, 2022,「신라의 二弓설치와 投射전력 강화」,『한국학논총』58

이영수, 2022,「나당전쟁기 신라 우수주의 전략적 위상과 군사조직 운용」, 한국외
　　　　국어대학교 석사학위논문

홍성열, 2022,「신라통일기 5주서의 역할과 위상」,『北岳史論』15

홍성열, 2022,「신라 중대 한산주 2정의 설치와 그 의미」,『한국고대사탐구』42

14장

신라는 전략과 전술을 어떻게 개발하고 활용하였을까

송영대(건국대학교)

Ⅰ. 들어가며

삼국시대에는 수많은 전쟁이 매일같이 일어났다. 고구려·백제·신라는 물론 부여와 가야를 비롯하여 수많은 소국간의 전쟁이 있었으며, 중국과 왜와의 전쟁도 이어졌다. 신라의 삼국통일과 나당전쟁까지 삼국시대에는 전쟁이 끊임없이 발생하였다. 전쟁이 자꾸 반복되고 있는 상황에서 각국은 전쟁의 승리를 위하여 전략과 전술을 마련해야 했다. 특히 삼국시대를 삼국통일로 종결시킨 신라는 생존과 승리를 위하여 전략과 전술 개발에 매달렸다. 군사사적인 측면에서 역사를 검토하기 위해서는 전략과 전술에 대해 이해하고, 과거의 기록을 바탕으로 당시 상황을 종합적으로 분석할 필요가 있다.

전략(戰略)은 국가 목표를 달성하기 위하여 정치·사회·경제·군사 등 통합된 전력을 운용하는 방법이면서, 전쟁 수행을 위해 가용한 모든 전쟁수단을 설정된 목표에 집중시키는 방책을 의미한다. 반면 전술(戰術)은 작전술 수준에서 설정된 목표달성을 위하여 가용한 전투력을 통합하여 적을 격멸하는 전투와 교전에서 적용하는 활동을 의미한다(이태규, 2012). 전략은 전쟁을 수행하는 데에 있어서, 전술은 전투를 수행하는 데 있어서 사용되는 방책이라고 할 수 있다. 때문에 역사적인 측면에서 전쟁과 전투를 이해하기 위해서는 전략과 전술에 대한 분석이 필수적이다.

신라의 전략과 전투에 대해서는 다양한 연구가 이행되었다. 이 중에서 전략에 대한 연구가 전술에 대한 연구보다 더욱더 광범위하게 이루어졌다. 전략은 군사적 측면 이외에 정치나 외교적인 측면에서 넓은 시야로 바라본다는 점 때문에 여러 관점에서 연구가 진행되었다. 반면 전술은 당시 전투 상황이 상세하게 기록되어 있지 않다보니 전략에 비해서는 연구가 다양하게 되지 못한 편이다. 그렇지만 고대 군사사를 제대로 파악하기 위해서는 전략과 전술에 대한 이해가 필수적이다. 현재까지 신라의 전략과 전술에 대해 어떠한 연구가 이행되었는지 살펴보면 다음과 같다.

II. 신라는 어떠한 전략을 수립하여 전쟁에서 활용하였나

신라는 소국을 거쳐 고대국가로 발전하였고, 이후 삼국통일을 이룩하면서 통일왕조로 자리 잡았다. 『삼국사기』에는 신라의 역사가 992년간 존속했다고 기록하였다. 장구한 시대를 버텨온 만큼 수많은 전쟁을 치렀으며, 이로 인하여 전략과 전술도 크게 발달하게 되었다. 신라의 전략은 시대별로 나누어 고찰할 수 있다. 여기에서는 상고기, 나제동맹기, 삼국통일전쟁기, 나당전쟁기로 구분하여 살펴보도록 하겠다.

상고기 신라와 관련하여서는 방어전략을 중심으로 살펴본 연구가 있다. 상고기의 방어전략으로 육방(陸防) 전략과 육방 위주 해방(海防) 전략으로 구분된다고 보았다. 이는 지방군과 중앙군이 수비와 공격의 역할을 분담하여 구축되었으며, 각 성에서 자수(自守)를 하다가 왕성으로 전황이 보고된 이후 상비군인 육부병을 편성하는 방식으로 파악하였다. 이사금 시기에는 중앙군의 거전(拒戰), 마립간 시기에는 지방군의 자수 위주로 방어전이 수행되었으며, 마립간 시기에 수군이 성장하면서 공세적 거점 마련 위주의 해방 전력으로 변화했다고 보았다. 나아가 우산국 정벌은 공세적 대왜(對倭) 방어의 실현과 서·북·동변에 대한 방어선 완성에 있었다고 파악하였다(정덕기, 2020).

나제동맹(羅濟同盟) 당시의 전략을 바탕으로 여러 연구가 이행되었다. 주로 신라의 방어전략이라는 측면에서 검토하는 경향이 있는데, 이는 나제동맹의 목적이 고구려에 대한 방어에 있기 때문이다. 고구려의 남천(南遷) 이후 신라가 한강 하류 유역을 장악하던 시기의 대외(對外) 전략을 크게 4가지로 파악하기도 한다. 즉 대외 연대(連帶)는 각국이 자국의 입장에서 해석하여 각국마다 목적이 다르며, 상호 군사적인 활동을 담보할수 있는 것이 아니었다고 본다. 또한 나제 '동맹'보다 선린관계(善隣關係) 정도의 의미로 보아야한다고 하였다.

신라의 한강 유역은 신라의 발전 과정의 한 단계이지, 동맹관계의 배신으로 보진 않았다. 또한 이 시기에 일어난 삼국간의 항쟁은 주변 국과의 연대나 외교가 아닌 삼국 각국의 세력관계에 의한 것으로 파악하였다(이순근, 1998). 나제동맹의 군사 운용전략을 공수(攻守) 동맹이라는 관점에서 검토한 연구도 있다. 동맹의 공격 전략은 상대적으로 백제의 고토 회복이라는 점에 초점이 맞춰졌다. 신라의 삼년산성 축조는 고구려의 군사적 압력에 대한 백제와 신라의 공동대응으로, 백제로서는 배후의 위협을 줄이고 고구려의 전력을 분산시킬 목적으로 보은 지역에 성곽을 축조하였다. 그렇지만 이후 신라가 좀 더 적극적으로 자국의 이익을 도모하게 되면서 공수 전략은 원활한 운용이 불가능해졌으며, 공수 전략의 파탄은 신라가 국가의 내실을 충분히 한 후 외부로 시선을 돌리면서 찾아오게 되었다고 보았다(위가야, 2020).

삼국통일전쟁과 관련하여서도 여러 연구가 이루어졌다. 리델하트(Liddell Hart)의 간접접근전략(Indirect approach strategy)을 활용하여 백제와 신라의 전쟁에 대해 분석한 사례도 있다. 간접접근전략의 개요를 비롯하여 형성·중요성·목적과 목표 및 전략의 진수에 대해 설명하고서, 백제와 신라의 전쟁에 적용하였다. 신라의 기동과 당군(唐軍)의 해상 기동을 살펴보고, 기습과 견제, 최소저항선과 최소예상선 및 물리적 교란과 심리적 교란이라는 관점에서 당시의 전쟁 양상을 분석하였다(나승균, 2012). 6~7세기 신라의 전략에 대해서도 연구가 이행되었다. 5세기 신라의 방어 전략으로 선수후공(先守後攻)의 사례를 언급하고, 나제동맹을 통한 군사 협력체계의 양상을 파악하였다. 이후 한강 유역을 점령하면서 선수후공전략에 후위(後衛)를 배치하는 방식으로 방어 전략을 발전시켰다고 보았다. 7세기 중반 들어서 신라는 나당 군사협력체계를 결성하여 군사지식을 당과 공유하고, 이후 기만전략(欺瞞戰略)과 화전양면전략(和戰兩面戰略), 해상전략(海上戰略)을 활용하여 삼국통일과 나당전쟁 승리를 하였다(송영대, 2015a).

삼국통일 중 나당연합군의 전략에 대한 연구도 이행되었다. 주로 나당연합군의 백제 공격전략으로 기만전략을 손꼽으며 고찰하였다. 나당연합군은 사전에 백제가 정보 수집을 어렵게 하고, 당진을 먼저 공격하여 백제의 방어계획 입안에 상당한 혼선을 주었다. 백제 입장에서는 탄현과 금강 하구로의 공격에 방어하는게 방어계획 중 기본 계획이었지만, 나당연합군의 당진 타격으로 인하여 우발계획의 가능성을 높이며 혼란을 준 것으로 보았다(이상훈, 2016a). 군사학적 측면에서 나당연합군의 침공전략을 분석한 사례도 있다. 신라군의 양동작전과 당군의 양공작전이라는 측면에서 전략을 파악하였다. 신라의 작전과 관련하여 남천정 기동을 주목하였으며, 당군의 작전에 대해서는 고구려군 견제와 군량 조달, 백제군 조기투입 강요를 목표로 파악하였다(이재준, 2016).

임진강 유역에서의 방어 전략에 대한 연구들도 이루어졌다. 칠중성(七重城)의 전략적 역할에 대한 분석에서는 성의 형태와 구조 및 초축에 대해 살펴보고서, 칠중성의 영유권과 관련하여 삼국의 각축에 따른 향방을 고찰하였다. 629년 이후부터 638년 사이에 신라가 칠중성을 차지하였고, 신라의 삼국통일에 따른 동향 및 전략적 요충지로서의 의미를 파악하였다. 전략적 역할과 관련하여서는 지리적인 측면, 군사적인 측면으로 구분하여 고찰하였다(김덕원, 2019). 백제 멸망 시점을 전후하여 신라의 한산주(漢山州) 방어 전략에 대해 시기별 양상을 파악한 시도가 있었다. 655년 고구려와 백제의 공격으로 신라는 북변의 33성을 잃었지만, 이후 한산주의 지배체제를 정비하며 군사적 강화 조치를 취하였다. 658년을 기점으로 신라는 요격전에서 수성전으로 양상이 변하며, 지방관들의 역할이 전쟁에서 부각되었다. 이러한 방어 전략은 660년 고구려의 칠중성 공격에서 효과적으로 발휘되었는데, 당시 신라군의 체계적인 기동은 이전에 파견된 현령 또는 지방관들을 중심으로 훈련되었기 때문이었다. 661년 고구려와 말갈 연합군의 한산성 침공에서 신라의 거점 집결 방어 체계가 제대로 발동하지 못하였지만, 이후 고구려군이 장마와 군사적 거점 미확보로 보급로를 확보하지 못하여 신라가 승리하게 되었다(고창민, 2021).

나당전쟁 때의 전략에 대해서는 다양한 논의가 이루어졌다. 신라의 정복지 지배·방어 전략과 관련하여 당군 축출을 위한 군사 전략, 백제·고구려 유민의 국민화 전략, 군사방어체제 강화전략이라는 측면에서 살펴본 연구가 있다. 신라는 백제 웅진과 고구려 평양의 당군이 협조체제를 유지하지 못하도록 하고, 본토로부터의 해상보급을 처단하면 승리할 수 있다는 전략판단에 따라 대동강과 임진강, 금강하구에 수군을 배치하고, 익산에 고구려 안승의 군대를 배치하였다. 이후 당군이 축출되자 신라는 백제와 고구려 유민을 포용하여 신라 국민화를 촉진하였다. 아울러 피정복지 지배와 당군의 재도전을 제압하기 위하여 군사방어체제를 서둘러서, 시위부·구서당·10정·5주서 등 중층 방어망을 구축하였다(張學根, 2000). 나당전쟁 초기에 등장한 문두루 비법을 전략과 관련하여 살펴본 연구도 있다. 명랑법사의 문두루 비법과 당 수군의 침몰은 『삼국유사』에 기록되었다. 문두루 비법의 시행은 신라가 당에 대한 방어전략을 수립하면서 채용한 것으로 보며, 신라군과 신라민의 사기를 높이기 위하여 명랑을 불러들인 것으로 파악하였다(이상훈, 2011). 나당전쟁의 전개에 따른 전략의 변화에 대한 고찰도 이루어졌다. 672년 신라와 당이 황해도 일대에서 격전을 벌였을 때만 하더라도 신라의 전략은 공격이 우선이었다. 그렇지만 그 해 석문전투에서 당군에 크게 패하면서 전략을 방어로 전환하게 되었다. 673년에 축조된 10여 개의 성들은 신라의 방어전략을 엿볼 수 있는 중요지표가 된다. 경기도와 강원도에서 경주 일대에까지 신라 전역에 성을 축조하며 전방위에 걸친 방어망을 보완하였다(이상훈, 2016b).

당과 신라의 전략 목표에 대한 비교도 이행되었다. 나당전쟁 때 신라군의 전략 목표는 계림도행군이 웅진도독부에 도착하기 이전에 당 병력을 소멸시켜 전쟁의 주도권을 얻으려던 것이며, 당의 전략 목표는 웅진도독부를 구원하고 고구려 유민의 부흥운동을 진압하며, 신라에 대한 공격은 정벌 혹은 응징의 의미를 가지고 있었다. 그렇지만 결국 당의 전략 목표가 달성되지 않았으며, 표면적으로 신라가 사죄사를 보냈으나 실제로는 당이 한반도에서 유지할 수 있는 병력에 한계가 있었다고 파악하였다(曹凌, 2018). 신라의 사죄사 파견과 관련하여 나당전쟁의 종료와는 무관하다고 보는 견해가 있다. 여기에서는 신라가 화전양면(2 track) 전략을 펼친 것으로 이해하였다. 즉 신라가 전쟁과 외교의 분리를 고수하였으며, 이에 따라 사죄사를 파견한 것으로 해석하였다(김병희, 2018).

신라의 전략에 대해서는 이처럼 다양한 측면에서 논의가 이루어졌다. 전략은 전쟁 뿐만 아니라 전쟁 이외의 상황에서도 당시의 국면에 따라 큰 틀에서 확립되고 적용되었다. 현재까지의 연구도 전쟁 이외의 상황과 관련하여 해석한 사례가 많다는 점이 주요 특징이다.

Ⅲ. 신라는 전투에서 어떠한 전술을 개발하여 적용하였나

신라의 전술에 대한 연구는 전략보다는 적게 이루어졌다. 이는 전략이 군사적인 상황 이외에도 적용할 수 있는 반면, 전술은 군사적인 상황에 한정되는 경우가 많기 때문이다. 전투의 추이와 양상을 파악해야하기 때문에 전투에 대한 연구는 다양하게 이루어지지 않은 편이라고 할 수 있다. 다만 역사적 사례에서 여러 전술에 대해 살펴본 사례가 있으며, 또한 무기와 관련하여 전술의 적용을 고찰한 연구들이 있다는 점도 주목된다.

신라와 가라(加羅)의 전술이 고구려의 남정(南征)을 기점으로 변화하였다고 본 연구가 있다. 4세기 이전 신라와 가라는 창과 칼, 활을 이용하여 싸웠는데, 『진서(晉書)』에서는 삼한이 순(楯)과 노(櫓)를 사용했다고 기록하였는데, 이 중에서 노는 2명 이상의 인원이 사용하는 대형방패 즉 맨틀리트와 같은 방어구로 보았다. 즉 고구려 남정 이전에는 방패전술이 발달하였을 것으로 추정하였다. 고구려의 남정으로 인하여 고구려의 전술은 신라와 가라에 전해지게 되었다. 신라와 가라는 자신들의 상황에 맞는 전술을 채용하는 과도기를 거쳤을 가능성이 큰데, 이 상황에서 투창돌격전술을 사용하다가 이후 중장기병 돌격전술로 변화하였을 것으로 보았다(송영대, 2018). 여창(餘昌) 즉 백제 위덕왕과 신라의 전쟁에서 사용되었던 전술에 대한 분석도 있다. 562년에 백제와 왜 연합군이 가야 지역으로 갔을 때 신라는 기병을 이용한 기만전술을 펼쳐 승리하였다. 이후 대가야 멸망 때에 신라의 사다함이 백기기만(白旗欺瞞) 전술을 펼쳤으며, 이에 속은 대가야를 정복하게 되었다고 하였다(서영교, 2016). 6~7세기 신라의 전술에 대해서도 연구가 이행되었다. 당시 신라의 주요 전술로 분산배치전술, 기습전술, 단기돌격전술, 유인전술과 의병지계, 간첩 활용 전술이 있다고 파악하였다. 특히 단기돌격전술(單騎突擊戰術)은 일정한 전개 양상을 보이는데, 전황이 불리한 상황에서 단기돌격의 지시가 이루어지고, 이후 단기돌격이 감행되어 사기고취 후 승리하게 된다고 하였다(송영대, 2015a).

무기와 관련하여 여러 연구가 이루어졌다. 단순히 신라의 무기만을 다루기보다 주변 세력 즉 고구려나 가야와의 교류를 중심으로 무기에 대해 고찰하면서, 전술로의 발달을 다룬 사례가 많다. 활의 형식과 변천에 대한 고찰이 이루어졌다. 한반도 남부지역에서는 3세기대까지 목제 직궁을 사용하였다. 4세기부터는 만궁을 제작하고 사용하면서 직궁과 병존하였다. 6세기 이후부터는 원거리 무기인 弓矢가 쇠뇌와 활로 분화되고 원거리 공격이 주요 전술로 자리잡게 되었다

(강재현, 2014). 쇠뇌의 전술적 운용에 대한 고찰도 이루어졌다. 서양과 중국, 한국의 역사적 사례를 제시하면서 살펴보고 전술적인 운용이 어떻게 이루어졌는지 살펴보았다. 쇠뇌를 크게 소노와 강노로 구분하였는데, 전술적으로 소노는 매복전의 주요 무기로, 강노는 성곽전의 주요 무기로 운용하였다고 파악하였다(이준성, 2014). 6~7세기 신라의 병기들을 『삼국사기』의 기록을 바탕으로 나열하고, 전술적으로 어떻게 운용하였는지에 대한 고찰도 이루어졌다. 장병기로 과(戈)·겸(鎌)·극(戟)·삭(矟)·모(矛)·창(槍)·장창(長槍)·구(鉤), 단병기로 검(劍)·도(刀)·부(斧)·월(鉞), 방어구로 개(鎧)·갑(甲)·주(胄), 투사병기로 궁(弓)·노(弩)·돌팔매의 사례를 고찰하고 사설당(四設幢)의 설치와 공성무기의 운용을 살펴보았다. 이 연구에서는 이러한 무기들을 바탕으로 전술적으로 어떠한 운용이 있었는지에 대하여 고찰하였다(송영대, 2015b).

아울러 기병전술에 대한 분석도 이루어졌다. 신라의 기병을 울산 중산리와 포항 옥성리에서 발견된 기승용 마구를 통해 4세기 어느 시점에 기병 또는 기마문화가 출현하였고, 이후 중장기병(重裝騎兵)과 장식기병(裝飾騎兵)이 출현하게 되었다고 하였다. 기병전술은 크게 기병단독전술(騎兵單獨戰術)과 보기합동전술(步騎合同戰術)로 구분하였다. 이 중에서 기병단독전술을 다시 일대일 기병전술, 기습전술, 추격전술, 충격전술로 구분하여 고찰하였다(류창환, 2010).

전술은 전투 사례와 무기를 통해 살펴본 연구가 많다. 그렇지만 현재 전략에 비해서는 연구성과가 많지 않기에 더욱더 다양한 연구가 이루어져야 할 분야로 여겨진다.

Ⅳ. 나오며

　신라는 한반도의 조그마한 나라로 시작하였으나, 삼국을 통일하고 당나라에 승리하는 업적을 이룩하게 되었다. 신라는 외교적인 노력도 많이 하였으나, 결국 최종적으로 승리하게 된 이유는 자체적인 역량 강화 때문이라고 할 수 있다. 군사적으로 고구려와 백제에 뒤지지 않는 역량을 키우게 되었으며, 이는 곧 전략과 전술의 개발과 발달이 주요 동인(動因)이었다고 할 수 있다.

　현재까지 신라의 전략과 전술에 대해서는 다양한 연구가 진행되었다. 전략에 대한 연구가 전술에 비해 더 많이 이루어졌는데, 이는 전략이 단순히 군사적인 측면만을 말하는 것이 아니라 정치와 외교 및 다양한 방면에 적용할 수 있기 때문이었다. 전술은 전투의 사례나 무기의 발달 등을 통하여 유추할 수 있다보니 많은 연구가 이루어지진 못하였으나 의미있는 연구도 다수 확인된다.

　차후에도 신라의 전략과 전술에 대해서는 여러 연구가 이루어질 것으로 보인다. 전쟁과 전투 기록을 바탕으로 세부적인 전략과 전술을 파악하고, 외국의 전략과 전술 사례를 국내의 사례와 비교하는 노력도 필요하다. 고고학 자료를 적극적으로 활용하여 성곽의 사례나 유물을 통해 좀 더 깊은 연구가 이루어질 수 있을 것으로 기대된다.

　신라가 다양한 위기를 극복하고 강한 국가로 성장하게 된 것은 모두가 인정할만한 사실이다. 군사적인 측면에서 신라의 노력과 발전 사례를 차분하게 살펴볼 필요가 있으며, 향후 연구에서도 이러한 측면에서 신라가 고대국가를 이루는 상황이나 삼국통일을 하는 과정,

나당전쟁에서의 승리 등에 대해 상세한 연구가 이루어지게 되기를
바란다.

참고문헌

1. 저서

國防軍事硏究所, 1999, 『羅唐戰爭史』, 國防軍事硏究所

서영교, 2006, 『羅唐戰爭史 硏究』, 아세아문화사

노태돈, 2009, 『삼국통일전쟁사』, 서울대학교출판문화원

이상훈, 2012, 『나당전쟁 연구』, 주류성

이태규, 2012, 『군사용어사전』, 일월서각

2. 논문

강재현, 2014, 「한국 고대 활의 형식과 변천」, 『新羅史學報』 31

고창민, 2021, 「660~661년 고구려의 漢山州 공격과 신라의 방어 전략」, 『서울과 역사』 109

김덕원, 2019, 「칠중성의 영유권 변천과 전략적 역할」, 『한국고대사탐구』 33

김병희, 2018, 「羅唐戰爭의 終了 始點에 대한 再檢討 및 買肖城 戰役의 過程 硏究」, 『한국고대사탐구』 30

나승균, 2012, 「나제전쟁에서의 간접접근전략 연구: 나·당연합군과 백제군과의 전쟁을 중심으로」, 『군사발전연구』 6

柳昌煥, 2010, 「三國時代 騎兵과 騎兵戰術」, 『韓國考古學報』 76

서영교, 2016, 「여창(餘昌)의 백제연합군과 신라의 전쟁」, 『百濟文化』 55

송영대, 2015a, 「6~7세기 신라의 전략·전술 입안과 활용」, 『韓國史硏究』 169

송영대, 2015b, 「『삼국사기』를 통해 본 6~7세기 신라의 무기체계」, 『사학연구』 117

송영대, 2018, 「高句麗 南征 이후 新羅·加羅의 전술 변화 고찰」, 『한국고대사탐구』 30

위가야, 2020, 「'나제동맹'의 攻守 전략 검토」, 『한국고대사탐구』 34

이상훈, 2011, 「羅唐戰爭期 文豆婁 秘法과 海戰」, 『新羅文化』 37

이상훈, 2016a, 「나당연합군의 군사전략과 백제 멸망」, 『역사와 실학』 59

이상훈, 2016b, 「나당전쟁기 신라의 대규모 축성과 그 의미」, 『韓國古代史探究』 23

이순근, 1998, 「三國統一期 三國의 對外戰略(1): 소위 '羅濟同盟'과 신라의 한강하류 진출 배경을 중심으로」, 『人文科學硏究』 3

이준성, 2014, 「서양, 중국, 한국에서 쇠뇌(弩)의 역사와 전술적 운용 고찰」, 『군사연구』 137

이재준, 2016, 「나·당 연합군의 침공전략과 백제의 대응」, 『韓國軍事學論集』 72

張學根, 2000, 「新羅의 征服地 支配·防禦戰略: 對唐戰爭을 中心으로」, 『軍史』 41

정덕기, 2020, 「신라 上古期 대외 방어 전략의 변화와 于山國 征伐」, 『新羅史學報』 50

曹凌, 2018, 「唐新戰爭 前期 당의 한반도 전략과 전쟁의 추이」, 『中國史硏究』 115

15장

군율(軍律), 신라 군사(軍事) 운용의 기준이 되다

신범규(국방부 군사편찬연구소)

Ⅰ. 군율은 왜 필요했을까

우리는 언론을 통해 심심치 않게 군(軍)에서 일어나는 다양한 사건·사고들을 접한다. 그리고 그때마다 등장하는 익숙한 용어가 있다. 바로 '군법(軍法)'이다. 군대에서는 어떠한 잘못을 저질렀을 경우 '군법에 의거하여 처벌한다'고 하여 일정한 기준을 바탕으로 처리하는 것을 볼 수 있다. 이는 무력이 폭주하지 않게 하기 위한 일종의 통제 수단으로서 군사(軍事)를 운용하는 기초가 된다. 만약 군법이 존재하지 않는다면 군대는 고삐가 없는 말처럼 통제가 되지 않은 채 수많은 문제를 야기할 것이다. 즉 군대가 정상적으로 기능하기 위해서는 군법이 반드시 필요함을 의미한다. 이처럼 군대에 소속된 군인들의 규율을 확립하고, 명령계통을 일괄적으로 명확하게 유지하기 위해 아주 오래전부터 마련되어 활용된 수단이 바로 군대의 법, 즉 군율(軍律)이었다(신범규, 2015, 236쪽).

군율은 대상의 객체가 군인에 한정되기에 특수성을 가진다. 특히 전근대 시기 군인은 役으로서 강제적인 성격을 가지고 있었기 때문에 효과적으로 운용하기 위해서는 더욱 강력한 통제가 필요했다(이상훈, 2015, 200쪽). 또한 영토 확보를 위해 전쟁을 수행하는 주체였으므로 국익을 위해서 보다 효율적인 운용도 이루어져야만 했다. 군율은 이런 배경 속에서 형성되었다. 특히 삼국은 전쟁을 통해 주변 소국에 대한 지속적인 복속과 영역확장에 주력했고, 이후 상호 간의 세력 각축전 양상으로 발전했기 때문에 그 과정에서 군율의 마련은 필수적일 수밖에 없었다(한영화, 2011, 129~130쪽).

이처럼 중요한 역할을 했던 당시 군율은 안타깝게도 조문 등을 직접적으로 전하는 기록이 전무하다. 다만 『구당서』고구려전과『주서』백제전 등의 중국 사서에서 고구려와 백제 군율의 흔적을 일부 엿볼 수 있다.

> 성을 지키다가 적에게 항복하거나, 전쟁에서 패하여 도망한 자,
> 사람을 죽이거나 겁탈한 자는 참(斬)한다
> -『구당서』권199 동이열전149 고구려-
> 그 형벌은 모반하거나 전쟁에서 퇴각한 자, 살인을 한 자는 참
> (斬)한다
> -『주서』권49 이역열전41 백제-

이를 보면 당시부터 이미 군율이 존재했음을 알 수 있다. 그러나 기록의 시점이 한정된 기간에 국한된다는 점에서 우리가 파악할 수

있는 삼국시대의 군율은 편린(片鱗)에 불과한 실정이다. 그럼에도 신라의 경우는 일부 사료에서 이른 시기부터 군율의 운용 사례가 확인되어 학계에서는 그 모습을 재구성하려는 시도가 있었다. 이는 대체로 율령을 분석하는 과정에서 이루어져 단편적인 검토로 시작되었다. 특히 중국의 군율에 해당하는 천흥률(擅興律)과 신라의 사례를 비교하여 신라 군율의 형벌체계를 파악하는 성과를 거둘 수 있었다. 그 결과 신라의 연좌제 시행을 검토하면서 군율에서도 유사한 특성이 확인되었으며(주보돈, 1984, 35~46쪽), 신라 율령의 편목과 내용의 복원을 시도하는 과정에서도 군율이 제시되었다(이인철, 1994, 135쪽). 더 나아가 신라의 형률을 분석하는 과정에서 신라만의 고유한 군율이 마련되어 있었음이 밝혀지기도 하였다(한영화, 2011, 129~133쪽). 이러한 연구성과들은 구체적으로 운용 양상을 분석할 수 있는 기반이 되어 6~7세기 전시 상황에서 실제로 운용되었던 신라의 군율의 일부가 복원되기도 하였다(신범규, 2015). 그렇다면 신라의 군율은 어떤 양상을 띠었을까.

II. 신라 군율은 엄격하기도, 융통적이기도 하였다

520년 신라는 율령을 반포하여 법제를 마련하였다(『삼국사기』 법흥왕 7년). 이는 신라의 다양한 법들이 성문화되어 국가 운영에 활용되었음을 의미했다. 이는 군율에도 적용되었다. 본래 신라의 군율은 율령 반포 이전부터 이미 운용되었다. 벌휴이사금 7년 좌군주(左軍

主)였던 구도(仇道)가 백제에게 패하여 부곡성주(缶谷城主)로 폄천(貶遷) 된 사례와 나해이사금 27년 이벌찬(伊伐湌) 충훤(忠萱)이 백제에게 패해서 진주(鎭主)로 폄천 된 사례로 비추어 보아 신라는 전쟁에서 패했을 때 처벌을 받았으며, 그 기준이 관직이었음을 알 수 있다. 특히 충훤은 계속된 승전에도 불구하고 단 한번의 패배로 폄천을 당했던 것으로 보아 상당히 엄격했다. 이렇듯 이른 시기부터 마련되어 운용되었던 신라의 군율은 병부(兵部) 설치를 통해 제도적 장치가 마련되어, 체계적인 군정업무의 수행이 가능해지면서 점차 정비가 이루어졌다.

병부 설치와 율령 반포가 맞물려 정비된 군율은 전쟁뿐만 아니라 군사(軍事) 전반에 걸쳐 전방위적으로 마련되었다(이문기, 1997, 233~234쪽). 특히 군역과 관련한 군율의 경우 꽤나 구체적인 실상을 확인할 수 있다. 『수서』 신라전에는 신라의 군역과 관련한 기록이 있는데, 군역을 수행할 일반민을 선발하는 모습을 확인할 수 있다. 이에 따르면 신라 군역의 징집 대상 조건은 '장건한 사람(壯健者)'으로 이들은 연령에 따라 세부적으로 구분하여 역을 수행하였다(정덕기, 2021). 그 대상자의 연령 조건은 15~60세(김기흥, 1991, 83~93쪽), 15~59세(이문기, 1997, 234~235쪽), 18~60세(이정빈, 2015, 121쪽) 등 연구에 따라 조금씩 다르지만 상한은 대체로 59~60세, 하한은 15~18세로 이해된다. 그중 15~16세는 반정(半丁)에 속하여 일종의 예비자원일 가능성이 제기(신범규, 2018)된 이후 구체적인 검토가 이어져 15~19세[幼·少丁], 20~59세[壯丁], 60~69세[老丁]로 구분되어 군역을 수행하고, 그 중 15~19세, 60~69세는 반정(半丁)으로서 대역(代役)이

가능한 연령대라는 분석이 이루어졌다. 이는 신라 군율에 군역 징집 조건이 반영되었을 가능성을 시사한다.

또한 군역의 복무 기간, 번(番)에 따른 교대 등에 대한 군율도 마련되어 운용되었을 것으로 보이는 사례도 있다. 진평왕 대 사량부 소년 가실(嘉實)은 평소 좋아했던 설씨녀의 아버지를 대신하여 변경에서 군역을 수행한다. 가실은 3년 뒤 돌아와 설씨녀와 혼인하기로 기약했지만, 나라의 변고로 인해 6년이 넘도록 돌아오지 못했다. 우리는 여기서 2가지 사실을 확인할 수 있다. 바로 당시 신라의 기본 복무 기간은 3년이었다는 점과 변경에서 수행하는 군역이 교대로 이루어졌다는 점이다. 이는 그 운영에 순서가 있었음을 의미하며, 순서가 명확하게 정리됐다는 것은 복무 기간 및 군역 대상자와 관련한 사항을 규정하는 군율 조문이 마련되어 있었음을 방증한다(신범규, 2018).

한편 신라의 군율이 엄격하기만 한 것은 아니었다. 앞서 가실이 설씨녀의 아버지를 대신하여 군역을 수행했던 것으로 보아 군역 대행을 금지하지 않았음을 확인할 수 있으며, 군역을 수행하는 중에도 개인적으로 경제활동을 할 수도 있었다. 『삼국유사』에 진정법사가 출가하기 전 군역을 수행하는 동안 품팔이를 했던 사례가 확인된다. 이는 당시 군역을 복무하는 동안 경제활동을 하는 것이 법적으로 허용됐음을 보여준다.

이처럼 신라의 군율은 상당히 이른 시기부터 운용되기 시작했으며, 그 적용 대상은 최고 지휘관에서부터 일반군인에까지 폭넓게 이루어졌다. 또한 전쟁에서의 패배했을 때 처벌이나 복무 기간 또는 순서를 엄격하게 규정하기도 하는 반면에 군역을 대행하거나 복무 중에도 경제활동을 할 수 있는 등 융통적으로 운용했던 모습도 갖추었음을 알 수 있다.

Ⅲ. 신라 군율은 당(唐)과 같으면서도 달랐다

　진덕왕(眞德王)대부터 본격적으로 추진된 당 제도 수용과 이후 나당연합군의 운용은 신라의 군사정책에 많은 변화를 가져왔다. 문무왕 원년(661) 신라가 군대를 편성할 때 당의 군제(軍制)인 총관제(摠管制)를 도입했던 것이 대표적인 사례이다. 그 시발점이 되었던 648년 김춘추의 청병(請兵) 외교활동에는 김춘추와 함께 이름은 전하지 않지만 군관직을 역임했던 대감(大監)이 함께 건너갔는데 이는 군사적인 부분을 합의하기 위한 조치였다(한준수, 2012, 46~47쪽). 따라서 신라와 당은 군율에 있어서도 유사한 점이 확인되기도 한다.

　당은 『당률소의』 각 편목에 나누어 군율을 규정하였다. 특히 「천흥률」에 집중되어 있는데 그중 적군과 연접했을 때 적이 오는 것을 알아차리지 못하고 도망치거나 패했을 경우 참수형에 처한다고 명시되어 있다(『당률소의』 천흥10). 신라의 경우 당과 같이 조문이 남아 있지는 않으나 유사한 사례들이 확인된다. 문무왕이 백제 잔당을 공격할 때 중신·의관·달관·흥원 등이 군영(軍營)에서 퇴각하여 죄가 죽어 마땅하다고 한 사례와 김유신의 둘째 아들인 원술이 석문(石門) 전투에서 도망쳐 돌아오자 김유신은 참수해야 함을 주장한 사례이다. 특히 후자의 경우 유신은 원술에게 아들인만큼 더욱 엄격하게 군율을 적용했을 것이다. 이런 두 사례로 미루어 보아 신라 역시 전투에서 패배하여 도망치거나 퇴각했을 경우에 대한 조문이 있었으며, 그에 대한 처벌을 참수형으로 규정했다고 여겨진다. 이와 같이 신라와 당은 군율에 있어서 같은 운용 양상을 보였다.

그런데 마냥 같기만 하지는 않았던 부분도 확인된다. 실제 연합군을 이루었던 신라와 당은 군율에 있어서는 다르게 운용하기도 한 것이다. 660년 신라와 당은 백제를 공격하기 위해 연합군을 결성하고 7월 10일 사비성에서 접선하기로 합의하였다. 그런데 김유신이 이끄는 신라군은 계백이 이끄는 백제군의 거센 저항으로 인해 본래 합의했던 기일보다 하루 지체하여 합류하였다. 신라가 군기(軍期)를 어기자 당군을 이끌던 소정방은 이를 문책하며 신라의 독군(督軍) 김문영(金文穎)을 참수형에 처하려 했다. 그러나 김유신이 전투상황을 고려하지 않고 죄를 삼는 것에 대해 반발하며 도끼를 들고 군문(軍門)에 서서 죄가 없음을 주장하였다. 이에 결국 소정방은 김문영의 죄를 풀어주게 된다. 당의 군율에는 장수가 기일을 어길 경우 참수형에 처하는 것이 기본 형벌이었다. 그럼에도 불구하고 김유신이 강하게 반발할 수 있었던 데는 신라의 경우 군대를 운용하는 과정에서 기일을 어겼더라도 정황상 부득이한 경우에는 죄를 묻지 않기 때문으로 보인다. 이 사례는 신라와 당이 연합군을 형성했지만, 독자적인 군 지휘체계를 유지했음을 암시하며, 이에 맞춰 군율 역시 각자의 사정에 맞게 운용했음을 보여준다(신범규, 2015, 253~254쪽).

한편 신라 군율은 형벌체계에서도 당과 다른 특이점이 존재했다. 신라는 백제를 멸망시킨 이후 전쟁 중 모반(謀叛)하여 창고를 불태우고 백제와 내통한 모척과 검일을 붙잡아 처벌한 사례가 있다. 모척은 참수형, 검일은 지해형(支解刑)에 더하여 시체를 강에 버리는 처벌을 받았다. 같은 죄를 지었음에도 불구하고 둘의 처벌이 달랐던 것은 검일이 幕客으로서 도독인 김품석을 보좌한 군인 신분이었기 때문이었다. 지해형은 당에서 가혹하다고 하여 금지된 형벌로서 이로 보아 신라와 당의 군율은 형벌체계가 달랐으며, 신라는 검일의 행위에 대하여 고유의 군율에 의거하여 처벌했다고 볼 수 있다.

즉 신라는 당으로부터 군사와 관련하여 많은 부분을 수용 및 적용하였으며, 군율에 있어서도 실제 유사한 지점이 있었음을 확인할 수 있다. 그러나 이러한 배경속에도 독자적인 운용 방식을 보이기도 했으며, 고유한 형벌체계를 유지하였음을 포착할 수 있다.

IV. 나오며

군율이 해이하면 군대는 무너지기 마련이다. 따라서 군율은 군사(軍事)를 효율적이고, 보다 더 효과적으로 운용하기 위한 수단이자 장치로서 가히 군사의 기틀이자 기준점이라고 할 수 있다. 이러한 특징은 군율이 동서고금을 막론하고 철저하게 유지되며 실행되었던 근간이 된 이유라 할 수 있다.

신라의 군율은 군사제도와 율령에 대한 수많은 연구가 이루어지고 논의된 결과 나름 일부나마 복원이 이루어질 수 있었다. 그러나 법조문 자체가 남아있지 않기에 여전히 비교사적인 연구방법이 이루어질 수밖에 없는 한계가 있다. 또한 모든 법의 운용이 그러하듯 군율 역시 법조문과 판례가 다른 경우들도 많이 확인되기 때문에 이를 복원하는 과정에 있어서 신중한 검토가 필요하다.

그러나 그럼에도 불구하고 분명한 점은 안으로는 고려와 조선, 밖으로는 중국과 일본의 군율 자료가 있기에 각각을 분류하고 검토한다면 신라의 군율, 더 나아가 고구려와 백제까지 한국 고대의 군율에 대한 이해를 높일 수 있는 바탕이 될 것이다. 그리고 향후 삼국의 군율 조문을 복원할 수 있는 자료로서 활용되리라 생각한다.

참고문헌

1. 사료

『삼국사기』『삼국유사』『당률소의』

2. 저서

김기흥, 1991, 『삼국 및 통일신라 세제의 연구』, 역사비평사

김택민, 2002, 『동양법의 일반 원칙』, 아카넷

김창석, 2020, 『왕권과 법』, 지식산업사

李文基, 1997, 『新羅兵制史研究』, 一潮閣

이상훈, 2015, 『신라는 어떻게 살아남았는가』, 푸른역사

한준수, 2012, 『신라 중대 율령정치사 연구』, 서경문화사

韓鈴和, 2011, 『韓國 古代의 刑律 研究』, 성균관대학교 대학원 박사학위논문

洪承佑, 2011, 『韓國 古代 律令의 性格』, 서울대학교 대학원 박사학위논문

3. 논문

申範圭, 2015, 「6~7세기 新羅 軍律의 운용과 그 양상」, 『한국고대사연구』 78

신범규, 2018, 「신라 중고기 軍役의 형태와 운영 양상」, 『한국고대사탐구』 30

李仁哲, 1994, 「新羅律令의 篇目과 그 內容」, 『정신문화연구』 17-1

이정빈, 2015, 「신라 중고기의 부방(赴防)과 군역」, 『역사와현실』 97

정덕기, 2021, 「삼국 신라 연령등급제의 연령과 속성」, 『동아시아고대학』 63

朱甫暾, 1984, 「新羅時代의 連坐制」, 『大丘史學』 25

16장

진흥왕대 신라는 유공자(有功者)를 어떻게 우대하였을까

이일규(연세대학교)

I. 들어가며

진흥왕이 다스리던 6세기 신라는 고구려 · 백제 · 가야 등 주변 나라들과 자주 전쟁을 치르게 된다. 당시 신라에게 이들 전쟁은 그저 외세의 침입을 막아내기 위함이 아니라, 주변을 복속시키고 새로운 영토와 주민을 획득하는 과정이었다. 신라는 지금의 충청도 일대와 서울 · 경기 지역까지 세력을 넓혀나가고, 동해안을 따라서는 함경남도에까지 진출했다고 알려져 있다.

이 시기 신라가 확장한 영토 여기저기에 여러 비석을 세운 사실은 잘 알려져 있다. 진흥왕이 직접 새로 얻은 영토를 '순수(巡狩)'했음이 드러난 순수비가 대표적이다. 지금까지 세 개가 알려졌는데, 곧 마운령비(함남 리원), 황초령비(함남 장진), 북한산비(서울 종로)다. 이 중 황초령비와 북한산비는 이미 조선 후기부터 연구 대상이 되어왔고,

마운령비도 1929년에 최남선이 실물을 재발견하여 학계에 보고하였다(최남선, 1930).

또 1978년 단국대 박물관의 조사로 발견된 적성비(충북 단양)도 있다(정영호, 1978). 이는 순수비는 아니지만, 그보다 조금 이전에 신라가 죽령을 넘어 진출하는 과정에서 건립된 것이라 추정되고 있다. 이들 순수비와 적성비는 많은 관심을 받으며 다양한 측면에서 연구되었고, 문헌으로는 알 수 없던 신라 6세기의 정치, 군사, 사회, 인물 등에 대한 새로운 지식이 축적될 수 있었다. 이 글에서는 이들 금석문을 통해 당시 신라가 팽창·발전해가는 과정에서 국가에 공을 세운 사람을 어떻게 정책적으로 대우했는지를 살펴보고자 한다.

II. 진흥왕 순수비 : 공을 세우면 작위와 재물을 준다

진흥왕의 세 순수비에는 아래와 같은 구절이 공통으로 나타난다. 이는 순수 지역의 주민들을 위로하면서, 신라에 충성하며 공로가 있는 이들에게 상을 내리겠다는 뜻을 밝힌 것이다(池內宏, 1929, 8쪽).

> 순수(巡狩)하여 강역을 살피고 민심을 방채(訪採)하여 위로하고
> 자 하니, 만약 충성스럽고 신의가 있으며 정성되고 성실하며, 재
> 주가 뛰어나 위험을 살피며, 용감히 대적하여 굳세게 싸우며, 나
> 라를 위해 절개를 다하여, 공이 있는 무리가 있다면, 가히 작(爵)
> 과 물(物)을 더해 포상하여 공훈을 밝힐 것이다.

이렇듯 제법 긴 문장이 순수비 세 곳에 똑같이 나타날 수 있었던 것은 어째서일까? 마운령비와 황초령비에서 같은 문구를 쓴 것은 어렵지 않게 이해된다. 두 비는 처음부터 하나의 비문을 준비해 똑같이 새기려 했기 때문이다. 568년 같은 해에 진흥왕은 먼저 마운령, 그 이후 황초령에 이르러 각각 비를 세우고 돌아가는 하나의 큰 순수 일정을 수행했다고 생각된다.

그러나 북한산비는 마운령비·황초령비와 다른 해에 건립되었다 (이일규, 2019, 259~271쪽). 물론 북한산비의 전체적인 대의(大意)가 유사한 까닭에, 두 비와 마찬가지로 568년에 세워졌다는 이해가 보편적이다. 그러나 구체적으로 비교하면, 표현과 구조를 비롯하여 다양한 측면에서 큰 차이가 있음이 확인된다.

가령 북한산비의 중심 기사는 다른 두 비와 전혀 일치하지 않는다. '갑병(甲兵)', '패주(覇主)'와 같은 단어나, 석굴에 사는 도인(道人)이 언급되는 것도 북한산비뿐이다. 또 다른 두 비에서는 국왕의 수행원이 20명 이상 나열되는데, 북한산비는 10명이 채 되지 않는다. 이들 신하가 지닌 관등을 기록할 때도, 마운령비·황초령비는 이찬(伊飡)을 '이간(伊干)'으로 쓰는 반면, 북한산비에서는 조금 더 오래된 표현일 수 있는 '일척간(一尺干)'으로 쓰는 차이가 있다. 그 밖에도 연도 표기 방식, 서술 시점(視點), 단락 구분을 위한 띄어쓰기나 줄바꾸기와 같은 세밀한 부분에서도 북한산비는 홀로 동떨어져 있다. 같은 해에 비슷한 목적으로 이루어진 순수였다면 이들 비문이 이토록 크게 차이를 보인다는 것은 부자연스럽다.

그렇다면 북한산비는 언제 세워졌던 것일까? 『삼국사기』에는 555

년 진흥왕이 강역(疆域)을 획정하기 위해 북한산을 순수했던 사실이 분명하게 확인된다.

> (555년) 겨울 10월에 왕이 북한산에 순행하여 강역을 넓혀 정했다[拓定封疆]. 11월에 북한산에서 돌아와, 지나온 주(州)·군(郡)의 조조(租調)를 1년 면제하고, 두 가지 죄를 제외하고는 사면하여 모두 풀어주도록 교하였다. (『삼국사기』 진흥왕 16년)

중국에서는 전국(戰國)시대 때 나라 간에 땅이 접하면, 국경을 나타내기 위해 성(城)이나 소나무·잣나무[松柏]와 같이 눈에 보이는 표지를 설치하고는 했다(송진, 2012, 8쪽). 위의 기록에서 나타난 강역의 획정 역시, 그것이 더구나 진흥왕이 직접 현지에서 행한 것이라면, 물리적인 표지를 두는 행위가 수반되었을 개연성이 높다. 그리고 그러한 표식으로는 북한산비가 되어야 합당할 것이다. 북한산비에는 "크게 인민을 얻었다[大得人民]"라고 하면서 이들이 충성을 다하고 공을 세우면 상을 내리겠다고 하는 구절이 이어지는데, 이러한 내용은 신라가 이 지역을 확보한 553년에서 얼마 지나지 않았을 때라야 표방할 수 있는 것이기 때문이다.

따라서 북한산비는 555년의 순수 때, 마운령비·황초령비보다 13년 앞서 세워진 셈이다. 근래에는 이처럼 568년보다는 555년으로 추정하거나 이에 동의하는 연구자들이 점차 늘어나고 있다(임평섭, 2016). 이렇듯 마운령비·황초령비와 북한산비는 건립 시기에 제법 차이가 있다. 또 이들이 세워진 장소에는 상당한 거리 차이도 있다.

그런데도 공로가 있으면 상을 내리겠다는 문구가 정확히 반복될 수 있었던 까닭은 무엇일까?

591년 경주 남산에 성곽을 쌓을 때 만들어진 남산신성비(南山新城碑)에서 실마리를 찾을 수 있다. 지금까지 발견된 여러 신성비는, 그 비문 첫 부분에 똑같은 구절이 거듭되고 있다는 것이 알려져 있다. 이는 축성(築城)을 시작하기에 앞서 공사에 투입되는 사람들에게, 3년 안에 성벽이 무너지면 '법대로[如法]' 벌을 받도록 맹세하게 한 것이다. 중국 진(秦)의 율령에도 비슷한 내용이 있듯이(윤재석 역, 2010, 164~169쪽 및 282~283쪽), 이미 신라에서도 관련된 법 규정이 마련되어 있었을 가능성이 높다.

곧 신성비에서 동일하게 되풀이되는 구절은, 국법의 내용을 바탕으로 작성되어 여러 축성 작업 집단에 일괄적으로 하달된 문구였다(하일식, 1993, 205쪽 참고). 신라 정부가 해당 분야의 법 조항에 근거해 구속력 있는 메시지를 마련하고, 이를 관계자들에게 똑같이 전달해 관련 법규를 재확인시켰던 것이다.

세 순수비에 똑같은 문구가 나타나는 까닭도 이와 유사하리라 생각된다. 순수비의 해당 문구에서는 신라에 충성을 바치고 공을 세우면 작(爵)과 물(物)을 주겠다는 약속이 나타난다. 그런데 이러한 약속이 10년 이상의 시간을 넘어 신라가 복속시킨 서로 다른 지역의 비문에서 언급되고 있다는 점을 볼 때, 이를 단순히 일시적 조치나 특수한 사례로 간주하기는 어렵다. 그보다는 새로 얻은 영토와 주민을 포섭하겠다는 큰 방침 아래, 신라 정부가 지속적으로 시행해 오던 시책(施策)에 가까운 것이 아니었을까 생각한다. 또한 그 표현이 오랜 기간에 걸쳐 바뀌지 않고 유지되었다는 사실은, 해당 문구가 갖는 위상이 높고 구속력도 강했으리라는 것을 시사한다. 아마도 국왕의 지시로, 일찍이 국가 차원에서 마련했던 문구가 아닐까 한다.

나아가 신성비에서처럼 '법(法)'이라는 표현이 직접 나타나지는 않지만, 이러한 문구의 바탕이 되고 시책을 뒷받침하는 법제가 운용되고 있었을 가능성도 크다. 중국 진(秦)에서도 군공(軍功)을 세운 백성에게 작위와 재물을 내리는 '군공작제(軍功爵制)'가 일반적으로 자리 잡혀 있었던 사실이 참고가 된다. 다음은 그와 관련된 군작률(軍爵律) 규정의 일부다(윤재석 역, 2010, 188~189쪽).

> 종군(從軍)하면 마땅히 공에 따라 작위를 주고[論] 재물을 내린다[賜]. 아직 받지 않은 상태에서 당사자가 사망하고 그의 후계자가 죄를 지어 법에 의해 내천형(耐遷刑)을 받거나, 유공자 본인이 법에 의해 내천형을 받은 경우에는 모두 작위와 재물을 받을 수 없다. … (「진률십팔종」 군작률)

이 규정의 첫 구절은 순수비의 공통 문구와도 상당히 유사하다. 순수비의 문구 역시 "용감히 대적하여 굳세게 싸우며" "나라를 위해 절개를 다하여" 등의 서술을 볼 때 이 역시 군공에 대한 포상을 시사하고 있기 때문이다. "재주가 뛰어나 위험을 살피며"와 같은 표현도, 전쟁 등 위급한 시기에서의 일정한 행위를 기대했던 것으로 보인다.

군공에 따라 유공자를 대우하는 중국의 규정과 제도는, 평범한 백성이라 할지라도 작위와 재물을 획득할 기회를 열어줌으로써 그들이 전투에서 적극적으로 활약할 수 있도록 고무했다. 다방면으로 영토를 확장해 나가기 시작한 진흥왕대 신라가 공을 세운 이들에게 비슷한 약속을 내건 취지도 이와 비슷했으리라 생각한다. 당시 일반 백성이 포상을 받는 보편적이고 확실한 방법은 전쟁에 나가 군공을 세우는 것이었으리라 생각되기 때문이다. 신라도 유공자를 포상하기 위한 법제적 장치를 마련해 두고, 국가적 시책으로 실현했을 것이라고 짐작하는 까닭이다.

III. 단양 적성비: 그 어린 자녀들까지 보살펴 준다

단양의 적성(赤城)은 신라가 죽령을 넘어 북쪽으로 진출할 때 처음 만나게 되는 곳으로, 지금도 그 성벽 일부가 남아 있어 직접 올라 주변 지형을 확인할 수 있다. 이곳은 신라가 죽령 이북을 공략하기 위한 '전진기지' 역할을 했으리라고 생각된다(武田幸男, 1979). 이곳에서 발견된 적성비는 상단 일부가 완전히 떨어져 나가서 많은 내용이 불확실하지만, 온전한 부분은 글자가 명확해 판독에 큰 이견이 없다.

비의 첫머리가 파손되어 건립 연도를 정확히 알 수는 없지만, 군사 지휘관인 군주(軍主)나 당주(幢主)가 비문에 다수 등장하는 것으로 보아 진흥왕대 신라가 적성을 얻은 시기와 비슷할 것으로 생각되었다. 구체적으로는 비문에 등장하는 '비차부지(比次夫智)'의 관등을 『삼국사기』 열전 기사와 비교하여, 551년 이전으로 추정하는 견해가 설득력 있다(변태섭, 1978).

비문의 내용은 크게 교(敎)와 별교(別敎)로 이루어져 있는데, 교의 첫 부분인 "赤城也尒次□□□□中作善廬懷懃力使死人"은 짧은 문장임에도 분명하게 해석되지는 못했다. 다만 '작선(作善)' 등의 표현으로 미루어 보아 신라의 이 지역 공략과 관련해 적성 출신의 지방민인 야이차(也尒次)가 어떤 공을 세웠던 내용이라고 추정되었다. 그런데 '사인(死人)'이라는 말이 있는 탓에(정구복, 1978), 야이차는 공을 세우고 이미 죽은 인물로 이해하는 것이 일반적이다.

　이후 열거되는 지방민들은 야이차의 처나 딸 등 그의 주변 사람으로, 죽은 야이차를 대신해 그의 공로에 따른 보상을 받는 것이라고 추측되었다. 무언가 이익을 취할 수 있는 권리나, 외위(外位)의 명칭이 비문에 나타나는데, 이와 같은 것들이 은전(恩典)으로 사여되었다는 것이다. 이러한 까닭에 그동안 적성비의 주된 내용은 곧 지방민의 인명과 각각이 받는 은전을 나열한 것으로 파악해왔다(임창순, 1978; 정구복, 1978; 주보돈, 1984). 나아가 별교는 교의 첫 문장과 비슷한 구절을 반복하며 시작하는데, 이를 보아 별교 역시 야이차의 사례와 같이 신라에의 충성을 장려하기 위해 공로에 대한 보상을 지방민들에게 약속하는 내용으로 이해되었다.

　그러나 이처럼 적성비의 주요 내용을 파악하는 데에는 다소 의문이 있다. 비의 전체 문맥을 정확히 파악하기는 어렵더라도, 남은 문장 사이사이에 보이는 표현과 논리 구조를 살펴볼 때 기존의 이해가 타당한지 따져볼 여지가 있기 때문이다. 은전이라고 판단했던 것들이 정말 은전이 맞는지, 또 설령 은전이었다고 하더라도 그것이 적성비의 교를 통해 해당 시점에 사여되었던 것인지 검토할 필요가 있다.

야이차의 처는 야이차의 사망 사실을 기록한 이후에 이어지는 "是以後其妻三…許利之四年" 부분을 통해 은전으로 무언가 이익을 허락받은 것이라고 추정되었다. 그런데 '시이후(是以後)'는 '이 이후에' 혹은 '그러므로 이후에'로 해석할 수 있기에, 어느 쪽이든 이 구절 또한 야이차의 사망과 마찬가지로 과거의 일을 서술한다는 느낌을 준다. 처는 은전으로 어떤 권리를 일찍이 갖고 있었고, 적성비에서의 조치로 비로소 받은 것은 아니었다고 생각되는 까닭이다.

현지 주민들에게 외위를 은전으로 내리고 있다는 이해는 어떨까? 비문에 분명히 드러나는 것은 하간지(下干支)와 찬간지(撰干支) 둘 뿐인데, 이러한 외위가 사여된다는 식의 언급은 없다. 이것이 과거 어떤 공로에 따라 받았던 관등일 수는 있겠지만, 적성비의 교를 통해 비로소 주어졌다고 판단하기는 어렵다. 일찍이 비를 세우기 이전에 해당 지방민들이 외위를 지니고 있던 사정이 기록된 결과로 생각해야 자연스러울 것이다.

또 비문의 "更赤城烟去使之"라는 구절을, 적성에 살다가 그곳을 떠나게 된 야이차의 어린 딸에게 다시 살던 곳으로 돌아갈 수 있도록 한 은전이라는 견해가 제시된 바 있다. 그러나 이를 받아들이기에는 곤란하다. '적성연(赤城烟)'은 적성의 어떤 가옥 하나를 가리키는 것이 아니라, 적성 내의 연호(烟戶)를 집단적으로 일컫는 표현이라고 생각되기 때문이다. 또 설령 '적성연'을 딸이 살던 곳이라 하더라도, 이러한 조치를 은전이라 하기에는 다소 부족해 보인다.

"使法赤城佃舍法爲之"라는 구절도 마찬가지다. 적성에 남았던 사람들에게 '적성전사법(赤城佃舍法)'을 용인해 준 것이라 하여 이 자체를 은전으로 본 견해도 있지만, 그보다 이는 무언가 문제를 해결하기 위한 법 조항을 거론하고 있는 내용으로 생각된다. 마치 봉평리비에서 구체적인 지시를 내린 뒤 나머지 문제는 여러 '노인법(奴人法)'으로 처리하라고 했던 것과 유사한 패턴의 구절이 아닐까 한다.

이처럼 비문을 세밀하게 뜯어 살펴보면, 교의 주된 내용을 지방민의 인명과 그들이 받을 은전의 나열로 본 통설적인 이해에는 재고의 여지가 있다. 다시 적성비의 교와 별교를 나란히 두고 비교해보자.

〈교〉　節敎事赤城也尓次」□□□□中作廬善懷懃力使死人…
〈별교〉　別敎自此後國中如也尓次」□□□□□□懷懃力使人事
若其生子女子年少…

곧잘 지적되었듯이, 〈교〉에서 '사인(死人)'으로 되어 있는 부분이 〈별교〉에서는 그저 '인(人)'으로만 나타난다. 이를 두고 교에서는 공을 세우고 사망한 야이차의 사례를 들었기에 '죽은 사람'이라 썼지만, 별교는 이 사례를 일반화하여 앞으로 공을 세울 사람들에 대해 보상한다는 조치이므로 '사(死)' 자를 쓰지 않았다고 이해하는 것이 일반적이다(차문섭 외, 1978, 98~99쪽). 그러나 앞서 보듯이 교의 주된 내용은 은전을 사여한다는 것이 아니었으므로, 별교를 향후 유공자에게 보상하겠다는 내용으로 추정하는 것은 곤란하다. 오히려 〈별교〉를 자세히 살피면, 별교가 '직접' 초점을 맞추고 있는 대상은 미래의 유공자가 아니라 조금 다른 데에 있다는 것도 짐작할 수 있다.

〈별교〉에는 〈교〉와 비슷한 문장이 끝난 이후부터 "若其生子女子年

少…"라는 구절이 바로 이어진다. 지금까지는 여기에서의 '생(生)'을 생산(生産)의 의미로 보아, "만약 그가 낳은 아들·딸이 어리다면…" 정도로 해석해왔다(정구복, 1978, 128쪽; 이우태, 1992, 26쪽). 그러나 이 '생(生)'은 생산이 아니라 생존(生存)의 의미로 사용되었던 것이 아닐까 한다. "만약 그의 살아있는 아들·딸이 어리더라도…"와 같이 해석되는 것이다. 자녀가 '살아있는' 상황을 굳이 밝혀 쓴 것은, 반대로 그 부모 내지는 가장(家長)이 이미 '죽은' 상황을 에둘러 나타낸 것으로 생각한다. 달리 말해 부모·가장과는 달리 '죽지 않은', 남겨진 자녀라는 뜻을 내포하는 것이다.

곧 〈별교〉에서는 유공자를 말할 때 '사(死)' 자를 쓰지 않았지만, 그 자녀를 가리킬 때 이와 대비되는 표현인 '생(生)'을 쓰면서 결국 〈교〉처럼 그 유공자의 죽음을 이미 전제하고 있었다. 이처럼 별교의 조치가 '직접' 대상으로 삼고 있는 것은 미래의 유공자 본인이 아닌, 유공자가 죽은 후 남겨지는 자녀였다고 추측된다.

비문의 교와 별교는 서로 밀접하게 연결되어 있다는 점을 고려하면, 적성비의 교가 다루고 있는 핵심 사안 역시, 유공자가 남긴 어린 자녀에게 초점을 맞추고 있었을 것이다. 죽은 야이차의 어린 딸을 비롯해 여러 '소녀(小女)'와 '소자(小子)' 등이 교의 조치 속에서 등장하는 것도 그 방증이다. 그러나 당시 사망한 유공자의 자녀를 둘러싸고 어떤 일이 있어 교를 내리고 비까지 세우게 된 것인지 쉽게 알기는 어렵다.

지금으로서는 다만 "…異葉耶國法中分与…"라는 구절 속의 '분여(分与)'라는 표현에 주목할 수 있지 않을까 한다. 파손된 부분이 많아 전체 맥락을 알기는 어렵지만, 공을 세운 야이차가 사망한 탓에 그의 재산을 나누는 것이 바로 이 '분여'에 해당할 가능성이 크다(정구복, 1978, 127쪽). 그렇다면 친족 내 재산 분여와 관련해 무언가 말썽이 일어났고, 여기에 어린 자녀가 얽혀 있는 상황도 추정해봄 직하다. 이 구절의 '이엽야(異葉耶)'와 같이, 혈연관계에서의 세대나 계통이 같고 다름을 이야기하는 표현이 등장하는 것은 그러한 개연성을 시사한다.

이러한 유공자의 재산 분여와 관련된 문제를 신라 정부가 나서 해결해 주었던 것이 적성비 교의 내용이라 한다면, 이어지는 별교는 이를 근거로 향후의 비슷한 일에 대해 미리 지시하는 내용이 될 가능성이 크다. 앞으로도 신라에 공을 세운 이들이, 혹여 이미 사망한 경우라도 그 자녀들이 부당한 처우를 받지 않고 문제가 없도록 잘 보살펴 주겠다는 내용이 남겨 있지 않았을까 추정되는 것이다. 비문 첫머리에 '왕교사(王敎事)'라고 나타나듯이 이는 국왕이 내린 조치였으므로, 신라 전 지역에서 계속 준용해야 할 규정이 되었다고 생각된다. 곧 신라국가 차원에서 유공자에 대한 관리가 정책적으로 이루어졌으리라 짐작하게 하는 것이다.

Ⅳ. 나오며

지금까지 살폈듯이 6세기 신라는 국가에 공을 세운 이들을 우대하기 위해, 법제와 규정에 바탕을 두고 관련 정책을 시행했다고 생각된다. 물론 훼손이 심한 옛 비문을 완벽히 읽어낼 수 없는 탓도 있어, 아직은 가설적 차원의 주장이기도 하고 조금 더 보완될 필요도 있다. 향후 이와 관련한 세밀한 검토와 탐구가 필요한 상황이다.

주목되는 사실은 이러한 시책이 원래 신라의 주민들, 곧 구민(舊民)뿐 아니라 새로운 영토에서 편입된 신민(新民)에까지 적용되었다는 것이다. 이전 시기 신라가 주변 지역을 다스릴 때는, 양자의 관계가 '왕경과 지방'이라기보다 '신라와 그 바깥의 점령 지역'에 가까웠다 (하일식, 2006, 199쪽). 그러나 신라 지배층이 이러한 태도를 계속 유지하는 것은 곤란했다. 왕경 밖의 인적·물적 자원을 원활하게 동원할 수 없다면 국가가 더는 발전을 꾀하기 어렵기 때문이다(주보돈, 1998, 324쪽). 특히 북한산비에서 '상전지시(相戰之時)'라고 표현할 정도로 전쟁이 격화되었던 당시의 국제 정세는, 지배층의 태도 변화를 강하게 요구했으리라 짐작된다.

당시 신라는 기존의 영역뿐 아니라, 당장 정복을 통해 새로 얻은 곳에서도 주민들의 반발을 최소화하고 이들을 이후 또 다른 싸움을 위한 발판으로 삼아야만 했다. 이러한 정책의 시행은, 새 영토의 주민들에게도 기존의 신라 주민들과 똑같은 법제와 규정을 적용하는 셈이 된다. 신라는 이들 신민을 적당히 회유하려 했던 것에 그치지 않고, 구민과 동질화한다는 좀 더 높은 차원에서 포섭하려 했던 것이라 여겨진다. 새로 편입된 주민의 입장에서도 그들은 이제 '복속민'이 아닌 신라의 '지방민'으로 대우받으며, 스스로 국가에 소속감을 갖고 이후의 전쟁에서도 합당한 보상과 관리를 기대하며 활약할 수 있었을 것이다.

참고문헌

1. 저서

주보돈, 1998, 『신라 지방통치체제의 정비과정과 촌락』, 신서원

하일식, 2006, 『신라 집권 관료제 연구』, 혜안

수호지진묘죽간정리소조 편, 윤재석 역, 2010, 『수호지진묘죽간 역주』, 소명출판

2. 논문

池内宏, 1929, 「眞興王の戊子巡境碑と新羅の東北境」, 『古蹟調査特別報告 第六册』, 朝鮮總督府

최남선, 1930, 「新羅眞興王の在來三碑と新出現の磨雲嶺碑」, 『靑丘學叢』 2

정영호, 1978, 「石碑의 發見調査 經緯」, 『사학지』 12

변태섭, 1978, 「丹陽 眞興王拓境碑의 建立年代와 性格」, 『사학지』 12

정구복, 1978, 「丹陽新羅赤城碑 內容에 대한 一考」, 『사학지』 12

임창순, 1978, 「丹陽赤城碑에 대한 愚見 二·三」, 『사학지』 12

차문섭 외, 1978, 「丹陽新羅赤城碑 第1次 學術座談會錄」, 『사학지』 12

武田幸男, 1979, 「眞興王代における新羅の赤城經營」, 『朝鮮學報』 93

주보돈, 1984, 「丹陽新羅赤城碑의 再檢討」, 『경북사학』 7

이우태, 1992, 「丹陽 新羅 赤城碑 建立의 背景」, 『태동고전연구』 8

하일식, 1993, 「6세기 말 신라의 역역 동원 체계」, 『역사와 현실』 10

송 진, 2012, 「戰國時代 邊境의 출입자 관리와 符節」, 『중국고중세사연구』 27

임평섭, 2016, 「신라 진흥왕대 州의 廢置와 巡狩」, 『신라문화』 48

이일규, 2019, 「신라 진흥왕대의 새 영토·주민 시책」, 『한국고대사연구』 96

17장

6~7세기 신라는 전공(戰功)포상을 어떻게 시행하였을까

고창민(서강대학교)

I. 들어가며

신라는 6세기 중순 진흥왕의 정복전쟁을 통해 한강 유역을 차지하고 고구려, 백제와의 전쟁을 이어나갔다. 두 국가와의 전쟁을 수행하는 과정에서 신라는 전공(戰功)자들을 적극적으로 포상하고 이를 통해 애국심을 고취시키는 방법을 취했다. 『삼국사기(三國史記)』 「신라본기(新羅本紀)」에는 1세기부터 이러한 전공포상에 대한 기록이 등장한다. 특히 진평왕대부터 기록이 다양해지고 7세기 중엽 삼국통일전쟁기에는 포상자가 수여받은 품목에 대한 수치까지 적혀 있을 만큼 상세한 내용을 담고 있다.

당시의 전공포상은 부와 명예를 확보할 수 있는 가장 중요한 수단이었다. 때문에 전쟁에 참여하는 군인들에게 전공포상의 결과는 자신의 출세와 맞닿아 있는 중요한 사항이었다. 또한 당시 전공포상을 내린 주체는 대부분 왕으로 기록되어 있다. 즉 전공포상이 어떠한 방식으로 어디까지 행해졌는가는 당시 군인 계급에 왕권의 영향력이 얼마만큼 미쳤는가를 간접적으로 보여주기도 한다. 선행 연구에서는 주로 전공포상기록을 활용하여 7세기 신라 사회를 이해하거나 삼국 통일전쟁을 분석한다. 또한 전공포상을 담당한 것으로 보고 있는 상 사서(賞賜署)를 6~7세기 신라의 관부 정비의 한 사례로 관찰하기도 한다. 이 글에서는 신라의 전공포상기록들과 상사서에 대한 기록을 종합적으로 활용해 6~7세기 신라의 전공포상제도 자체를 파악해보 겠다.

II. 신라의 전공포상 방식이 다양해지고 담당 관서가 생기다

신라의 전공포상 기록은 1세기, 3세기 각각 한 번의 경우가 단편적 으로 등장한다. 비슷한 시기 고구려, 백제의 전공포상 기록과 비교해 보면 신라가 노비, 말, 황금과 같은 실제 현물(現物)이 아닌 관등을 승진시켜주는 방식으로 이루어졌음을 확인할 수 있다. 이후 신라의 전공포상기록이 제대로 등장하는 것은 6세기 진흥왕대이다. 진흥왕 대에는 『삼국사기(三國史記)』뿐만 아니라 「단양신라적성비(丹陽新 羅赤城碑)」, 「마운령진흥왕순수비(磨雲嶺眞興王巡狩碑)」같은 금석 문에서도 살펴볼 수 있다.

해당 기록들을 살펴보면 단양적성비에 등장하는 야이차의 사례는 당시 전공포상에 관등 수여와 현물 수여가 복합적으로 이루어짐을 확인해준다. 또한 진흥왕순수비들에서도 작(爵), 물(物)을 포상해주 겠다는 기록이 있어 이러한 분석에 근거를 더해준다. 또한 이러한 전공포상은 진흥왕이 직접 피정복지 백성들을 대상으로 시행하도록 했다. 이는 진흥왕이 피정복지 지방민들을 신라의 체제하에 융화시 키기 위해 전공포상 범위를 확대하고 활용했음을 의미한다. 이러한 전공포상의 확대와 활용은 향후 전공포상을 제도화할 수 있는 시발 점을 마련해주었다.

진평왕대에는 진흥왕대와는 다른 양상을 보였다. 진흥왕대의 전공 포상 기록들은 정복전쟁 진행 과정에서 승리한 전투 또는 전쟁에서 공을 세운 인물들에 대한 내용으로 구성되어 있다. 반면에 진평왕대 는 전투 중 전사한 인물들에 대한 추증(追贈) 사례가 대부분이다. 이 러한 차이가 생긴 가장 근본적인 원인은 전쟁 성격의 변화이다. 『삼 국사기(三國史記)』 「신라본기(新羅本紀)」에 기록된 진흥왕대의 전쟁 기사는 총 7번이었으며 전쟁 양상은 모두 신라가 백제나 고구려를 공격하여 영토를 빼앗는 정복전의 양상이었다. 또한 진흥왕대에 전 쟁 기사는 모두 신라가 승전하는 모습을 보였다.

〈표 1〉을 살펴보면 진평왕대에는 진흥왕대보다 전쟁 횟수가 증가 했고, 신라의 영토를 고구려 및 백제로부터 수성하는 양상이 대부분 이었음을 알 수 있다. 진평왕대의 전쟁 기사는 14건이 기록되어 있는 데 이 중 진평왕 27년(605) 백제 침략, 진평왕 40년(618) 가잠성 공방 전, 진평왕 51년(629) 낭비성 공격까지 3차례만 신라가 선제공격한 전쟁이었다. 나머지 11번의 전쟁은 수성전이었는데 신라가 승리한

<표 1> 진평왕대 전쟁 기사 및 논공행상 내용

번호	시 기	상대국	전쟁 성격 및 결과	전사 추증자	포상 또는 추증 내용
1	24년(602)	백제	방어, 승전	귀산, 추항 전사	소감(少監)->나마(奈麻), 대사(大舍)로 추증
2	25년(603)	고구려	방어, 승전		
3	27년(605)	백제	공격		
4	30년(608)	고구려	방어, 패전		
5	30년(608)	고구려	방어, 패전		
6	33년(611)	백제	방어, 패전	찬덕 전사	아들 해론이 대나마(大奈麻)직 수여
7	38년(616)	백제	방어, 패전		
8	40년(618)	백제	공격 및 방어, 승전	해론 전사	유가족 포상
9	45년(623)	백제	방어		
10	46년(624)	백제	방어, 패전	눌최 전사	급찬(級湌) 추증
11	48년(626)	백제	방어, 패전		
12	49년(627)	백제	방어, 패전		
13	50년(628)	백제	방어, 승전		
14	51년(629)	고구려	공격, 승전		

전투는 4차례뿐이었다. 승전 기록보다는 패전 기록이 많았던 점에서 신라의 수성은 성공적이지 못하였음을 알 수 있다. 이러한 전쟁 양상은 국가적 위기이자 왕권의 약화를 불러올 수 있는 사안이었다. 이에 진평왕은 직접 전사자에 대한 추증을 진행하여 군에 대한 왕의 영향력을 유지하고, 군의 사기도 유지되도록 하였다.

진평왕대에는 전공포상의 방식이 진흥왕대와 달랐다는 점 외에도 전공포상과 관련한 또 한 가지 중요한 사실이 있다. 바로 전공포상 관련 업무를 담당한 상사서(賞賜署)의 설치이다. 상사서는 관청의 기능이 정확히 기록되어 있지는 않지만 관청의 이름과 창부(倉部)에 소속되어있다는 점을 바탕으로 전공포상에 대한 재정 지출을 담당했다고 본다. 다만 막 관서가 설치된 진평왕대에는 상사서의 상위 관부로 보이는 품주(稟主)가 왕명 출납, 재정 지출의 업무를 모두 담당하고 있었다. 때문에 상사서도 전공포상과 관련된 왕명 출납, 재정 지출 업무를 모두 담당했을 것이다. 상사서가 전공 포상과 관련된 행정 업무들을 담당하게 되면서 이전보다 효율적인 일처리가 가능해졌다. 즉 상사서의 설치는 전공포상이라는 업무가 신라에서 점점 하나의 제도로 변해가기 시작했음을 의미한다.

Ⅲ. 전공포상제도를 갖추고 삼국통일전쟁 논공행상에 활용하다

선덕왕, 진덕왕대에는 전공자에게 다시 관등, 현물을 함께 수여하는 기록들이 등장했다. 총 4건의 사례가 등장하는데 이 중 진덕왕 2년(648)에 백제의 공격을 막아낸 군인들에게 포상했다는 기록을 주목할 수 있다. 전쟁에서 승리한 일반 군인들에게도 포상을 내렸다는 기록은 3세기에도 등장한다. 그런데 진덕왕 2년(648)의 기록에는 일반 군인들의 공에 따라 차등있게 포상했다고 서술되어 있다. 지휘관급 인물들에 대해서는 이전부터 논공행상이 있었음이 명확하다. 하지만 일반 군인들까지 차등 포상을 받았다는 기록은 진덕왕 2년(648)의 기록이 처음이며, 이후에는 계속 차등 포상했다는 기록들이 등장한다. 즉 이 시기부터는 신라에서 전공에 대한 기준을 정하고 이를 일반 군인들에게까지 적용할만큼 전공포상의 제도화가 이루어졌다고 볼 수 있다.

또한 두 여왕의 재위기간 동안 삼국 간의 전쟁은 횟수와 규모가 모두 증가하는 모양새를 보였다. 따라서 전공포상과 관련된 업무는 계속 늘어날 수 밖에 없었다. 상사서의 업무가 설치 시점보다 과다해 졌음을 충분히 추정할 수 있다. 이 때문인지 진덕왕 5년(651)의 관부 정비 과정에서 상사서도 업무가 전문화되고 대사(大舍)가 추가되며 확장되었다. 상사서의 기존 상위 관부로 추정하는 품주(稟主)가 창부 (倉部), 집사부(執事部)로 분리되었고, 상사서는 창부(倉部)의 속사 (屬司)가 되면서 전공포상 관련 재정지출을 전문으로 하는 관서가 되었다.

무열왕이 즉위하면서 신라는 백제 공격을 시작으로 삼국통일전쟁 을 일으켰다. 이후 문무왕대 고구려 공격, 나당 전쟁까지 긴 호흡으 로 이 전쟁은 이어졌으며, 이 과정에서 많은 전공포상 기록이 남았 다. 이 중 백제, 고구려 멸망에 대한 전공포상 기록을 살펴보면 다음 과 같다.

〈표 2〉 백제 멸망, 고구려 멸망 후 전공포상 사례

번호	이 름	공 로	직 책	포상 내역
1	선복	백제 멸망	계금졸(罽衿卒)	급찬(級湌) 수여
2	두질	백제 멸망	군사(軍師)	고간(高干) 수여
3	유사지	백제 멸망(전사)		차등하게 관등 추증
4	미지활	백제 멸망(전사)		차등하게 관등 추증

번호	이름	공로	직책	포상 내역
5	보홍이	백제 멸망 (전사)		차등하게 관등 추증
6	설유	백제 멸망 (전사)		차등하게 관등 추증
7	관창	대백제전(전사)	부장(副將)	급찬(級湌) 추증 당견(唐絹) 삼십 필 20승포(升布) 삼십 필 곡(穀) 백 섬
8	김유신	고구려 멸망	대각간(大角干)	태대각간(太大角干) 수여 식읍 오백호 수레(輿), 지팡이(杖)
9	김인문	고구려 멸망	각간(角干)	대각간(大角干) 수여
10	이찬(伊湌), 장군(將軍) 계급 등	고구려 멸망		각간(角干) 수여
11	소판(蘇判) 이하	고구려 멸망		한 급씩 관등을 더함
12	본득	고구려 멸망	대당 소감(大幢 小監)	일길찬(一吉湌) 수여 조(租) 1천 섬
13	박경한	고구려 멸망	한산주 소감(漢山州 小監)	일길찬(一吉湌) 수여 조(租) 1천 섬
14	선극	고구려 멸망	흑악령(黑嶽令)	일길찬(一吉湌) 수여 조(租) 1천 섬
15	김둔산	고구려 멸망	서당 당주(誓幢 幢主)	사찬(沙湌) 수여 조(租) 칠백 섬
16	북거	고구려 멸망	남한산 군사(南漢山 軍師)	술간(述干) 수여 속(粟) 1천 섬
17	구기	고구려 멸망	부양 군사(斧壤 軍師)	술간(述干) 수여 속(粟) 칠백 섬
18	세활	고구려 멸망	비열홀 가군사(卑列忽 假軍師)	고간(高干) 수여 속(粟) 오백 섬
19	김상경	고구려 멸망 (전사)	한산주 소감(漢山州 小監)	일길찬(一吉湌) 추증 조(租) 1천 섬
20	전사자	고구려 멸망 (전사)		소감(少監) 이상 말 십여필 종자 이십 명

〈표 2〉의 내용을 살펴보면 앞서 진흥왕대부터 등장했던 다양한 전공포상 사례가 모두 등장하고 있음을 알 수 있다. 백제 멸망 전쟁에서 사망한 인물들에 대한 관등 추증, 관등과 현물 혼용 수여, 기준에 따른 차등 포상이 모두 등장하고 있다. 즉 진흥왕대부터의 여러 전공포상 방식들이 제도 속에 포함되었다는 의미이다. 또한 김유신, 김인문을 제외한 유공자들은 각각 일길찬~대나마까지 7~10등급의 중앙 관등과 지방 관등 중 고간, 술간직을 일률적으로 받았다. 그리고 경위 수여자에게는 조(租), 외위 수여자에게는 속(粟)을, 전사자들은 소감 이상일 경우 말, 종자를 현물로 포상해주었다. 관위 수여와 현물 포상 모두에서 일률적인 기준이 적용되었음을 알 수 있다. 이러한 내용들을 통해 앞서 확립된 신라의 전공포상제도가 삼국통일전쟁기 동안 제대로 운용되었음을 알 수 있다.

Ⅳ. 나오며

지금까지의 내용을 정리해보면 신라는 진흥왕대 정복 전쟁에 대한 전공포상을 시작으로 진평왕, 선덕왕, 진덕왕을 거치면서 전공포상제도를 확립했다. 상사서의 설치와 재배치를 통해 전공포상 담당 관서를 확정했다. 또한 관등과 현물을 혼용해서 수여하는 방식을 갖추어 기준에 맞게 포상을 실시했다. 이 제도는 7세기 중엽 삼국통일전쟁기에서 제대로 운용되었고, 덕분에 전쟁 과정에서 하급 관료나 지방민같은 낮은 신분의 백성들까지 전투에 적극적으로 참여하도록 유도할 수 있었다.

6~7세기 신라의 전공포상제도에 대한 전반적인 분석이 이루어지기는 했지만, 여전히 많은 과제가 남아있다. 진평왕, 진덕왕대 관부, 제도 정비는 중국 북조(北朝), 당(唐)의 제도를 수입해서 변용한 부분이 많다. 전공포상제도 역시 상사서(賞賜署), 창부(倉部)의 명칭이 중국에서 넘어왔으므로 중국의 제도를 차용한 부분들이 있을 가능성이 높다. 고구려, 백제 멸망전이라는 동일한 전쟁에 신라, 당(唐)이 참전했다는 점을 고려해서 두 국가의 논공행상 결과를 분석하고 비교한다면 공통점, 차이점을 파악해볼 수 있을 것이다. 이를 바탕으로 신라의 전공포상제도 중 중국에서 차용한 부분, 신라 고유의 부분을 구별할 수 있을 것이다. 또한 진흥왕 이전 단편적으로 남아있는 신라의 전공포상기록을 동 시기의 백제, 고구려와 비교해서 차이점을 파악하고 그 원인을 분석하는 연구도 진행해볼 수 있다. 전공포상 기록에 군사, 경제, 정치적 관점이 모두 얽혀있다는 점에서 앞으로도 전공포상제도에 대한 다양한 연구가 가능하다.

참고문헌

1. 사료 및 금석문

『당육전(唐六典)』『삼국사기(三國史記)』단양적성비(丹陽新羅赤城碑) 마운령신라진흥왕순수비(磨雲嶺新羅眞興王巡狩碑)

2. 저서

김영하, 2002,『한국고대사회의 군사와 정치』, 고려대 민족문화연구원

박명호, 2016,『7세기 신라 정치사의 이해』, 경인문화사

이기백, 1974,『新羅政治社會史研究』, 일조각

이문기, 1997,『新羅兵制史研究』, 일조각

이인철, 1993,『新羅政治制度史研究』, 일지사

이정숙, 2012,『신라 중고기 정치사회 연구』, 혜안

정덕기, 2021,『신라 상·중대 중앙행정제도 발달사』, 혜안

하일식, 2006,『신라 집권 관료제 연구』, 혜안

3. 논문

강종훈, 2004,「7세기 통일전쟁기의 순국 인물 분석- 삼국사기 열전 7에 실린 신라 인물들을 중심으로-」,『신라문화제학술논문집』25

고창민, 2021,「6~7세기 초 新羅 전공포상의 제도화와 정치적 함의」,『신라사학보』52

김주성, 2012,「7세기 만들어진 전쟁영웅」,『전북사학』41

김창석, 2001,「신라 倉庫制 성립과 租稅 運送」,『한국고대사연구』22

나희라, 2009,「7세기 전쟁의 확대와 신라인의 殉國主義的 生死觀」,『한국고대사연구』53

박명호, 2016, 「신라 진덕왕대 大숨 설치와 그 정치적 의미」, 『한국사학보』 64

박수정, 2017, 「新羅 執事省의 성격과 위상에 대한 再論」, 『신라사학보』 40

양자량, 2019, 「6세기 신라 성격에 대한 검토-진흥왕대 비문 분석을 중심으로」, 『신라문화』 53

이경섭, 2001, 「신라 上代의 稟主와 內省-國家 및 王室의 財政構造 變遷을 중심으로-」, 『한국고대사연구』 22

이경섭, 2004, 「7세기 新羅의 財政運用」, 『한국고대사연구』 34

이우태, 1992a, 「新羅 三國統一의 一要因 : 對地方民 政策을 中心으로」, 『한국고대사연구』 5

이우태, 1992b, 「丹陽 新羅 赤城碑 建立의 背景 : 야이차의 功積과 恩典의 性格을 중심으로」, 『태동고전연구』 8

이일규, 2019, 「신라 진흥왕대의 새 영토·주민 시책」, 『한국고대사연구』 96

이정숙, 2005, 「중고기 신라의 중앙정치체제와 권력구조 - 통일 후 신라 中代로의 재편성 과정을 이해하기 위한 일고찰」, 『신라문화』 25

임경빈, 1993, 「新羅 眞德女王代의 政治改革 : 武烈王의 卽位와 관련하여」, 『북악사론』 3

전덕재, 2005, 「新羅_中央財政機構의_性格과_變遷」, 『신라문화』 25

한준수, 2010, 「新羅 眞德王代 唐制의 受容과 체제정비」, 『한국학논총』 34

18장

신라해적은 수군인가 상인인가

정순일(고려대학교)

Ⅰ. '869년 신라해적' vs '890년대 신라해적'

'신라해적'이라는 게 있었다고? 주변 지인에게 필자의 연구 주제를 말할 때면 대부분 이런 반응을 보인다. 한국사 교육에서나 일반적인 역사 개설서에서도 다루어지는 일이 거의 없었기 때문에 역사학을 직업적으로 수행하는 연구자가 아니고서야 '신라해적'이라는 존재를 접하기는 힘들었을 것이다. 어쩌면 역사학 전공자 가운데에도 생소하게 느낄 사람이 적지 않을지 모른다. 『삼국사기』, 『삼국유사』 등 한국 측 사료에는 관련 기록이 전혀 보이지 않는 사실도 그러한 대중적 인지도와 무관하지 않을 것이라 생각된다. 그러나 알고 보면, '신라해적'에 대한 정보는 방송이나 신문 칼럼 등의 형태로 종종 소개된 바 있으며, 관련 연구도 제법 축적되어 있는 편이다. 그렇다면 '신라해적' 연구는 어디까지 도달했으며, 앞으로 남겨진 과제는 무엇일까?

유의해야 할 점은 '신라해적' 관련 기사가 모두 일본 측 사료에 남아있다는 사실이다. 그렇기 때문에 어디까지나 해당 문자열은 기록자의 관점, 즉 일본 측 지배층/식자층의 관점이 농후하게 반영된 용어라 말할 수 있다. 여기 언급되고 있는 '해적'이라는 것은 단지 일본 측이 그렇게 인식했다는 의미일 뿐, 그 자체가 실체를 나타내는 말이라고 보기는 어렵다. 종래의 '신라해적' 연구가 특정한 세력/집단을 어떠한 맥락에서 '해적'으로 인식하였고, 왜 그렇게 기록하였는지를 밝히는 방향으로 이루어지게 된 이유도 거기에 있다.

'신라해적'의 실체에 대한 연구는 크게 보면 다음의 몇 가지 유형으로 정리할 수 있다. 첫째는 해적 그 자체로 보는 입장, 둘째는 신라의 해상 호족 또는 수군(해군)으로 보는 입장, 셋째는 상인(해상)의 다른 모습으로 입장이다. 여기에다가 수군과 상인이라는 두 얼굴을 모두 지닌 존재로 보는 입장을 추가하는 것도 가능하다.

이처럼 여러 개의 입장으로 갈리는 것은 무엇을 '신라해적'이라 부를 것인가의 문제를 둘러싼 연구자마다의 시각 차이에 기인한다. 즉 '해적스러운' 행위를 한 존재 모두를 '신라해적'에 포함시킬 것인지, 아니면 사료상에 명확하게 '해적'이라고 기록한 것을 중심으로 설명해나갈 것인지의 문제라 할 수 있다. 그런데 '해적스러운' 것이 무엇인지에 대해서는 합의되기 어려울 뿐만 아니라 자의적으로 해석될 여지가 적지 않으며 오히려 전체상을 애매모호하게 할 수 있다는 측면이 있다. 따라서 '신라해적' 연구에서는 우선 사료상에 명확하게 '해적'으로 등장하는 존재에 초점을 맞추어 그들에 대한 성격을 밝혀나가는 자세가 요구된다고 하겠다.

일본 측 사료에서 명확히 '신라해적'이라는 네 글자가 처음 등장하는 것은 『일본삼대실록(日本三代實錄)』의 기사이다. 이에 따르면 조간[貞觀] 11년(869) 5월 22일 밤, '신라해적(新羅海賊)'이 2척의 배를 타고 규슈 북부의 하카타에 나타난 것으로 나온다. 부젠노쿠니[豊前国] 연공견면(年貢絹綿)을 탈취하고 달아났기에 병사를 내어 추격하였으나 끝내 붙잡지 못하였다고 한다. 이를 '869년 신라해적'이라 부르기도 한다. 그런데 여기서 말하는 '신라해적'은 한반도가 아니라 당의 한 지점을 출발하여 동중국해를 건너 일본열도로 향한 집단이라 여겨지고 있다. 『일본삼대실록』 조간 18년(876) 3월 9일조에 따르면, 이 '신라해적'이 지카노시마[値嘉嶋], 즉 오늘날의 고토 열도를 경유하여 일본으로 향한 것으로 나오는데, 이 항로는 당 강남 지역과 일본을 잇는 직항로였기 때문에, 이들 신라인이 한반도와 일본열도 사이가 아니라, 당 강남 지역과 일본열도 사이를 왕래하던 존재였을 가능성이 높다는 것이다.

실제로 9세기 중엽 이후 산동 반도에 존재하던 신라인 커뮤니티가 당 내외의 정치적 변동으로 인해 장강 이남으로 이동하여 집주하였음이 다양한 연구를 통해 밝혀지고 있다. 바로 그러한 움직임이 교류의 형태에도 새로운 변화를 가져온 것처럼 보인다. 즉 강남 지역에 거점을 두게 된 신라인이 그 무렵 성장한 당 상인 집단과 협업 관계를 맺고 동중국해를 종횡하며 교역 활동에 임했던 것으로 생각되는 것이다. '869년 신라해적'은 그러한 맥락 속에 등장하는 재당 신라상인의 다른 모습이 아니었을까 추정된다.

890년대에 이르면, 일본 측 사료에서 또 한 차례 '신라해적' 관계 기사가 자주 확인된다. 『일본기략(日本紀略)』, 『부상략기(扶桑略記)』

를 바탕으로 '신라적(新羅賊)', '신라적도(新羅賊徒)' 등이 등장하는 기록을 정리해보면 그들의 움직임에 대해 일본 측이 어떻게 대응해 나갔는지를 아래와 같이 확인할 수 있다. 이른바 '890년대 신라해적'을 둘러싼 동향이다.

간표(寬平) 5년(893) 5월, 신라해적이 히젠노쿠니 마쓰라 군(松浦郡) 습격. 일본 조정은 다자이 소치(大宰帥) 고레타다 친왕(是忠親王) 및 다자이 다이니(大宰大貳) 아베노 오키유키(安倍興行)에게 칙부를 내려 추토 명령.

간표 5년(893) 윤5월, 신라해적이 히고노쿠니(肥後國) 아키타 군(飽田郡) 습격하여 인택(人宅)을 불태움. 그 후 히젠 마쓰라 군에서 재차 목격됨. 일본 조정은 추토를 명령.

간표 5년(893) 6월, 신라해적 출몰을 보고하는 비역사(飛驛使)에게 칙부를 내림.

간표 6년(894) 2월, 사이카이도(西海道) 지역을 습격한 신라해적을 추토하라고 명령함.

간표 6년(894) 3월, 신라해적이 변도(邊島)에 나타남.

간표 6년(894) 4월, 다자이후 관내 여러 신에게 폐백을 바침. 신라해적이 쓰시마에 출몰. 마침내 다자이후는 흉적토평(凶賊討平)을 위해 조정에 장군 파견을 요청. 이에 조정은 참의(參議) 후지와라노 구니쓰네(藤原國經)를 다자이후 곤노소치(大宰府權帥)에 임명하고 신라해적의 추토를 명령. 같은 무렵, 해안 지역에 무구를 정비하고 정병(精兵)을 선발하고 용사(勇士)를 소집하도록 독려. 이세신궁(伊勢神宮) 등 여러 신사에 폐백을 바침.

간표 6년(894) 5월, 신라해적의 도망 사실이 조정에 보고됨.

간표 6년(894) 8월, 876년 이래 정지되었던 쓰시마에 대한 사키모리(防人) 파견이 부활됨.

간표 6년(894) 9월, 쓰시마 장관인 훈야노 요시토모(文室善友)가 군사(郡司) 및 사졸(士卒) 등을 이끌고 신라해적과의 전투에 임하여 크게 승리함. 이후에도 이따금 신라해적 출몰이 보고됨.

간표 6년(894) 10월, 신라해적 퇴거가 보고됨.

'890년대 신라해적'의 경우, 앞서 살펴본 '869년 신라해적'과 이질적인 모습이 적지 않다. 마쓰라, 아키타, 쓰시마 등 규슈의 연해 및 도서 지역을 습격하였고 어느 정도 타격을 입힌 것으로 이해된다. 출몰 빈도도 매우 높다. 타 지역에서 전투 경험을 쌓은 장수가 현지에 파견되어 '신라해적'과의 싸움에 임하는 모습은 이때의 '신라해적' 역시 전문 전투 능력을 갖춘 조직이었을 가능성을 시사한다. 적어도 교역 행위를 주업으로 하는 국제상인의 다른 모습으로 보기는 어려운 게 아닌가 생각된다.

II. 『부상략기』가 전하는 894년 쓰시마 전투의 전개 양상은?

　간표 6년(894) 9월, 신라해적과 일본 측 군대가 맞붙은 쓰시마 전투에 대해서는 그 상세를 전하는 사료가 있어 주목된다. 이 894년 쓰시마 전투에 대해서는 두 계통의 기록이 전해지고 있는데, 먼저 『일본기략』이다. 이에 따르면, 같은 해 9월 19일 '신라적(新羅賊)' 200여 명을 퇴치하였기 때문에 여러 구니에 군사경고(軍士警固)를 정지하도록 명했다고 전한다. 다음으로 『부상략기』 기록이다. 여기에서는 894년 9월 5일, 쓰시마 도사(對馬島司)는 '신라적도(新羅賊徒)'의 배 45소(艘)가 도착하였다는 사실을 조정에 알렸다고 되어 있다. 그 4일 후인 9월 9일에는 다자이후가 비역사를 올려보냈다고 한다. 실제로 '신라해적'과의 전투가 어느 시점에 개시되었는지는 뚜렷하지 않지만, 9월 17일의 기록에는 쓰시마노카미[對馬守] 훈야노 요시토모 [文室善友]가 군사(郡司)·사졸(士卒) 등을 이끌고 전장에서 혁혁한 공을 세웠다는 이야기가 전해지고 있다. 요시토모의 부대는 '신라해적' 302인을 사살하고, 배 11소 이외에, 적군이 소지하고 있던 무기·무구 등을 탈취하는 커다란 전과를 올렸다는 것이다.

두 계통의 기록은 날짜 및 전과의 구체적인 내용에서는 약간의 차이를 보이고 있지만 거의 같은 무렵에 이루어진 사건을 전하고 있다는 점이나, 쓰시마에 주둔하는 관군이 '신라해적'을 크게 이겼다고 하는 이야기 구조가 흡사하다는 점에서 유사성이 인정된다.

그런데 『부상략기』 기사를 읽어보면 '890년대 신라해적'과 관련하여 매우 귀중한 정보 몇 가지를 확인할 수 있다. 그 가운데 하나가 '신라해적'의 규모 및 조직체계이다. 실제로 쓰시마에 나타난 배는 45소 규모였던 것으로 보인다. 일본 측과의 전투에서 302명이 사살된 것으로 보아 적지 않은 인원이 승선하고 있던 것으로 해석할 수 있다. 당시 유일하게 생포된 신라인 포로 현춘에 따르면, 그들의 본거지에는 크고 작은 배 100소가 있으며, 승선원은 2500명이나 있다고 한다. 이러한 규모로 보아 그들은 신라 본토에서도 유력한 해상세력으로 활동하고 있었으리라 추측할 수 있다. 한편, 일본 측이 올린 전과를 참조하면 '신라해적'의 조직화 정도를 엿볼 수 있다. 일본 관군에게 사살된 302명 가운데 '대장군 3명, 부장군 11명'이 있었으며 획득한 물건으로는 대장군 봉물(大將軍縫物, 대장군의 표식물으로 보임), 갑주(甲胄), 가죽 바지(貫革袴), 은작 대도(銀作太刀), 활(纏弓), 가죽 활주머니(革胡籙), 손목 보호대(宛夾), 후면 방어기구(保呂)

각 1구가 포함되어 있었는 것이다. 이러한 사실로부터, '신라해적'이 대장군, 부장군 등 계급이나 조직 체계를 갖춘 집단이었음을 알 수 있으며, 나아가 '호로[保呂]'가 기마 무사의 뒷면을 보호하기 위한 갑주 보조 무장(등 방어기구)의 하나라는 점에서 말을 운용했을 가능성도 엿볼 수 있다. 또한 전리품으로 배 11소, 대도(太刀) 50자루, 창梢 1000기, 활 및 활주머니 각 110개, 방패 320매를 얻었다는 기록에서 그들이 전문적인 전투조직이었음을 다시금 확인하게 된다.

'신라해적'의 전투능력도 어느 정도 추론해볼 수 있다. 『부상략기』 간표 6년(894) 9월 5일조에서는 전장에서 양측의 함성이 울려 퍼지고, 활이 비같이 쏟아지는 치열한 전개 양상이 묘사되어 있지만, 무엇보다도 일본 측 장수 훈야노 요시토모의 이력을 통해 '신라해적'의 전투능력을 간접적으로 가늠해볼 수 있지 않나 생각된다. 894년 쓰시마 전투에서 일본 관군을 이끌었던 요시토모는 883년 가즈사노쿠니(上総国)에서 발발한 에미시의 반란 때 병사 1000명을 이끌고 그들을 진압한 경험이 있는 유능한 장수였다. 게다가 같은 해 4월 신라해적 추토를 위해 규슈로 파견된 후지와라노 구니쓰네(藤原國經)의 경우, 헤이안 시대 전기의 최고 권력을 장악하고 있던 후지와라 북가(北家) 출신이며, 요제이 천황(陽成天皇, 재위 876~884년)의 외백부에 해당하는 인물이다. 물론 부임 당시 나이가 70세에 가까웠기 때문에 실제 전투 능력이 어느 정도였을지는 모른다. 그러나 그만큼 중요한 인물로 하여금 '신라해적' 출몰 사태에 대비하게끔 하였다는 사실에서 일본 조정이 갖고 있던 경계심의 크기, 또는 '890년대 신라해적'이 지니고 있던 임팩트를 가늠해볼 수 있을 것 같다.

Ⅲ. '890년대 신라해적'의 정체는 무엇일까?
- 초기 견훤 세력의 동향을 실마리로 -

『부상략기』에 따르면 894년 쓰시마 전투에서 '신라해적' 구성원한 명이 생포되었다고 나온다. 이름은 현춘이라고 한다. 그는 일본측에 체포되어 쓰시마를 공격한 이유에 대해 진술할 때, "신라는 흉년이 이어져 인민들이 굶주림으로 고생하고 있고 창고가 모두 비어왕성이 불안하다. 그래서 왕이 곡물과 비단을 탈취해오라고 명령하였기에 돛을 날려 오게 되었다"(원문: 彼國年穀不登, 人民飢苦, 倉庫悉空, 王城不安, 然王仰爲取穀絹, 飛帆參來)라고 말했던 모양이다. 이러한 포로 현춘의 진술을 있는 그대로 받아들인다면 '890년대 신라해적'은 신라 왕권이 보낸 군대라고 해석하는 것도 가능하다. 실제로연구자 가운데는 "신라왕의 명령에 의한 해적행위였다고 하는 현춘의 고백은, 현춘이 목숨을 구걸하기 위해 말한 허언은 아닌 듯 생각된다"라든지, "분명히 신라 조정에 의해 조직되어 파견된, 이른바 '수군'이었음에 틀림없다"라고 논하는 사람도 존재한다. 그러나, 당시의신라 국내 상황을 살펴보는 한 신라 왕권이 직접 수군을 동원하여일본의 물자를 취하려고 했다거나, '신라해적'으로 인식되던 집단이신라왕의 명령을 받아 일본을 습격하였다고 하는 해석에는 쉽게 동의하기 어렵다. 신라 중앙정부의 통치권력은 9세기 초엽의 단계에이미 약화하기 시작하였으며, 게다가 '890년대 신라해적'이 문제시되는 9세기 말에 이르면 중앙에 의한 지방통제가 사실상 불가능에 가까운 상태였다고 판단되기 때문이다.

그렇다면 『부상략기』에 묘사되고 있는 '신라해적'과 같은 해상세력을 보유할 만한 세력 또는 인물은 누구라고 볼 수 있을까? 다시 말해 '890년대 신라해적'의 정체는 무엇이었을까? 유의해야 할 점은 '해적' 활동 극성기에 해당하는 893~894년 단계에 앞서 살펴본 바와 같은 군대로서의 조직체계와 병력, 무기/무구 규모를 이미 갖추고 있던 해상 세력을 상정하지 않으면 안 된다는 사실이다. 기훤, 양길 세력 그리고 그를 계승한 궁예 세력을 상정하는 것도 가능하지만, 몇 가지 이유에서 견훤과 그 세력의 움직임이 각종 사료가 전하는 '890년대 신라해적'의 역사상과 가장 부합하는 게 아닐까 생각된다.

　　첫째, '서남해방수' 및 '비장'을 경험한 자로 해상세력과의 제휴가 가능하며, 해상세력을 운영할 수 있는 능력을 보유하고 있었던 점. 둘째, 일본 측 사료에서 '신라해적'의 출몰이 확인되는 893년 이전에 이미 독자적인 정치 세력화에 성공한 점. 셋째, 자립 초기 단계부터 5000명 이상을 규합하고 대규모 병력을 이끌고 있었던 점. 넷째, 893년 무렵에 이미 일본으로의 접근이 용이한 항구(강주 관할)를 확보하고 있었던 점. 이 네 가지 측면만을 보더라도 앞에서 확인할 수 있었던 '신라해적'의 특성, 즉 893~894년 무렵에 이미 수십 소 내지 100소 정도의 선박 및 2000명 이상의 대규모 조직을 운용할 수 있는 해상세력, 게다가 뛰어난 전투능력을 갖추고 있는 무장세력이었다는 점과 잘 맞아떨어지는 듯 보여진다.

　　한편, 『삼국사기』 신라본기11 진성왕(眞聖王) 3년(889)조에는 여러 주군(州郡)에서 조세가 납부되지 않는 상황이 이어져 국가재정이 궁핍해졌기 때문에 국왕이 납부를 독촉하게 하였더니, 각지에서 도적이 봉기하였다고 하는 신라 말기의 사회상이 전해지고 있다. 흥미로운 것은 이 내용은 『삼국사기』 열전 견훤조 및 『삼국유사』 기이·후백제 견훤조가 전하는 견훤의 자립 명분, 즉 국가 기강의 문란, 기근, 유망 백성의 증가, 군도 봉기 등과 일맥상통한다고 생각된다. 궁핍한 생활이 이어지는 가운데 납세까지 독촉하는 왕권의 가렴주구에 항전을 선언한 '도적'의 봉기 논리와 견훤의 자립 논리가 상당히 유사한 것처럼 보인다. 게다가, 군도의 봉기와 견훤의 자립은 그 시기 또한 889년 무렵으로 일치하고 있다. 여기서 다시 시선을 『부상략기』로 돌려보면, 앞서 언급한 내용은 포로 현춘의 진술에 등장하는 역사상, 즉 흉작('年穀不登'), 기근의 만연('人民飢苦'), 비축재정의 고갈('倉庫悉空'), 정치의 불안정('王城不安') 등과도 오버랩된다. 현춘이 쓰시마를 습격한 배경에 대해 진술하는 장면에서 신라왕의 가렴주구를 강조하고 있는 것은, 어쩌면 '해적'(사료에서는 '적도') 행위를 정당화하기 위한 하나의 방편으로써 자국 내에서 통용하던 정치적 명분을 이용하려고 했기 때문일 가능성도 생각해볼 수 있는 것이다.

참고문헌

김현경, 2021, 「일본 헤이안시대 수군의 존재 여부」, 『한국고대사탐구』 38

권덕영, 2008, 「고대 동아시아의 황해와 황해무역—8, 9세기를 중심으로—」, 『사학연구』 89

권덕영, 2006, 「新羅下代 西・南海域의 海賊과 豪族」, 『한국고대사연구』 41

이병로, 2004, 「일본측 사료로 본 9세기의 한일관계-신라인 來着기사를 중심으로-」, 『일본어문학』 25

이병로, 1996, 「寬平期(890년대) 일본의 대외관계에 관한 일고찰」, 『일본학지』 16

이병로, 2010, 「9세기 고토(五島)열도의 "동아시아세계"에 관한 연구」, 『한림일본학』 16

이재석, 2007, 「고대 九州 海岸島嶼와 동아시아의 교류」, 『동아시아고대학』 15

정순일, 2013, 「9세기 후반 큐슈지역의 신라인집단과 그 행방」, 『선사와고대』 39

정순일, 2015, 「신라해적과 國家鎭護의 神・佛」, 『역사학보』 226

정순일, 2018, 「'백제해적'와 '신라해적'-『삼국유사』'진성여대왕 거타지'조에 보이는 해역세계-」, 『삼국유사의 세계』, 세창출판사

정순일, 2020, 「고대 동아시아 해역 세계의 교류」, 『동아시아사 입문』, 동북아역사재단

정순일, 2022, 「마쓰라・아키타・쓰시마에 출현한 신라해적」, 『고대 동아시아의 수군과 해양활동』, 온샘

19장

신라는 당 제국과의 전쟁에서 어떻게 생존하였을까?

권창혁(동국대학교 신라문화연구소)

I. 들어가며: 나당전쟁을 바라보는 여러 시각들

7세기 후반 신라와 당 제국의 연합에 의해 한반도 삼국 중 백제와 고구려가 멸망한 이래, 그 남은 영토와 백성을 둘러싼 갈등은 마침내 동맹관계의 와해와 더불어 당 제국과 신라 양국 간의 무력충돌로 폭발하였는데 이를 곧 '나당전쟁'이라 한다. 이 나당전쟁을 계기로 요동 및 한반도 등지에 대한 당 제국의 정치·군사적인 간섭이 크게 퇴조하는 한편, 그로 인해 궁극적으로는 신라 및 발해, 일본 등이 각각의 독자적인 생존 권역을 확보할 수 있었던 것은 익히 알려진 사실이다. 그러한 만큼 이는 비단 일국사적인 관점에서의 의의를 넘어, 7세기 이래 동아시아 세계 전반의 향방을 결정지은 세계사적 의의를 가진 사건 중 하나라고도 규정할 수 있을 것이다.

그런데 이 나당전쟁이라는 주제는 일찍이 국내·외를 막론하고 많은 연구가 축적되었음에도 불구하고, 여전히 그 시각이 극명히 상반되고 있다. 기록상으로도 『구 · 신당서(舊 · 新唐書)』 등과 같은 중국 측 사료에서는 신라의 복속을 얻어낸 당 제국의 승리로서, 반대로 『삼국사기(三國史記)』와 같은 국내 사료에서는 당 제국의 세력을 무력으로 몰아낸 신라의 승리로서, 그 전말을 각각 완전히 다르게 전하고 있다는 점을 감안한다면 그러한 시각차이란 이미 예고된 필연이었을지도 모른다. 이에 국내 학계의 경우는 일찍이 그러한 관련 사료들을 비교 · 분석하고 비판하였던 John C. Jamieson의 연구 이래 (John C. Jamieson, 1969), 중국 측 사료들의 부정확함이나 중화사상적 인식에 따른 왜곡 · 누락 등을 지적하며 『삼국사기(三國史記)』 등에 수록된 신라 측의 고유 기록을 중심으로 나당전쟁을 비롯한 7세기대 역사상을 이해할 필요가 있다고 보는 경향이 강했다(김진한, 2014 ; 최진열, 2017 ; 윤진석, 2020). 아울러 조선 후기 이래 '삼국통일론' 혹은 '남북국론'과 같은 민족 차원의 '통일' 담론의 연장선상에서 기왕의 논의가 집중되면서, 대체로 신라가 당이라는 거대 제국의 침탈에 대항하여 승리를 거둠에 따라 민족의 생존과 독립을 지켜낸 사례로서 높이 평가해 왔다. 그러나 이와 달리 일본 · 중국 등 국외 학계에서는 대개 중국 측 사료에만 거의 무조건적인 신뢰를 두면서 여기에 배치(背馳)되는 신라 측의 고유 기록들에 대해서는 단순히 착오나 오류 등으로 간주하곤 하였다. 더하여 이러한 견해들에서는 주로 당 제국의 입장에서 동(東)→서(西)로 전환되는 거시적인 대외전략의 변화 및 그에 따른 한반도의 방기(放棄), 혹은 당-신라 사이의 종속국-번속국 관계라는 구도를 전제하며 이 나당전쟁의 전개를 설명해왔다

(池內宏, 1929 ; 陳寅恪, 1941 ; 黃約瑟, 1987 ; 拜根興, 2003).

　다른 한편, 위와 같은 과거의 논의들이 대부분 하나의 시대 전체를 규정·표상할 수 있을 정도의 거대하고 복잡한 담론들에 집중해 온 경향이 강했다면, 대체로 80년대 후반~90년대부터 현재에 이르기까지는 실질적인 전쟁 자체의 여러 측면들을 상세히 추구·복원하고자 하는 개별적인 연구들이 다수 등장하였으며, 그러한 연구들의 양과 질 역시 확장 일로를 걷는 추세라 할 수 있겠다. 특히 최근의 연구들을 살펴본다면 대략 1) 금석문(金石文, 특히 묘지명墓誌銘 등)과 같은 새로운 자료의 활용 및 기존 사료들의 재해석·2) 군사사(military history)나 지정학(geopolitics), 해양사(maritime history), 고고학(Archaeology)과 같은 인접 분야들과의 융합·3) 동아시아, 더 나아가 북방 초원지대나 중앙아시아의 정세까지도 포괄하는 세계사적 시야로의 확장 등등 기존 통설의 인력(引力) 아래 안주하지 않고 다양하고 참신한 접근이 지속적으로 이루어지고 있는 상황이다. 또한 근래 국외 학계에서도 학술적인 교류를 통해 국내 학계의 성과와 시각을 적극 받아들이면서 보다 객관적인 입장에서 나당전쟁을 포함한 7세기 대 동아시아의 전쟁 및 국제관계를 바라보려는 사례가 늘어나고 있다. 아울러 이러한 연구들에서는 해외 소재 신규 자료들을 소개·활용하는 한편, 사료 해석 및 방법론의 측면에서도 기존 국내 학계의 통설에서 간과해왔던 부분들에 대한 비판적인 재검토 등을 통해 관련 논의를 크게 자극하고 있다는 점에서 주목할 만하다.

　이와 같이 나당전쟁과 관련해서는 국내·외의 주요 연구자에 따라 다양한 시선과 해석들이 공존하고 있는 상황이라 하겠다. 이에 다음장에서는 그러한 주요 연구들을 중심으로, 전쟁의 개시 및 전개·종결 및 의의, 격전지의 위치비정과 같은 나당전쟁사의 이해와 직결된 여러 쟁점들에 대해 과연 어떠한 논의가 진행되고 있는지 간략하게나마 살펴보고자 한다.

II. 나당전쟁은 언제, 그리고 어떻게 일어났는가?

우선, 나당전쟁의 개전 시기에 대한 문제부터 이야기해보자. 이에 대해서는 아래 [표 1]과 같이 668년(양병룡, 1997)·669년(노태돈, 1997 ; 2009 ; 拜根興, 2003 ; 이상훈, 2012)·670년 3~4월(허중권, 1995 ; 이호영, 1997 ; 서인한, 1999 ; 서영교, 2006 ; 주보돈, 2011 ; 2018 ; 권창혁, 2019 ; 2021)·670년 7~8월(임기환, 2004 ; 김정민, 2017)·670년 말엽(曹凌, 2019)·671년(신형식, 1985 ; 민덕식, 1989 ; 김병희, 2021) 등의 다양한 견해가 제기된 바 있다.

〈표 1〉 나당전쟁 개전 시점에 대한 여러 견해(김병희, 2021에서 발췌·일부 수정)

	668년	669년			670년			671년	
			4월 (신라의 사죄사 파견 시점)	연말	3월 (옥골·개돈양 전투 시점)	7월 (신라의 백제=웅진 도독부 공격 시점)	12월 (당의 신라 정벌 행군 편성 시점)		6월 (석성 전투 시점)
개전 시점	-	-	(신라의 사죄사 파견 시점)	연말	(옥골·개돈양 전투 시점)	(신라의 백제=웅진 도독부 공격 시점)	(당의 신라 정벌 행군 편성 시점)	-	(석성 전투 시점)
연구지	양병룡	拜根興	노태돈	이상훈	허중권 이호영 서인한 서영교 주보돈 권창혁	임기환 김정민	曹凌	민덕식	신형식 김병희

다만 위 표와 같이 그 중 670년 3~4월 무렵 벌어진 신라·고구려 연합군의 옥골(屋骨, 오골성[烏骨城, 현 단둥丹東 일대로 비정])·개 돈양(皆敦壤) 공격 사건을 전쟁 발발의 계기로 설정하는 견해가 가장 많은 지지를 얻고 있는 것으로 파악된다. 이는 즉 사료 상에서 드러 나는바 신라의 당 제국에 대한 최초의 본격적인 군사행동이자 압록 강을 도하(渡河)하면서까지 감행한 기습적인 선제공격이라는 점에서 중대한 의미가 있기 때문이다.

물론 이와 달리 669년 혹은 671년을 개전 시점으로 보는 견해들의 경우도 이러한 670년 옥골·개돈양 전투의 의의를 단순히 간과했던 것은 아니다. 우선 나당전쟁 발발 시점을 668년이나 669년으로 보는 견해들의 경우, 신라의 사죄사(謝罪使) 파견과 같은 여러 정황들을 고려했을 때 670년대 이전부터 이미 나당 간에 외교적인 갈등과 더불 어 산발적인 교전이 다수 지속되고 있었을 가능성이나, 장거리 원정 을 통한 본격적인 공격 작전을 위해서는 전투가 벌어졌던 670년 3~4 월 무렵보다도 더 이전 시점부터 상당 기간의 군사적 준비 과정이 필요하였을 가능성 등을 주로 지적하였다(노태돈, 1997 ; 2009 ; 이상 훈, 2012). 반면 더 이후인 670년 후반이나 671년을 공식적인 개전 시점으로 설정하는 견해들의 경우, 국지적인 교전과 국가 간의 전면 전을 구분할 필요가 있다는 점을 지적하면서 특히 외교적인 갈등 및 국지전에서부터 대규모 전면전으로까지의 단계적인 확전(escalation) 과정에 초점을 맞추었다. 즉 이 경우 '당병(唐兵)'과의 직접적인 교전 이 없었던 670년의 옥골·개돈양 전투는 어디까지나 산발적인 국지 전 정도로 그 의미가 다소 축소되며, 나당 양국 간 실질적인 전면전의 돌입은 곧 당에서 신라 공격을 위한 계림도행군(雞林道行軍)을 편성·파견하였던 시점(민덕식, 1989 ; 曹凌, 2017 ; 2019), 혹은 신라가 백제고지(웅진도독부)를 공격하면서 주둔하던 당병과 교전을 벌였던 시점(김정민, 2017 ; 2018 ; 김병희, 2021)에 해당하는 671년으로 보아야 한다는 것이다. 다만 이에 대해서는 굳이 당병과의 교전 여부 등만을 개전 기준으로 삼는 것은 지나치게 중국 중심적인 관점이며, '정예병(精兵) 2만'에 달하는 옥골·개돈양 전투 당시의 병력 규모 등을 고려한다면 이를 결코 국지전 정도의 작은 의미로 치부하기 힘들다는 비판이 제기되기도 하였다(이상훈, 2019).

한편 나당전쟁이 언제 일어났는지에 대한 논의가 대략 위와 같다면, 그 원인 혹은 배경은 무엇이었을까? 이 문제에 대해서도 대체로 당시 신라가 처해 있었던 군사·전략적 상황이나 당 제국의 부당한 처우에 따른 전쟁 의지와 같은 내부적 요소에 주로 비중을 두려는 견해들과(이호영, 1997 ; 노태돈, 1997 ; 2009 ; 서인한, 1999 ; 이상훈, 2012 ; 권창혁, 2019), 다르게는 서역 방면에서의 토번(吐蕃)의 발흥으로 대표되는 국제정세상의 흐름(拜根興, 2003 ; 서영교, 2006), 혹은 요동~한반도에 걸친 고구려 부흥운동의 확산(曹凌, 2019 ; 김정민, 2017 ; 김병희, 2021 ; 권창혁, 2021 ; 김강훈, 2022)과 같은 광범위한 외부적 요소들에 더욱 비중을 두려는 견해들로 대별해 볼 수 있겠다.

우선 전자의 경우, 한반도 전체를 도독부(都督府)·도호부(都護府) 등의 기미주(羈縻州) 체제로서 편제하려는 당 제국과 그와 반대로 나당동맹의 대가로서 '평양이남 백제토지(平壤以南 百濟土地)'의 획득(즉 백제·고구려고지에 대한 영토분할)을 요구했던 신라 사이의 충돌을 주요 원인으로 지목하였다(이호영, 1997 ; 노태돈, 1997 ; 2009 ; 서인한, 1999). 더하여 이 과정에서 군령권의 침해, '취리산 회맹 (665)' 등 일방적 정책의 강요, 비열홀(比列忽, 현 강원도 안변)과 같은 요충지를 둘러싼 영유권 분쟁과 같이 강대국 당이 자행했던 각종 부당한 처우도 신라의 전쟁의지에 큰 영향을 끼쳤을 것으로 파악하기도 한다(이상훈, 2012 ; 권창혁, 2019). 이와 달리 후자의 경우, 나당 전쟁 시기 한반도와 서역이라는 동 · 서 양면의 정세는 그 자체가 서로 톱니바퀴처럼 맞물려 돌아가는 밀접한 관계였다는 점을 지적하면서, 당시 신라가 당이라는 강대국에 대해 일견 무모해 보이는 선제공격을 시도할 수 있었던 것에는 토번의 흥기라는 유리한 국제정세를 기민하게 이용하려는 전략적 판단이 더욱 결정적으로 작용하였으리라 보았다(拜根興, 2003 ; 서영교, 2006). 더하여 이미 668년 직후부터 요동~한반도 북부의 고구려고지 전역에 걸쳐 만연해 있던 유민들의 부흥운동 또한 당 제국의 여력을 크게 소모시키면서 신라가 보다 자유롭게 운신할 수 있는 상황을 마련하는데 기여하였으리라 지적하는 견해도 있다. 특히 신라는 이러한 안승(安勝) · 고연무(高延武) 등의 고구려 유민 집단과의 연계 · 협력을 기반으로 인접 지역에 보다 적극적으로 개입하며 완충지대의 형성 등을 의도했던 것으로 추정하기도 한다(권창혁, 2021 ; 김강훈, 2022).

Ⅲ. 승패(勝敗)의 분기점: 675년 매소성(買肖城) 전투의 사례

  675년 후반에 벌어진 매소성(買肖城) 전투는 나당전쟁의 향방을 좌우한 최대의 격전으로서 관심이 집중되어 왔으며, 그러한 만큼 이는 학계 내에서도 여러 견해들이 가장 첨예하게 대립하는 지점이기도 하다. 특히 이 매소성(買肖城)의 위치비정과 관련된 문제가 대표적인데, 즉 이는 비단 지리상의 고증 자체에만 그치는 것이 아니라 관련 사료에 대한 해석 및 전반적인 전쟁 상황에 대한 이해, 특히 칠중성(七重城, 현 파주 적성) 전투·천성(泉城, 현 파주 오두산성) 전투·아달성(阿達城, 현 안협 일대) 전투 등 675년 중에 전후로 이어지는 개별 전투들과의 관계 및 성격 규정 등과 같은 여타 핵심적인 요소들과도 긴밀하게 얽혀 있기 때문이다.

  우선 이 매소성(買肖城)의 위치에 대해서는 대체로 1) 현 양주 지역으로 보려는 견해들과(이병도, 1977 ; 노태돈, 2009 ; 박성현, 2013 ; 김병희·서영교, 2021 ; 김병희, 2021), 2) 현 연천 지역으로 보려는 견해들로 대별되며(민덕식, 1989 ; 이호영, 1997 ; 서인한, 1999 ; 이상훈, 2012 ; 권창혁, 2019 ; 2022), 3) 아울러 최근에는 현 황해도 신계 일대로 비정되어온 수곡성(水谷城)을 이 매소성(買肖城)과 동일시하려는 견해도 제기되었다(윤경진, 2017a·b).

  이상과 같은 여러 견해들에서 설명하는바 위치비정의 근거 그에 따른 매소성 전투의 전개 등을 정리해보면 대략 아래 [표 2]·[표 3]의 내용과 같다.

〈표 2〉 매소성 위치비정에 대한 여러 견해

연천 비정설	① 매소성(買肖城), 혹은 매소천성(買蘇川城)의 명칭이란 4세기경 광개토대왕비에 등장하는 '미사성(彌沙城, 혹은 미사천성彌沙川城)'에서 유래, 이후 통일신라의 '사천현(沙川縣)'으로 이어짐. 이러한 지명들은 모두 '강'이나 '큰 여울'이라는 고어(古語)의 의미와도 통하는 만큼, 해당 지역에 인접해 있으며 병력의 도하(渡河)에도 유리한 한탄강(漢灘江)의 여울목들과 연관되어 붙여진 것.
	② 전략적인 차원에서 볼 때 이 매소성(買肖城) 전투를 비롯하여 그 전후로 이어졌던 칠중성(七重城)·천성(泉城) 전투 등을 전역(戰役, Campaign), 혹은 전선(戰線, Front)과 같은 하나의 큰 맥락으로 포괄할 수 있으며, 그러한 여러 전투들의 흐름이나 그에 따른 지정학적 위치 관계 등을 고려했을 때 매소성(買肖城)은 현 연천 일대로 비정하는 것이 더욱 적절함.
	③ 신라 측의 여러 고유 전거자료들을 재검토해보면 675년 초반의 칠중성(七重城) 전투를 전후하여 동년 9월 29일의 매소성(買肖城) 전투까지의 일련의 기간 사이에 아달성(阿達城)·적목성(赤木城)·석현성(石峴城) 등지의 지방거점성들을 둘러싼 다수의 공방전이 벌어졌을 것으로 그 시점을 조정 가능함(植田喜兵成智, 2014b). 그렇다면 이 시기 당군이 남하 과정에서 지속적인 소모전으로 인해 칠중성[파주]과 매소성[연천]을 중심으로 형성되었던 신라군의 방어선을 끝내 돌파하지 못하고 돈좌(頓挫)되었을 가능성을 추정해 볼 수 있음.
양주 비정설	① 『삼국사기』 지리지 등에 보이는 글자 및 발음상의 유사성을 고려했을 때 현 양주 일대로 비정되는바 매성현(買省縣, 후의 내소군[來蘇郡])의 지명이 매소성(買肖城)과 유사하게 통하며 이는 즉 그 치소(郡治)에 해당하였을 가능성이 높음.
	② 연천과 양주 두 지역을 비교하였을 때, 사료 상 '20만'으로 전하는 대규모의 당군 병력이 주둔하고 또 이를 통제할 수 있을 정도의 지리적 입지 및 군사·행정적 위상을 고려한다면 현 양주분지 일대가 더욱 적절함.
	③ 수륙병진(水陸竝進) 전략 하에 수로를 통한 물자 보급을 절실히 필요로 하였을 당군의 상황을 고려하면, 환경 상 대형 선박의 통행이 어려운 한탄강 유역의 연천 방면에 주둔하였을 가능성을 인정하기 어려움.
신계 비정설	① 나당전쟁 전후 신라의 축성 등의 양상을 다시 살펴보았을 때, 당시에 이미 신라는 임진강 이북 방면까지 진출하여 당군과 충돌하였을 가능성이 높음.
	② 매소성과 천성, 칠중성 등의 각 전투들의 경우 시기상으로도 동떨어져 있고 공방의 주체나 전투의 맥락 등을 살펴보았을 때 서로 상반되므로 굳이 연결시켜서 이해할 필요가 없음.
	③ '매(買)'는 본래 고대 한국어에서 '물(水)'과 통할 뿐 아니라, 『삼국사기』 지리지 등에서 수곡성(水谷城)의 옛 명칭이 '매차홀(買且忽)'이라고 전하는 점을 참고하면 지명의 음운 등에 있어서도 양자 사이에 공통점이 보임.

〈표 3〉 위치비정에 따른 매소성 전투(혹은 전역戰役)의 전말

매소성의 위치	전개과정 및 타 전투와의 관계 (675년 초 ~ 동년 9월까지)	전투의 결과 (675년 9월 29일 이후 시점)
연천	675년 초부터 여러 전투(아달성 등)를 치르면서 크게 소모된 당군이 칠중성(파주)의 함락에 실패, 이후 인근의 우회 경로로 재차 도하를 시도하면서 매소성 = 연천 방면에 주둔한 것.	남하 실패로 인한 당군의 철수, 신라의 방어 성공.
양주	당군이 칠중성(파주)을 완전히 함락시키고 남하하면서 매소성 = 양주분지 방면에 주둔한 것.	동년 9월 천성(泉城) 전투 패배에 따른 해상 보급 단절로 인한 당군의 철수, 철수 과정에서 신라의 여러 거점성에 대한 약탈이 발생(아달성 등).
신계	칠중성 전투 자체와는 직접적인 관계없음. 신라군이 임진강 이북 방면으로 진출하면서 당군이 주둔하던 매소성 = 신계 일대를 공격한 별개의 전투.	당군의 방어 성공, 신라군의 패퇴.

이상의 내용들을 살펴본다면, 우선 가장 많은 지지를 받고 있는 연천 비정설의 경우 대체로 칠중성(七重城)·매소성(買肖城)을 비롯한 675년 중의 전반적인 전투 양상을 곧 신라군이 당군의 대규모 침공에 맞서 공세종말점(攻勢終末點)에 따른 철수를 강요했던 성공적인 방어전이자 승전으로 규정하는 한편, 그러한 신라 측의 방어전략 및 군·관·민의 저항과 같은 내부적인 요소들에 좀 더 비중을 두려는 관점으로서 이해할 수 있을 것이다. 다른 한편 양주 비정설의 경우 역시 개별 전투 혹은 전역의 세부적인 전개 양상에 대해서는 약간의 시각 차이가 있을지언정 675년의 전반적인 상황 자체에 대해서는 일단 당군의 철수 및 신라군의 성공적인 방어전으로서 규정하는 것은 마찬가지라 할 수 있다. 다만 그를 가능하게 했던 원인에 대해

당 측의 공세 전략(水陸並進) 및 보급과 같은 외부적인 요소에 보다 초점을 맞추려는 관점이라 하겠다. 마지막으로 수곡성(水谷城), 즉 신계 비정설의 경우, 기존 통설 상 나당전쟁 중 신라의 강역이 현 임진강 이남을 경계로 제한되었으리라는 점과 매소성(買肖城)이 칠중성(七重城) 인근에 위치하였으리라는 점의 두 가지 전제에 대한 비판 아래 나당전쟁 종결 상황에 대한 완전히 새로운 해석을 제시하고자 하는 것으로서 이해된다.

결론적으로 이 675년 매소성 전투에 대한 일련의 견해들은 단순한 지리고증에만 그치는 것이 아니라 여기에서 출발하여 나당전쟁의 전반적인 전개과정 및 결과까지도 완전히 다르게 설명하고 있다는 점에서 주목할 만하다. 다만 그럼에도 불구하고 경기 북부의 비무장지대 및 북한 영역에 걸쳐 있는 해당 지역들의 현황 상 본격적인 고고학적 발굴조사 등을 통한 증명이 어려운 탓에, 결국 대부분의 견해가 전반으로 음상사(音相似)나 부족한 사료에 의존한 지엽적인 해석 혹은 정황상의 추정 정도에 머무를 수밖에 없었던 한계 역시도 분명하다. 그러한 만큼 여전히 미래의 성과를 기대할 필요가 있으리라 생각된다.

Ⅳ. 나당전쟁은 결과적으로 무엇을 남겼는가?

다른 한편, 나당전쟁과 관련된 또 다른 쟁점 중 하나로는 그 결과 및 역사적 의의 등을 바라보는 일련의 관점 차이를 들 수 있을 것이다. 이는 즉 앞서 잠시 언급했던바 신라의 승전이라는 내부적 요소,

혹은 당 제국의 방기(放棄)라는 외부적 요소 중 어느 쪽에 더욱 비중을 두는지에 따라 그러한 전쟁의 종결 과정을 이해하는 시각 역시도 상당 부분 달라질 수밖에 없기 때문이다. 아울러 또 다른 맥락으로는 과연 이 나당전쟁을 계기로 한 신라의 '통일' 달성을 인정할 수 있는지 여부를 둘러싼 학계의 오랜 논쟁 역시도 여전히 결론이 나지 않은 채 지속되고 있다는 점 역시도 특기할 만하다.

앞서 잠시 언급했던 바와 같이, 주로 국외 학계에서는 강성해진 토번(吐蕃)의 위협에 집중적으로 대처할 필요가 있었던 당 제국이 상대적으로 그 우선도나 위험성이 떨어지던 한반도 방면을 방기(放棄)하면서 곧 나당전쟁이 종결되었다고 이해해 왔다(池內宏, 1929 ; 陳寅恪, 1941 ; 古畑徹, 1983 ; 黃約瑟, 1987). 따라서 이러한 견해들에서는 대체로 676년 2월 안동도호부(安東都護府) 등의 당 제국 기미지배기구들의 요동(遼東) 방면 이동 조치를 곧 종전, 혹은 암묵적인 휴전 등의 시점으로 규정해 왔으며, 역으로 매소성·기벌포 전투와 같은 나당전쟁 후반 신라 측의 승전 기록들에 대해서는 사실성을 부정하거나 그 의미를 상당 부분 축소하여 파악하고자 하였던 것이다. 더 나아가 나당전쟁 자체가 궁극적으로는 신라가 당 제국의 천하질서(天下秩序)를 인정하면서 양국의 타협을 통해 종주국-번속국 관계가 복구되는 형태로 종결되었으므로, 실상 어느 한쪽의 승패로서 규정하는 것은 무의미하다는 이른바 '당-신라 종번론(宗藩論)'을 주장하는 견해도 제기된 바 있었다(拜根興, 2003).

그러나 이와 달리 국내 학계에서는 익히 알려진 바와 같이 675년 9월의 매소성(買肖城) 전투·676년 11월의 기벌포(伎伐浦) 전투와 같은 일련의 승전들을 통해 곧 676년 시점에 신라가 한반도에서 당 제국의 세력을 직접 무력으로 축출하며 '통일'을 완성하였다고 보는 관점이 통설에 가깝게 받아들여져 왔다(민덕식, 1989 ; 이호영, 1997 ; 서인한, 1999 ; 주보돈, 2011 ; 2018). 아울러 위와 같은 '방기론' 등으로 대표되는 국외 학계의 견해들에 대해서도 그 기저에 깔려 있는바 '만선사(滿鮮史)'와 같은 제국주의적 논리와 유사한 측면들을 지적하면서 다소 비판적으로 받아들이고자 하는 입장을 취해 왔다(노태돈, 2009 ; 이상훈, 2012). 물론 국내 학계에서도 큰 틀에서 볼 때 나당전쟁의 전말에 있어 토번의 흥기와 같은 세계사 차원의 외부적 요인들이 일정 부분 영향을 끼쳤다는 국외 학계의 논의 자체를 완전히 부정하는 것은 아니며, 근래의 연구 중에서도 이를 받아들여 상당한 비중으로 다루고 있는 사례도 많다(서영교, 2006 ; 曹凌, 2019 ; 김병희, 2021). 다만 그럼에도 불구하고 그 선후(先後)와 경중(輕重)을 따진다면 이러한 외부 요소들이 일단은 부차적인 측면에 가까우며, 매소성·기벌포 전투와 같은 나당전쟁 후반기 신라가 거둔 승전들이 가지는 의미를 굳이 축소하여 볼 이유가 없다는 입장이 현재로서는 많은 공감을 얻고 있다고 하겠다.

다른 한편 지금까지의 내용과는 다소 맥락을 달리하지만, '남북국'의 병립을 강조했던 조선 후기 실학 및 근대 민족주의 사학의 역사인식의 연장선상에서 나당전쟁의 결과이자 그 역사적 의의로서 신라가 '통일'을 완성하였다는 기존의 통설을 비판적으로 재고해보아야 한다는 일련의 주장들도 존재한다(김영하, 1988 ; 1999 ; 2007 ; 2012 ; 2020). 또한 가장 최근에는 관련 사료 및 금석문 자료 등에 대한 전면적인 재검토를 토대로 '일통삼한'이란 실상 7세기 당대의 것이 아니라 더 후대인 9세기 무렵 체제상의 위기 극복을 위해 새롭게 형성·확립된 개념으로 이해해야 하며, 더 나아가 이러한 시각 아래 신라측이 내세웠던 '평양이남 백제토지(平壤以南 百濟土地)'의 명분 및 675년의 매소성 전투 등 나당전쟁과도 밀접한 관련이 있는 문제들에 대해 적극적인 재해석을 시도한 견해들도 제기된 바 있다(윤경진, 2016 ; 2017a · b). 이와 같은 견해들의 주요 논지를 정리해보면 아래 [표 4]과 같다.

〈표 4〉 '백제통합론'과 '일통삼한 후대 부회론'의 주요 논지

백제 통합론	① 나당전쟁을 포함한 7세기 전쟁의 실질적인 결과를 다시금 살펴본다면 신라는 본래 어디까지나 '백제토지', 즉 백제의 영토·주민만을 대상으로 하는 불완전한 통합을 의도하고 또 달성하였을 뿐이며, 또 이후 얼마 지나지 않아 고구려의 계승국으로서 발해가 성립되어 '남북국'이 병립하였던 만큼 이를 한국사의 범주로 인정하고자 할 때 신라의 '통일'이란 형용모순이 됨.
	② 7세기 당대에 '일통삼한' 관념이 주창되기는 했지만, 이는 실제 역사적 현실과는 관계없이 신라 지배층이 처한 정치·외교적 상황 및 그 전개과정에 따라 파생된 일종의 허위의식에 불과함.
	③ 근대 이후의 사학사적 측면에서 본다면 신라의 '통일' 논리에 대한 집착은 오히려 한국사의 범위를 한반도 일부에만 국한시키면서 고구려와 그 계승국인 발해를 배제하려는 일제 식민사학의 인식을 답습하는 오류를 범하는 것.
일통삼한 후대 부회론	① 기존에 '일통삼한' 인식을 뒷받침하는 근거로 활용되었던 나당전쟁 직후 무열왕에 대한 '태종' 시호와 관련된 논변 기사의 성격이나 「청주운천동사적비(淸州雲泉洞事蹟碑)」의 제작 시기 등을 재검토해보았을 때, 7세기 당대의 인식이 반영된 것이 아니라 9세기 무렵의 후대 인식이 부회된 것으로 이해해야 함. 즉 이는 신라 말엽 지배체제 위기의 극복을 위해 새로이 창안된 관념이었을 것. 따라서 7세기 시점에 신라는 고구려까지도 포괄하는 '일통삼한'을 주장할 수가 없음.
	② 「답설인귀서」 등에서 신라가 영유권 설정의 명분으로 주장하였던 '평양이남 백제토지'는 고구려 영역이 아닌 백제의 영역만을 의미함. 다만 이 '백제토지'란 과거 패하(浿河)를 경계로 고구려와 대치하였던 4세기 무렵 한성백제 시기의 영토 인식을 기준으로 삼아 제시한 것으로, 현 황해도 일대까지 포괄하는 의미를 가졌을 것.

그러나 이러한 '백제통합론', 혹은 '일통삼한 후대 부회론' 등의 문제 제기에 대해, 기존 통설에 따라 나당전쟁의 결과로서 백제·고구려를 모두 포괄하는 신라의 '삼국통일(혹은 일통삼한)'을 충분히 인정할 수 있다고 보는 견해 역시 많다(노태돈, 2009 ; 2011 ; 주보돈, 2011 ; 2018 ; 이상훈, 2012 ; 김수태, 2014 ; 전진국, 2016 ; 장원섭, 2018 ; 전덕재, 2019 ; 기경량, 2019 ; 윤진석, 2020). 이러한 견해들에서는 대체로 아래 〈표 5〉와 같은 측면을 거론하며, 적어도 이 나당전쟁이라는 과정을 통해 신라 고유의 천하관(天下觀) 아래 고구려·백제까지 포괄하는 '일통삼한(삼국통일)'의 관념이 형성되었던 것은 분명한 사실이므로 이를 단순한 허위의식이나 후대 관념의 소급 정도로만 치부할 수는 없다고 반론한다.

〈표 5〉 '일통삼한' 긍정론의 주요 논지

①	『삼국사기』 지리지 기록상 나당전쟁 전후 확보한 영토를 편제한 9주(九州) 중 한 주(漢州)·삭주(朔州)·명주(溟州)의 3개 주(州)가 옛 고구려 영역으로 설정된 사례나, 9서당(九誓幢) 소속으로 편제된 고구려인·말갈인 및 보덕국(報德國) 등의 사례를 볼 때 영토·인민 등의 측면에서 신라 역시도 고구려의 유산을 상당부분 흡수했다고 볼 여지가 있음.
②	'백제통합론' 측에서는 「답설인귀서」의 '평양이남 백제토지'로 대표되는 신라의 전쟁 명분에 대해 '평양이남(에 해당하는) 백제토지'로 해석하여 신라가 처음부터 고구려를 제외한 백제 영역의 통합만을 의도하였다고 설명하지만, 실상 이는 '(고구려 영역 중) 평양 이남의 영토와 백제 영토'라는 의미로서 고구려 영역의 일부까지도 포괄하는 것이라 해석할 여지도 큼.
③	결과적으로 당 제국의 군사력에 밀려 실패하긴 했지만 672년 석문전투의 사례처럼 나당전쟁 중 신라가 고구려 유민들과 연계하며 현 황해도 일대의 고구려고지에서 활동했던 사실이나, 후대인 8세기 무렵 당과 신라의 외교적 교섭의 결과 당 측이 결국 패강(浿江) 이남(즉 평양 이남) 지역을 신라 영토로 인정하는 조치를 취했던 사실 등을 참고했을 때 '평양이남 백제토지'의 명분과 관련된 해당 기사의 사실성을 무작정 부정하기는 힘듦.

그와 별개로, 가장 최근에는 위와 같은 '백제통합(남북국)론'과 '삼국통일론'이라는 오래된 이분법에서 벗어나 새로운 용어 자체를 모색해야 한다는 지적들도 제기되고 있다. 즉 기존의 견해들에서는 어느 쪽이건 결국 통일된 민족국가의 수립이라는 지상과제 아래 민족 혹은 국민 단위의 일국사적 관점에 국한될 수밖에 없는 한계가 분명한 만큼, 굳이 여기에만 집착할게 아니라 국제적 관점에서 동아시아 전역에 걸친 7세기 대의 역사적 변동 양상을 실질적으로 포괄하는 용어가 필요하다는 것이다(권순홍, 2019). 아울러 그와 유사한 문제의식의 연장선상에서 이를 '7세기 중후반 동북아시아 전쟁'으로 규정하려는 견해도 있었으며(이재환, 2019), 더 나아가 지정학적 측면에서 국제적 세력 구도의 재편이라는 측면에 주목하여 '7세기 만주·한반도 전쟁'으로 명명할 것을 제안하기도 하였다(여호규, 2020).

결론적으로 이 나당전쟁의 종결 및 그 역사적 의미와 관련해서도 역시 국내·외를 막론하고 다양한 시각에서 논쟁이 지속되고 있는 현황을 다시금 확인할 수 있다고 하겠다. 다르게 보자면 이 역시도 나당전쟁을 비롯한 7세기 대의 역사상에 대해 동아시아, 혹은 세계사적 차원의 외적 측면에 먼저 초점을 맞춰야 할지, 혹은 한국사로서의 내적 측면에 먼저 초점을 맞춰야 할지 여부를 둘러싼 고민에서부터 출발하는 문제가 아닐까 한다. 특히 후자의 경우, 근대 이래의 '민족통일'이라는 과제가 여전히 마무리되지 않은 현실로 인해 신라의 '일통'과 관련된 일련의 담론들이 비단 과거에만 머물지 않고 오늘날까지도 유효한 의미를 가지고 끊임없이 소환될 수밖에 없기 때문이다.

V. 나오며: 향후의 과제

이상 지금까지 살펴본 바와 같이 나당전쟁사에 대한 연구는 국내·외 학계를 막론하고 많은 관심을 모으며 상당한 성과가 누적되어 왔다. 그러나 이는 그 성격상 한국사에 있어서는 이른바 '삼국통일' 혹은 '남북국 병립'의 마지막 단계로서, 또 다르게는 동아시아사 혹은 세계사에 있어 당 세계제국의 대외정책 전환으로서의 측면들이 주로 부각되었기에, 자연히 절대 다수의 연구가 전쟁의 시작과 종결, 그리고 그를 둘러싼 여러 해석과 담론들로만 끊임없이 수렴되며 논쟁이 공전(空轉)할 수밖에 없었던 측면도 있다. 이에 향후 관련 연구 성과의 발전을 위해서는 다음과 같은 몇몇 요소들을 좀 더 고려해 볼 여지가 있으리라 생각된다.

첫째, 세계사적 측면에서의 '한반도 방기론(혹은 외부요인론)'과 '신라 승전론(혹은 내부요인론)', 또한 한국사에 있어서의 '삼국통일론'과 '백제통합론(남북국 성립론)'과 같은 해묵은 이분법을 잠시 떠나 상호보완적인 관점 아래 이 나당전쟁을 포함한 7세기 대의 전쟁, 더 나아가 그 장기적·거시적인 변동의 실상을 포괄할 수 있는 새로운 역사적 개념 혹은 용어의 모색이 지속되어야 할 필요가 있다. 물론 그럼에도 불구하고 그러한 거대한 변동 아래 독자적인 주체 중 하나로서 신라와 신라인 스스로의 역할·인식 등을 정당하게 평가·반영할 수 있는 관점 역시 기본 전제로서 확립되어야 하겠다.

둘째, 전쟁의 양측 당사자인 당 제국과 신라 뿐 아니라 고구려나 백제 유민, 말갈이나 거란·돌궐 등 여기에 직·간접적으로 참여했던 주변부의 여타 종족, 집단 등에 대한 관심도 더욱 확대될 필요가 있겠다. 아울러 이는 비단 나당전쟁사의 제(諸)측면 뿐만이 아니라 당 제국의 기미지배체제 붕괴 및 발해의 건국·돌궐 2제국의 부흥 등 동아시아 세계 전반에 걸친 문제와도 밀접하게 맞물리는 문제인 만큼, 보다 장기적·거시적인 시야에서 이를 파악하면서 그러한 시대적 변혁 아래 놓인 여러 집단 혹은 개인의 선택 및 대응을 객관적으로 살펴보는 것도 의미 있는 접근이 될 것이다.

셋째, 당 제국이나 신라와 같은 주요 당사국들의 정치 구도나 제도상의 변화 등과 같은 내부적 맥락에 있어서도 나당전쟁이라는 시대적 영향이 어떻게 반영되었는지 더욱 밀접한 연계 아래 이해할 수 있도록 하는 접근 방식도 필요하리라 생각된다. 기왕에는 이러한 문제에 있어 이 시기를 전후하여 신설된 군사조직들이나 그와 연관된 병부(兵部)·선부(船府) 등의 일부 중앙행정체계 등에 한정하여 나당전쟁과 관련된 논의가 진행되어 왔다면, 추후에는 군사·행정·정치 등을 망라하는 내부 지배체제의 전모와 이를 추동(推動)했던 원동력으로서의 전쟁의 영향을 보다 총체적으로 살펴볼 여지가 남아있으리라 생각된다.

참고문헌

1. 저서

김강훈, 2022, 『고구려부흥운동 연구』, 학연문화사

김영하, 2007, 『신라중대사회연구』, 일지사

김영하, 2012, 『한국고대의 인식과 논리』, 성균관대학교출판부

김영하, 2020, 『7세기의 한국사, 어떻게 볼 것인가』, 성균관대학교출판부

노태돈, 2009, 『삼국통일전쟁사』, 서울대학교출판부

노혁진·박성현 외, 2013, 『楊州 大母山城의 再照明』, 한림대학교출판부

서영교, 2006, 『나당전쟁사 연구』, 아세아문화사

서인한, 1999, 『나당전쟁사』, 국방부군사편찬연구소

이병도, 1996, 『(역주)삼국사기 (상·하)』, 을유문화사

이상훈, 2012, 『나당전쟁 연구』, 주류성

이호영, 1997, 『신라 삼국통합과 麗·齊패망원인연구』, 서경문화사

임기환, 2004, 『고구려 정치사 연구』, 한나래

장원섭, 2018, 『신라 삼국통일연구』, 학연문화사, 2018

주보돈, 2018, 『김춘추와 그의 사람들』, 지식산업사

池內宏, 1960, 『滿鮮史研究 -上世篇 第Ⅰ·Ⅱ册』, 吉川弘文館

劉健明 編, 1997, 『黃約瑟隋唐史論集』, 中華書局

陳美延 編, 2001, 『陳寅恪集 -隋唐制度淵源略論稿·唐代政治史述論稿』, 三聯書店

拜根興, 2003, 『七世紀中葉唐與新羅關係研究』, 中國社會科學出版社

2. 논문

권순홍, 2019, 「역사용어에도 유효기한이 있다 -신라 '삼국통일'의 균열」, 『내일을 여는 역사』 75

권창혁, 2019, 「나당전쟁 시기 매소성 전투와 신라의 북방전선」, 『한국고대사연구』 95

권창혁, 2021, 「670~673년 신라의 고구려 부흥운동 지원 전략에 대한 검토」, 『신라사학보』 51

권창혁, 2022, 「675년 阿達城 전투와 신라의 靺鞨 인식」, 『신라문화』 60

기경량, 2019, 「'일통삼한 의식'과 표상으로서의 '삼한'」, 『역사비평』 128

김병희·서영교, 2021, 「羅唐戰爭期 七重城과 買肖城 戰鬪 -買肖城의 位置 比定 및 靺鞨 水軍의 活動에 대한 分析을 中心으로-」, 『군사』 118

김병희, 2021, 「新羅-唐 戰爭史 硏究」, 경기대학교 사학과 박사학위논문

김수태, 1994, 「통일기 신라의 고구려유민지배」, 『이기백 선생 고희기념 한국사학논총(상)』

김수태, 2014, 「신라의 천하관과 삼국통일론」, 『신라사학보』 32

김영하, 1988, 「신라의 삼국통일을 보는 시각」, 『한국고대사론』, 한길사

김영하, 1999, 「新羅의 百濟統合戰爭과 體制變化 -7세기 동아시아의 國際戰과 사회변동의 一環-」, 『한국고대사연구』 16

김정민, 2017, 「669년 신라의 사죄사 파견과 나당전쟁의 발발배경」, 『한국사연구』 178

김진한, 2014, 「「답설인귀서(答薛仁貴書)」에 보이는 신라·당 밀약 기사의 사료적 검토」, 『인문논총』 71-1

노태돈, 1997, 「對唐戰爭期(669~676) 新羅의 對外關係와 軍事活動」, 『군사』 34

노태돈, 2011, 「7세기 전쟁의 성격을 둘러싼 논의」, 『한국사연구』 154

민덕식, 1989, 「羅·唐戰爭에 관한 考察 -買肖城(매소성) 전투를 중심으로-」, 『사학연구』 40

신형식, 1985, 「三國統一前後 新羅의 對外關係」, 『신라문화』 2

신형식, 2004, 「說林 7세기 동아시아 정세와 신라통일의 의미」, 『신라문회』 24

양병룡, 1997, 「羅唐戰爭 進行過程에 보이는 高句麗遺民의 對唐戰爭」, 『사총』 46

윤경진, 2016, 「671년 「答薛仁貴書」의 '平壤已南 百濟土地'에 대한 재해석」, 『역사

문화연구』 60

윤경진, 2017a, 「매초성(買肖城) 전투와 나당전쟁(羅唐戰爭)의 종결 ―『삼국사기(三國史記)』 신라본기 675년 2월 기사의 분석 ―」, 『사림』 60

윤경진, 2017b, 「羅唐戰爭 終戰期 전황의 새로운 이해」, 『군사』 104

윤진석, 2020, 「648년 당태종의 '평양이남 백제토지' 발언의 해석과 효력 재검토 -'신라의 백제통합론'과 '삼한일통의식 9세기 성립설'에 대한 비판을 중심으로 -」, 『한국고대사탐구』 34

여호규, 2020, 「7세기 만주·한반도 전쟁과 지정학 구도의 재편」, 『역사비평』 2020-5

이상훈, 2019, 「나당전쟁의 개전 시점과 주체에 대한 재검토 -최근 대두되는 신설의 비판을 중심으로-」, 『한국고대사탐구』 32

이상훈, 2022, 「나당전쟁기 매소성의 위치와 매소성전역의 위상 - 최근 대두되는 '신설'의 비판을 중심으로 -」, 『한국고대사탐구』 41

이재환, 2019, 「7세기 중·후반 동북아시아의 전쟁을 어떻게 부를 것인가?」, 『역사비평』 2019-2

장원섭, 2018, 「신라삼국통일론 논의의 연구사적 검토」, 『신라사학보』 43

전덕재, 2019, 「신라는 삼국을 통일하려고 하였을까」, 『역사비평』 2019-8

전진국, 2016, 「三韓의 용례와 그 인식」, 『한국사연구』 173

주보돈, 2011, 「7世紀 羅唐關係의 始末」, 『영남학』 20

최진열, 2017, 「唐 前·後期 羅唐戰爭 서술과 인식」, 『동북아역사논총』 56

허중권, 1995, 「신라 통일전쟁사의 군사학적 연구」, 한국교원대학교 역사교육과 박사학위논문

John C. Jamieson, 1969, 「羅唐同盟의 瓦解 -韓中記事 取捨의 比較-」, 『歷史學報』 44

古畑徹, 1983, 「七世紀末から八世紀初にかけての新羅·唐關係 -新羅外交史の一試論-」, 『朝鮮學報』 107

植田喜兵成智, 2014a, 「唐人郭行節墓誌からみえる羅唐戰爭 -671年の新羅征討軍

派遣問題を中心に-」,『東洋學報』96-2.

植田喜兵成智, 2014b, 「羅唐戰爭終結期記事にみる新羅の對唐意識 -『三國史記』

文武王 14·15·16年條の再檢討-」,『史滴』36

曹凌, 2019, 「唐·新羅戰爭史 研究」, 동국대학교 사학과 박사학위논문

20장

왕건은 후삼국 전쟁에서 어떻게 승리할 수 있었을까

신성재(해군사관학교)

I. 들어가며

918년 6월, 기병 장군 홍유(洪儒)·배현경(裵玄慶)·신숭겸(申崇謙)·복지겸(卜智謙) 등이 비밀리에 왕건(王建)의 저택으로 모였다. 그동안 궁예(弓裔)의 폭정에 의분을 느껴온 이들은 왕건을 새로운 군주로 추대했다. 왕건은 "군주가 난폭할지라도 두 마음을 가질 수 없다"며 군신간 의리를 이유로 이들의 요청을 거절했다. 왕건의 마음을 움직인 사람은 다름아닌 부인 유씨였다. 휘장 속에서 밀담을 엿듣던 그녀는 뛰쳐나와 결연한 어조로 말했다. "대의를 세우고 폭군을 폐하는 일은 예로부터 있었던 일입니다. 지금 장수들의 의견을 들으니 저도 의분을 참을 수 없는데, 하물며 대장부야 말할 나위가 있겠습니까?" 말을 마친 그녀는 손수 갑옷을 가져다가 왕건에게 입혀주었다. 왕건이 의기(義旗)를 들자 삽시간에 1만여 명에 달하는 백성들이 궁문 앞에 운집했다. 대세가 기울어졌음을 직감한 궁예는 변복 차림으로 황급히 달아났다. 왕건의 고려 왕조는 장수들의 추대 속에 민중의 열망을 안고 이렇게 탄생했다.

왕건이 고려를 건국하면서 거둔 최고의 업적은 분열과 혼란의 시대를 청산하고 한민족이 하나되는 통일왕국을 이룩한 것이었다. 그 원대한 통일왕국 건설에 결정적인 군사적 기반이 되었던 것이 바로 수군력이었다. 고려의 수군은 왕건이 궁예의 치하에서 해군대장군(海軍大將軍)으로 활동하던 시절부터 진가를 발휘했다(신성재, 2015, 218~226쪽). 특히 후백제의 배후에 위치한 나주와 서남해역에서 벌인 성공적인 수군활동은 왕건의 정치적 입지 강화는 물론 후삼국 통일전쟁에서 주도권을 장악하고 승리로 이끄는데 든든한 밑거름으로 작용하였다(신성재, 2017a, 279~280쪽).

이처럼 왕건이 후삼국 전쟁에서 승리하고 통일왕국 건설의 주인공이 될 수 있었던 군사적 비결에는 젊은 시절부터 이끌어온 수군이 존재한다. 왕건이 거느렸던 고려의 수군, 그들은 후삼국 전쟁 동안 어떠한 전략 개념하에 운용되었고, 전쟁에서 기여하였던 역할은 무엇이었을까? 국지적인 전투는 물론 전쟁에서 승리하기 위해서는 전투와 전쟁 전체를 포괄하는 장기적 차원의 전략과 군사적 실천이 중요하다. 수군력이 후삼국 전쟁의 운명에 지대한 영향을 미쳤다고 이해되는 만큼, 이 글에서는 해양·전쟁사의 시각에서 왕건이 수군력을 기반으로 수립한 통일전략과 수군활동에 주목한다. 그동안 후삼국 전쟁을 소재로 진행된 일련의 연구 흐름을 개괄하고, 구체적인 통일전략과 수군활동 내용, 고려 수군력의 실체 등에 대해 알아본다.

II. 해양·전쟁사의 시각에서 후삼국 전쟁 바라보기

『문화로 보면 역사가 달라진다』는 인문학 대중서의 고견을 빌리지 않더라도, 관점과 분석의 틀을 달리하여 지난 역사를 들여다보면 한층 다채롭고 참신한 이야기가 가능하다. 궁예 · 왕건 · 견훤과 대소규모의 호족들이 전쟁을 매개로 새 왕조 건설을 꿈꾸던 후삼국시대도 그 예외가 아니다. 이 시대 전쟁과 관련한 연구는 1950년대 이래 왕건의 후삼국 통일과 연계한 수군활동, 전략적 요충지를 둘러싼 전투 등을 중심으로 개설적인 수준에서 소개되었다(해군본부 정훈감실, 1954 · 1962 ; 최석남, 1964 ; 박한설, 1965 ; 육군본부, 1976 ; 이재외, 1988). 그 뒤 이 분야에 관한 연구는 한동안 뜸하였다. 그러다가 '80~'90년대 이르러 후삼국시대 사회변동을 주도한 호족세력과 후삼국을 건국한 궁예 · 왕건과 견훤에 대한 관심이 높아지면서 상당한 진척이 이루어지게 되었다. 학술 논문과 석 · 박사 학위논문 등으로 학계에 발표된 이들 성과는 현재 잘 다듬어진 단행본으로 출간되어 서점가를 장식하고 있다(김갑동, 1990 · 2021 ; 신호철, 1993 · 2002 ; 정청주, 1996 ; 최규성, 2005 ; 이재범, 2007 ; 조인성, 2007).

호족과 후삼국 건국자들에 대한 성과가 축적됨에 따라 2000년대 들어와서는 고려와 후백제가 추진한 통일정책과 전쟁에 대해서도 관심이 베풀어졌다. 고려와 후백제의 통일정책에 주목한 연구자는 류영철이었다. 그는 후삼국의 상호 관계를 재구성하고, 고려와 후백제가 추진한 통일정책을 전쟁 후반기에 발발한 주요 전투인 공산 · 고창 · 일리천 전투와 연계하여 검토하였다(류영철, 1995 · 1999 · 2001). 그는 민심 확보에 따른 정책적 승리가 왕건의 후삼국 통일을 결정지은 주요 요인으로 이해하였다(류영철, 2004). 특정 국가의 입장에서 전쟁을 다룬 저서도 출간되었다. 문안식은 후백제의 입장에서 견훤이 건국을 선포하던 단계부터 영역의 확장, 조물성 전투, 최후의 멸망에 이르기까지 흥망사의 전 과정을 살폈다(문안식, 2008). 전쟁과 전투를 다룬 학술 서적들이 출간되면서 일반 대중들을 대상으로 하는 가독성이 높은 전쟁 교양서의 간행도 병행되었다. 이도학과 임용한이 대표적이다. 이들이 집필한 교양서는 궁예ㆍ왕건ㆍ견훤이 혼돈의 시대에 품었던 이상과 꿈, 전쟁에서 발휘된 지략과 전술, 다양한 무장과 무기체계, 해ㆍ육상을 넘나들며 박진감 있게 전개된 전투의 진면목, 다양한 인간 군상과 그들이 보여준 리더십 등 독자들의 흥미를 끌기에 유용한 내용으로 서술된 점이 특징적이다(이도학, 2000ㆍ2015 ; 임용한, 2001).

학술 저서와 대중서들이 후삼국 전쟁에 대한 관심도를 높여주는 가운데 해양사적 차원에서 서남해역을 둘러싼 왕건과 견훤의 해양쟁패전, 아산만 일대 확보 등을 다룬 연구들이 후속하였다(강봉룡, 2002ㆍ2003 ; 김명진, 2008ㆍ2014 ; 신성재, 2016bㆍ2018). 아울러 공산ㆍ고창ㆍ운주ㆍ일리천ㆍ일모산성 전투 등 지상에서 벌어진 개별 전투(민병하, 1994 ; 류영철, 2004 ; 김명진, 2014ㆍ2018 ; 신성재, 2011ㆍ2012ㆍ2018ㆍ2019)와 유금필(庾黔弼)을 비롯한 왕건 및 견훤의 휘하에서 활약한 무장들에 대한 분석도 자세히 검토되었다(김갑동, 2008 ; 김명진, 2012ㆍ2015 ; 문안식, 2016 ; 신성재, 2017b). 이러한 동향 속에서 전쟁의 전 과정을 종합적으로 이해하는 가운데 특별히 해양 · 전쟁사의 시각에서 당시 전쟁에 적용된 왕건의 후삼국 통일전략과 군사력 운용을 밝혀낸 성과들이 제시되었다. 기본적으로 수군활동과 서남해역 해상권이 갖는 전략적 가치에 초점을 둔 이들 연구에서는 왕건이 903년 나주 진출을 계기로 수립한 후삼국 통일전략에 주목한다(신성재, 2010 · 2012a · 2016a). 왕건이 궁예에게 건의한 것으로 나오는 '안변척경책(安邊拓境策)'에 반영된 전략의 내용이 그것이다. 해당 성과들에서는 왕건이 건의한 안변척경책이 단순히 변경과 접경 지대를 넓히는 방책이 아닌 수군력에 기반하여 후삼국 통일을 도모해가는 전략적 내용이 핵심을 이룬 것으로 평가한다.(신성재, 2010 · 2017a · 2018). 그렇다면 왕건이 수군력에 기반하여 수립하였던 후삼국 통일전략과 그 군사적 실천 내용은 무엇이었을까?

Ⅲ. 왕건, 수군력에 기반한 전략으로 후삼국을 통일하다

명주(溟州 : 강릉)에서 자립한 궁예가 896년에 이르러 패서(浿西 : 황해도) 지방으로 영향력을 뻗혀오자 개성의 해상세력 왕륭(王隆)은 궁예에게 정치적 귀부(歸附)를 결행한다. 왕륭이 귀부해오자 궁예는 그의 맏아들인 왕건에게 철원군태수(鐵圓郡太守)를 맡기고 정기대감(精騎大監)의 직함을 하사하였다. 정기대감을 띠고 정벌전에 뛰어든 왕건은 광주(廣州) · 충주 · 당성(唐城 : 화성) · 청주 · 괴양(槐壤 : 괴산) 등 오늘날의 경기도 지역과 충청도 일대를 평정하는 수훈을 세운다. 충청지역을 석권한 뒤 왕건은 903년 3월에 해상원정군을 이끌고 후백제의 배후에 위치한 나주를 점령한다. 왕건의 나주 진출은 궁예가 통치하던 시기는 물론 이후 고려 왕조로까지 이어지는 후삼국 통일전략 수립의 시발점이 되는 중대한 사건이었다. 『고려사』는 왕건의 나주 진출 과정을 다음과 같이 전한다.

> (903) 3월에 주사(舟師)를 거느리고 서해로부터 광주(光州) 경계에 이르러 금성군(錦城郡)을 공격하여 빼앗고, 10여 군현을 공격하여 이를 취하였다. 이에 금성을 나주로 고치고 군사를 나누어 지키도록 하고 귀환하였다. 이 해에 양주(良州) 수(帥) 김인훈(金忍訓)이 급히 고하자, 궁예는 태조에게 명하여 가서 구하게 하였다. 왕건이 돌아오자 궁예가 변경 지방의 일에 대하여 물었다, 태조가 안변척경책(安邊拓境策)을 말하자 좌우 모두 주목하였다 [『고려사』 권1, 세가1 태조 천복 3년 계해].

나주 원정을 전하는 『고려사』 기록에서 후삼국 통일전략과 관련하여 주목해볼 대목은 왕건이 궁예에게 건의한 안변척경책이다. 왕건이 건의한 안변척경책은 글자 그대로 풀이하면 변경지대를 안정시키고 영토를 확장하는 방책이 된다. 전투를 마친 뒤 사후적 평가를 하는 과정에서 나온 통상적인 방책의 하나일 수 있다. 그러나 이 시기에 나온 왕건의 안변척경책은 지엽적인 방책과는 차원이 다른 것이었다. 특히 왕건이 몸소 해상원정군을 이끌고 나주를 점령하였던 만큼 서해상의 해상교통 조건과 현지 지방사회의 동향, 수군 운용상의 전략적 이점과 가치 등이 경험적으로 반영된 것이었다(신성재,

2016a, 29~33쪽). 요컨대 수군활동을 통해 전략적인 효과를 거두었으므로 향후 정벌전을 수행함에 있어 수군력을 운용하여 국가의 정책적 목표를 달성하는 방략이 포함된 것이었다.

그렇다면 왕건이 건의한 안변척경책에 반영된 후삼국 통일전략은 구체적으로 무엇이었을까? 우선 직접적으로는 확보한 나주를 후백제의 배후를 견제하는 전략거점으로 삼는 방안이 마련되었다. 아울러 나주를 거점으로 서남해역에 대한 해상권을 확보하고 통일전쟁의 주도권을 장악해 가는 수군 운용 방안도 포함되었다. 이는 고려의 수군이 나주 진출을 시발점으로 후삼국을 통일하는 936년까지 서남해역 해상권을 둘러싸고 후백제와 해상 대결을 빈번히 벌인 사실을 통해 입증된다. 해상권 장악과 함께 통일전쟁의 재원을 확보하는 공간으로 나주와 서남해안 지방을 경영하는 방안도 마련되었다. 전쟁 수행에 필수적인 식량과 전투용 군마, 소금 등이 서남해 도서지방에서 다량으로 생산되고 있었기 때문에 수군활동을 통한 전쟁 재원의 확보와 안정적인 공급은 당연한 것이었다. 왕건이 후삼국 전쟁에서 자신을 도와준 이총언(李悤言)에게 충청지역 내륙수로의 창고에 보관하던 곡식 2,200석과 소금 1,785석을 하사하였던 사례는 이 시기 전쟁 재원 확보를 위해 벌였던 수군활동을 잘 반영한다(신성재, 2016a, 100~103쪽). 송악과 나주, 해상과 내륙수로를 연결하는 전쟁 재원 공급망의 구축과 보호 역시 왕건이 후삼국 통일을 달성하기 위해 수립한 전략의 핵심 중 하나였다.

이와 같이 왕건은 나주 진출을 계기로 마련한 후삼국 통일전략에 근간하여 서남해역 해상권을 장악하고 나주와 송악을 연결하는 해상

교통로를 보호하면서 다도해 지방으로부터 생산되는 재원을 통일전쟁에 소요되는 경제군사적 비용으로 활용하였다. 왕건의 이러한 노력은 정치군사적인 효과로 이어졌다. 935년 6월, 맏아들 신검(神劍)이 일으킨 쿠데타로 말미암아 권좌에서 쫓겨나 있던 견훤이 나주로 탈출한 뒤 해로를 통하여 고려 왕조로 입조해올 뜻을 전해온 것이었다. 왕건은 당대의 명장 유금필을 파견하여 견훤 일행을 맞이해오도록 하였다. 수군력에 기반한 후삼국 통일전략, 즉 서남해역 해상권 장악과 해상교통로 보호, 전쟁 재원 확보를 골자로 하는 전략의 수립과 실천을 통해 왕건은 견훤과의 길고도 지루한 싸움에서 승리하고 후삼국을 통일하는 대업을 완수할 수 있게 되었다.

Ⅳ. 후삼국 전쟁기에 왕건이 거느린 수군의 이모저모

왕건이 거느렸던 수군에 대해서는 관련 자료가 부족하다 보니 전체적인 면모를 그려내는데 한계가 있었다. 다행히 최근 관직과 지휘체계 문제, 해상에서의 전투 전술, 수군 병력과 전함 등을 검토한 견해가 있어 이를 근거 삼아 그 대강을 제시해 볼 수 있다(신성재, 2013 · 2016a).

우선 왕건이 거느린 수군의 관직 및 지휘체계와 관련해서는 비교적 이른 시기부터 사안이 발생하면 그때 그때마다 임시적으로 설치하는, 이른바 '임사설관적(臨事設官的)'인 성격을 띤 것으로 보는 경향이 강했다. 이러한 입장에서 당시 왕건이 궁예로부터 수여받았던 해군대장군이나 휘하의 해군장군 등 당대 기록에 등장하는 수군과 관련된 관직들을 임시적인 것이라고 판단하였다(김남규, 1983, 48~51쪽 ; 육군본부 육군군사연구소, 2012, 172~174쪽). 하지만 고려 건국 초기부터 상층부에 해당하는 무직(武職)이 제도적으로 설치되었던 점에서나, 병종(兵種)이 마군(馬軍)·보군(步軍)·해군 등으로 분화되었던 점으로 보아서는(정경현, 1988, 140~142쪽) 상설직에 가까웠던 것으로 판단된다. 지휘체계는 병부(兵部)가 병무 행정에 해당하는 군정권(軍政權)을 장악하고, 순군부(徇軍部)가 병력 징발의 발병권(發兵權)을 관장하며, 왕건 휘하의 무장들이 할당받은 군사들에 대한 장병권(掌兵權)을 행사하는 체계로 운영되었다. 상층의 지휘관급이 상설직으로 설치되고, 병부와 순군부, 대장군-장군-부장-군관-병졸집단으로 이어지는 체계가 후삼국시대에 나타나는 수군 운영상의 주요한 특징이었다(신성재, 2013, 46~53쪽).

해상에서의 전투 전술은 가급적이면 선상에서 발생하는 백병전을 최소화하면서 적선에게 타격을 가하여 효과를 거두는 전술을 중시하였다. 육상에서의 전투방식을 그대로 해상에 옮긴, 본질적으로 육전의 전술과 다를바 없는 것으로 이해하는 경향도 있지만(이창섭, 2005, 17~18쪽), 그러한 해전 방식은 군사들의 막대한 희생을 각오해야 하는 전술이기에 그다지 선호하지 않았던 것 같다. 그 보다는 전함에 승선한 궁수들의 전술적 이점을 활용하여 원거리 혹은 일정한 거리를 두면서 사격의 효과를 높이는 전술을 구사하되, 근접전을 수행하는 과정에서 충돌은 불가피하였던 것으로 여겨진다. 해전에서 선상 전투원과 전함을 운항하는 요원간의 팀웍은 매우 중요하였다.

이들은 단위 함대를 중심으로 해상작전을 수행하는 체제속에서 각각의 전함에 설치된 무기체계를 운용하기에 적합하면서 동시에 해상에서의 전투 전술을 구사하기에 용이한 형태로 조직 및 전문화 되었다(신성재, 2013, 54~63쪽).

수군 병력은 고려의 영향권 안에서 해상활동에 종사하던 연해민들과 무역업에 종사하던 해상세력과 휘하의 상인, 호위 무사들이 중심을 이루었다. 당시 이들이 활동하던 지역과 사회경제적인 처지 등이 반영된 결과였다. 규모는 2~3천명이 하나의 해상원정군을 구성하였고, 잠재적 자원까지 포함하면 5천명 정도에 달하였다(이창섭, 2005, 20쪽 ; 신성재, 2013, 65~66쪽). 확보된 병력은 무기체계를 운용하기에 적합하고 해전을 수행하기에 효과적인 형태로 편성 및 조직되었다. 궁수와 수수(水手), 초공(梢工) 등은 그러한 역할을 담당하던 존재들로 넓은 의미에서 이들은 전투원이었다. 한 척의 전함을 기초 단위로 해전을 벌이던 상황에서 전함 자체가 전투원 역할을 하였으므로 승선한 운항 요원들 역시 크게 보아 전투원이었던 셈이다.

해전에 동원된 선박은 기본적으로 전함이었다. 정권 초기에 해상세력이 보유하던 상선을 개조하여 사용하기도 하였으나, 점차 해전이 격화되면서부터는 이를 전담하는 전함이 주력을 형성하였다(신성재, 2013, 72쪽). 궁예정권 말기인 914~915년 사이에 건조된 전함 100여 척 중 대선(大船) 10여 척은 이러한 사실과 잘 부합한다. 이 시기 건조된 대선 10여 척은 그 길이가 30미터에 이를 정도로 큰 규모를 갖춘 전함이었다. 이처럼 대형의 전함이었기 때문에 당대 사람들은 갑판 위에서 "가히 말을 달릴 만하였다"고 평가하였다.

V. 나오며

해양사의 시각에서나 전쟁사의 시각에서 고대와 중세 초기에 존재했던 수군활동을 다룬 연구는 양질적으로 증가하고 있는 실정이다. 하지만 여전히 남는 아쉬움은 비록 현대적 개념을 투영한 연구일지라도, 군사력 운용의 근간이 되는 전략과 정책에 관한 성과가 많지 않다는 점이다. 전략과 정책을 이해하면 군사제도와 군사사상, 전쟁관, 무장과 무기체계, 군사 운용과 전술, 군역 자원의 확보와 편성, 지휘체계, 군사기지의 설치와 운영 등 전통시대 군사와 관련한 전 분야에 대한 유기적인 고찰이 가능하다. 후삼국시대 전쟁과 전략, 수군활동에 주목한 글쓰기는 이러한 점에서 유용한 시사점을 제공한다.

한편 해양·전쟁사의 시각에서 왕건이 후삼국을 통일할 수 있었던 군사적 비결을 요약하자면, '수군력에 기반한 통일전략의 수립과 실천'이라고 결론지을 수 있다. 물론 이러한 인식과 결론적인 이해는 오롯이 필자만의 전유물이 아니다. 이미 지금으로부터 몇 백년 전인 1388년(우왕 14), 왜구의 극심한 침탈에 맞서 방책을 고심하던 고려의 사헌부(司憲府) 관리들 또한 깊이 공감하던 인식이었다. 그들은 우왕(禑王) 앞으로 올린 상소문에서, 왕건이 건국 초기부터 수군을 다스려 나주를 점령하고, 그 힘에 기반하여 서남해역의 도서지방을 장악하니 섬으로부터 생산된 이익이 국가의 재력으로 귀속되어 마침내 후삼국을 통일할 수 있었다고 평가하였다. 당시 사헌부 관리들이 올린 상소문의 해당 내용을 인용하면 다음과 같다.

14년(1388) 8월에 헌사(憲司)가 상소하기를, "여러 섬에서 나오는 어염의 이익과 목축의 번성, 해산물의 풍요로움은 국가에서 없어서는 안될 것입니다. 우리 신성(神聖 : 태조 왕건 - 필자 주)이 아직 신라와 백제를 평정하지 못하였을 때에 먼저 수군을 다스려 친히 누선(樓船)을 타고 금성에 내려가 그곳을 점령하니 여러 섬의 이익이 모두 국가의 자원으로 속하게 되었고, 그 재력으로 마침내 삼한(三韓)을 하나로 통일하였습니다."

사헌부 관리들이 인정한 것처럼, 왕건이 후삼국 전쟁을 수행하는 과정에서 확보한 어염과 목축, 해산물로 표현된 재원은 전평시를 막론하고 국정을 운영함에 있어 필수불가결한 것이었다. 왕건은 그 필수적인 재원을 확보하는 공간으로 나주와 서남해역에 산재한 도서지방을 주목하였고, 그곳을 무대로 장기간에 걸쳐 실천한 수군활동은 국가 자원의 풍요로움을 가져다주는 가운데 마침내는 후삼국을 하나로 통일하게끔 하는 결정적인 기반으로 작용하였다.

참고문헌

1. 사료

『삼국사기』『삼국유사』『고려사』『고려사절요』『동국이상국집』『신증동국여지승람』『증보문헌비고』『택리지』『동사강목』『신당서』『입당구법순례행기』『선화봉사고려도경』『손자병법』『육도』

2. 저서

김갑동, 1990, 『나말여초의 호족과 사회변동 연구』, 고려대학교 민족문화연구소

김갑동, 2021, 『고려 태조 왕건정권 연구』, 혜안

김명진, 2014, 『고려 태조 왕건의 통일전쟁 연구』, 혜안

김명진, 2018, 『통일과 전쟁, 고려 태조 왕건』, 혜안

류영철, 2004, 『고려의 후삼국 통일과정 연구』, 경인문화사

문안식, 2008, 『후백제 전쟁사 연구』, 혜안

신성재, 2016a, 『후삼국시대 수군활동사』, 혜안

신성재, 2018, 『후삼국 통일전쟁사 연구』, 혜안

신호철, 1993, 『후백제 견훤정권 연구』, 일조각

신호철, 2002, 『후삼국시대 호족연구』, 개신

육군본부, 1976, 『한국고전사 2』(중세편)

육군본부 육군군사연구소, 2012, 『한국군사사 ③』(고려 Ⅰ)

이도학, 2000, 『궁예 진훤 왕건과 열정의 시대』, 김영사

이도학, 2015, 『후삼국시대 전쟁 연구』, 주류성

이재 외, 1988, 『한민족전쟁사총론』, 교학연구사

이재범, 2007, 『후삼국시대 궁예정권 연구』, 혜안

임용한, 2001, 『전쟁과 역사 - 삼국편』, 혜안

정청주, 1996, 『신라말 고려초 호족연구』, 일조각

조인성, 2007, 『태봉의 궁예정권』, 푸른역사

조한욱, 2000, 『문화로 보면 역사가 달라진다』, 책세상

최규성, 2005, 『고려 태조 왕건 연구』, 주류성

최석남, 1964, 『한국수군사연구』, 명양사

해군본부 정훈감실, 1954, 『한국해양사』

해군본부 정훈감실, 1962, 『한국해전사(상)』

3. 논문

강봉룡, 2002, 「후백제 견훤과 해양세력」 『역사교육』 83

강봉룡, 2003, 「나말려초 왕건의 서남해지방 장악과 그 배경」 『도서문화』 21

김갑동, 2008b, 「고려의 후삼국 통일과 유금필」 『군사』 69

김남규, 1983, 「고려의 수군제도」 『고려군제사』, 육군본부

김명진, 2008, 「태조 왕건의 충청지역 공략과 아산만 확보」 『역사와 담론』 51

김명진, 2012, 「고려 태조 왕건의 일모산성전투와 공직의 역할」 『군사』 85

김명진, 2015, 「고려 태조 왕건의 운주전투와 긍준의 역할」 『군사』 96

류영철, 1995, 「공산전투의 재검토」 『향토문화』 9·10(두산 김택규 박사 정년기
　　　념 향토사논총)

류영철, 1999, 「고창전투와 후삼국의 정세 변화」 『한국중세사연구』 7

류영철, 2001, 「일리천 전투와 후백제의 패망」 『대구사학』 63

문안식, 2016, 「신숭겸의 출자와 후삼국 통일 전쟁기의 활약」 『신라사학보』 36

민병하, 1994, 「신숭겸과 공산동수 전투」 『군사』 29

박한설, 1965, 「왕건세계의 무역활동에 대하여」 『사총』 10

신성재, 2010, 「태봉의 수군전략과 수군운용」 『역사와 경계』 75

신성재, 2011, 「일리천 전투와 고려태조 왕건의 전략전술」 『한국고대사연구』 61

신성재, 2012a, 「고려의 수군전략과 후삼국통일」 『동방학지』 158

신성재, 2012b, 「고려와 후백제의 공산전투」 『한국중세사연구』 34

신성재, 2013, 「후삼국시대 수군의 운영체제와 해전」 『역사와 경계』 88

신성재, 2015, 「고려전기 해군에 대한 시론적 고찰」 『역사와 경계』 75

신성재, 2016b, 「고려와 후백제의 해양쟁패전」 『한국중세사연구』 47

신성재, 2017a, 「왕건의 서남해 도서지방 경략과 해양사적 의미」 『한국중세사연구』 51

신성재, 2017b, 「고려 태조대 명장 충절공 유금필」 『군사』 102

신성재, 2019, 「후삼국 통일전쟁과 운주전투」 『군사』 110

이창섭, 2005, 「고려 전기 수군의 운영」 『사총』 60

정경현, 1988, 「고려전기 무직체계의 성립」 『한국사론』 19

정청주, 2015, 「신라말·고려초 해상세력의 대두와 그 역사적 의미」 『역사학연구』 59

21장

고려 건국기 수군은 나라를 어떻게 지켰을까

이창섭(고려대학교)

I. 들어가며

한국 역사의 주요 무대였던 한반도는 3면이 바다로 둘러싸여 있
다. 그래서 한반도의 바다에서는 다양한 활동이 벌어졌는데, 이 가운
데에는 중요한 의미가 있는 사건도 많이 있었다. 대표적인 사례로는
한반도에서 벌어졌던 여러 차례의 전쟁에서 바다가 주요한 전장이
되고, 수상활동이 전쟁의 승패에 큰 영향을 미친 경우를 들 수 있다.
한반도의 지리 조건상 전쟁에서 이기기 위해서는 해상·수상에서의
전투 및 바다와 내륙수로를 이용한 전투 지원이 매우 중요하였다.
이 때문에 전쟁을 효과적으로 수행하기 위해서는 수상에서 활동하는
군대인 수군이 필요했고, 이들은 전쟁 국면을 유리하게 이끄는 데에
큰 도움이 되었다.

고려의 경우에도 나라를 세운 왕건의 일가가 송악 일대의 해상세
력으로 자리잡고 있다가 궁예에게 귀부한 이후에는 해전에서 많은

공을 세워서 궁예의 신임을 얻었다. 해전에서의 성공은 왕건이 인망을 얻고 마침내 궁예를 축출하고 고려를 건국하는 밑거름이 되었다. 후삼국시기 이래 왕건으로 대표되는 태봉과 고려의 강력한 수군은 고려 국가 건설의 기틀을 닦았고, 이후에는 후삼국 통일에도 크게 기여하였다.

고려 건국기 수군의 활동은 고려 건국 전에 왕건이 위세를 떨쳤던 태봉 시기 수군 활동에 비해 상대적으로 부침이 있으며 그 활약상도 자세히 전해지지는 않는다. 하지만 다각도의 분석을 통해 수군 활동이 끊기지 않고 계속되었으며, 후삼국 통일전쟁을 고려의 최종 승리로 이끄는 데에 수군이 기여한 면이 매우 크다는 사실을 알 수 있다. 후삼국 통일전쟁의 주역이었던 고려와 후백제의 대치에서 양국 수군이 서해와 서남해를 무대로 격전을 벌였으며, 여기에서의 승패가 전체적인 전황에 큰 영향을 끼쳤음을 여러 경로로 확인할 수 있기 때문이다.

II. 고려 건국기 수군의 자취 찾아보기

고려의 수군은 후삼국 통일전쟁을 고려의 승리로 이끄는 데에 큰 몫을 담당하였다. 고려 수군은 고려가 무너뜨렸던 태봉 수군을 계승하였다고 볼 수 있다. 애초 태봉 수군의 주축은 태조 왕건 일가를 비롯한 송악(지금의 개성)과 패서(경기 북부, 황해도 일대)의 해상세력이 보유했던 해상전력이었고, 이들은 대체로 왕건의 세력기반이었으므로 고려 건국 후 그대로 왕건이 세운 고려에 흡수되었던 것으로 보이기 때문이다.

고려 수군과 관련된 연구는 고려 시기를 다룬 다른 분야에 비해 활발하지는 않은 편인데, 범위를 확장하여 고려 태조 왕건의 수군 활동 혹은 왕건이 이끌었던 태봉 수군의 활동에 대한 연구가 상대적으로 많이 이루어진 덕분에 이 성과를 토대로 고려 수군의 면모를 어느 정도 추론할 수는 있다. 이런 현실이라 고려 건국기의 수군만을 다루는 연구는 찾기 어렵다. 수군에 대해 알 수 있는 사료가 매우 적고, 단편적인데, 고려 건국기의 수군 활동을 알 수 있는 자료는 이 중에서도 더욱 적어서 그 전모를 밝히기 힘들기 때문이다.

고려 건국기 수군 활동을 이해하기 위해서는 고려 수군 활동 전반의 쟁점을 먼저 파악하고, 고려 건국기의 각종 사건 중 수군과 연관되는 것을 찾은 뒤 그 의미를 수군사의 시각에서 조명해야 한다. 이러한 관점에서 먼저 이홍직의 연구 성과를 주목해야 한다. 이홍직은 해군에서 발간한 『한국해양사』의 고려시대편을 집필하였는데, 사료 여기저기에 흩어져 있는 고려시기 수군 관련 사항을 모아 일관된 흐름으로 정리하고 의미를 부여하였다. 수군 연구에서 다루어야 하는 중요한 쟁점, 상세히 해명해야할 과제는 그의 글에서 대부분 언급되고 있다.

뒤이어 김상기가 동여진 해적의 고려 침략에 대해 언급하였는데, 방어를 위한 축성 및 수군을 통솔한 부서인 도부서에 대해 깊이있게 연구하였다. 이같은 성과를 바탕으로 고려 전기 수군의 역사는 한국 해전사의 한 부분으로 여러 차례 정리되었다. 이 가운데 최석남의 연구가 상대적으로 주목된다. 그는 태조와 견훤이 서남해의 제해권을 놓고 벌인 덕진포해전(德津浦海戰)의 의미를 부각시키고, 통일 후 동여진 해적을 상대할 때 고려 수군의 주력 전함으로 쓰였던 과선(戈船)의 기능을 전술적 관점에서 주목하는 등 의미있는 분석을 시도했다. 이어 고려 전기 수군에 대한 연구로는 김남규의 연구를 들 수 있는데, 그는 고려의 도부서(都部署)에 대해 검토하며, 이 관서가 수군 전담 관서의 필요에 따라 설치되었다고 보고 있다.

기존 연구에서 제기된 과제 및 해결 과정에서 파생된 과제가 많이 남아 있었지만, 김남규 이후 고려 수군에 대한 연구는 오랫동안 정체되어 있었다. 그러다가 2000년대 들어 그간 제기되었으나 적절히 해명되지 않고 남아 있던 여러 과제에 관심을 갖는 연구자가 등장하여 연구가 재개되었다. 그 가운데 신성재가 주로 나말여초 수군에 대한 연구를 활발히 진행하여 해당 시기 수군 연구에 있어서 가장 많은 성과를 남기고 있다.

신성재는 해당 시기 수군에 대해 본격적으로 탐구하여 후백제와 태봉·고려 수군에 대한 연구, 그리고 후삼국 통일전쟁 시기에 수군의 활약상이라는 점에 주목하며 후백제와 태봉·고려 수군 사이의 전투에 대한 연구를 깊이있게 진행하고 있다. 후삼국시기 수군에 대한 본격적인 연구라는 측면에서 신성재의 연구에는 많은 시사점이 있으며, 고려 건국기의 수군 활동과 관련해서도 현재까지 확인할 수 있는 모든 사료를 활용하여 당시 수군 활동의 양상을 최대한 복원하였다.

이밖에 강봉룡이 고려 및 고려의 상대였던 후백제의 입장에서 해양 패권 쟁탈전을 다루면서 고려 건국기 수군의 활동에 대해 언급했고, 송영대도 후삼국 시기의 수군 운용에 대해 검토하며 고려 건국기 수군 활동을 일부 다루고 있다.

한편 고려 건국 이전의 수군 활동에서 태조 왕건이 주목되었던 것과 같이 고려 건국 직후의 수군 활동에서 주목되는 인물로 유금필을 들 수 있다. 후삼국시기 수군에 대해 가장 많은 연구성과를 낸 신성재는 유금필의 활동에 대해서도 연구한 바 있고, 그밖에 유금필의 생애 및 정치활동을 다룬 김갑동의 연구 성과도 참고할 수 있다. 그리고 유금필이 본격적으로 수군 관련 활동을 벌이는 계기가 되는 사건은 932년에 있었던 후백제 수군의 고려 수군 본진 습격인데, 이 사건과 관련해서는 이도학의 연구에 시사점이 많아 연구자들에게 다양하게 활용되고 있다.

자료의 한계 때문에 고려 건국기 수군 활동을 전면적으로 다루는 연구를 찾기는 어렵지만, 후삼국 통일전쟁 및 해당 시기 수군을 연구하는 연구자들의 노력으로 고려 건국기 수군의 활동도 조금씩 드러나고 있다. 고려 건국기 수군에 대해 더 명확히 알기 위해서는 해당 시기의 전반적인 정세 및 고려-후백제간 전쟁의 전개 과정에 대한 폭넓은 이해가 필요하다.

III. 고려 건국기의 수군은 어떻게 무너지고 재건되었을까?

사료에서 고려 건국기의 수군 활동을 추론할 수 있는 내용을 찾아

요약하면 다음과 같이 정리할 수 있다.

1. 927년 4월에 고려의 해군장군 영창(英昌)과 능식(能式) 등이 수군을 거느리고 강주(지금의 진주)를 공격하며 남해 일원의 4곳을 함락하고 사람과 물자를 노획
2. 932년 9월에 후백제의 상귀(相貴)가 이끄는 수군이 고려의 예성강에 침입하여 3일을 머물면서 고려 수군 본진에 정박한 배 100척을 불태우고 말 300필 약탈
3. 932년 10월에 후백제의 해군 장수인 상애(尙哀) 등이 대우도라는 섬을 공격하였고, 고려가 여기에 대응하였으나 불리
4. 932년 후백제 수군의 습격 관련하여 후백제의 공격에 속수무책으로 당하고 있던 상황을 타개하고자 고려의 유금필이 유배지였던 곡도(지금의 백령도)와 포을도(지금의 대청도)에서 군사와 전함을 모아 반격을 준비
5. 고려가 파괴된 수군력을 회복하여 935년에는 6년간 후백제에게 차단당하였던 나주와의 교통로를 복원
6. 935년 6월에 후백제의 견훤이 유폐되어 있던 금산사를 탈출하여 해로로 고려에 귀순

위 내용 및 이를 활용한 연구성과를 토대로 살펴보면 왕건이 이끌던 수군은 태봉을 무너뜨리고 고려가 건국되면서 고려 수군으로 계승되었다. 이 수군은 상당 기간 동안 여전히 후백제 수군을 압도하며 양국 수군의 주된 전장이었던 서남해의 제해권을 확보하고 있었다.

927년(태조 10) 4월에 고려의 해군장군 영창과 능식 등이 지휘하는 수군이 남해안을 거쳐 강주를 공격하여 많은 전과를 올린 사실은 고려 수군의 위력이 당시까지는 매우 강했음을 보여준다.

그런데 고려 수군은 남해안 원정 이후 몇 년간 후삼국 통일전쟁에서 두드러진 성과를 내지 못했던 것으로 보인다. 5번에서 본 바와 같이 935년 기준으로 이전 6년간 후백제에 의해 나주와 교통이 차단당했다는 기록이 눈길을 끈다. 나주는 태조가 궁예의 휘하에 있던 때에 손에 넣은 곳으로, 배후에서 후백제를 견제하던 지역이었는데, 929년부터 고려와 나주 사이의 해상교통로가 끊겼음을 알 수 있다. 전략적 가치가 매우 높았던 나주와 고려 사이의 해상교통로를 보호하는 것이 고려 수군의 중요한 임무였을 텐데, 당시 고려 수군이 후백제 수군을 압도하지 못했고, 오히려 후백제 수군이 고려로부터 서남해 제해권을 빼앗았다고 볼 소지가 다분하다. 그 원인은 고려가 927년 11월에 있었던 공산전투에서 패배한 뒤 육상전투에서 후백제에게 계속 밀리면서 수군 전력 유지에 힘을 쓸 수 없었던 반면 후백제는 고려 수군을 이기기 위해 수군력을 지속적으로 증강시켰기 때문이 아닌가 한다.

그 결과 후백제 수군은 차츰 고려 수군을 압도하기 시작했고, 급기야는 932년 9월에는 고려 수군의 본진을 습격하여 예성강에 3일을 머물며 배 100척을 불태웠다. 작전에 성공한 후백제 수군이 3일이나 머물 수 있었다는 기록에서 고려 수군이 제대로 반격하기 어려울 정도로 큰 피해를 입었음을 알 수 있다. 최근 이도학의 연구에 따르면 후백제 수군은 고려 수군을 궤멸시키는 데 그치지 않고 태조의 목숨을 노리기까지 했다고 한다.

고려 수군이 당한 타격은 10월에 있었던 후백제 상애의 대우도 습격 정황에서도 확인할 수 있다. 상애는 고려의 대우도라는 섬을 습격하여 약탈하고는 섬을 바로 떠나지 않고 고려의 구원군을 맞아 싸웠다. 이들은 망가진 고려 수군보다는 습격한 후백제 수군의 전력이 우위에 있다는 자신감을 갖고 아예 섬을 점령한 다음에 이곳을 교두보로 삼아 다음 작전을 수행할 셈이었던 것으로 보인다.

후백제 수군의 공격을 두 차례 받은 고려는 수군이 궤멸되다시피 했다. 고려는 이전까지 장악하고 있던 해상교통로 상의 요지와 목마장도 공격당하였으나 제대로 방어해내지 못함으로써 통일전쟁 수행에 심각한 타격을 입었다.

습격 직후 고려는 곧바로 수군력 회복을 위한 조치를 취하지 못하였다. 그러나 당시 곡도에 유배되어 있던 유금필이 앞장서서 곡도, 포을도 등 그간 방치되었던 주요한 섬에서부터 전력을 수습하기 시작하였다.

고려는 유금필 등의 활약에 힘입어 비교적 빨리 전력을 회복한 것으로 보인다. 수군력이 궤멸된 뒤 3년이 채 되지 않아서 고려는 그간 끊겼던 나주와의 해상교통로를 복원하였고, 이어 후백제 국내 정세 변화에 따라 유폐되었던 견훤을 해상교통로를 통해 귀순시켰다. 고려 수군은 붕괴 후 재건에 힘을 쏟아 불과 몇 년만에 대규모 해상작전을 잇달아 성공시킴으로써 과거의 강력한 전력을 회복했음을 알리고, 후백제의 전쟁 수행 의지를 꺾는 데 힘을 보탰다.

Ⅳ. 나오며

최근 들어 고려 시기 수군 관련 연구 성과가 지속적으로 나오고 있으며 그 연장선상에서 고려 건국기 수군의 면모가 차츰 밝혀지는 점은 고무적이다. 여기에 덧붙여 양적 · 질적 측면에서 좀 더 많은 연구를 기대할 수도 있다. 기존의 후삼국 통일전쟁 연구가 육상 전투 중심으로 이루어졌는데, 그중에서도 고려 건국 이후에 전개된 연구는 육상 전투 연구에 더욱 쏠려 있다. 이는 고려 건국기 수군 관련 사료가 너무 적기 때문인데, 얼마 되지 않는 수군 관련 사료를 육상 전투와 연결시켜 폭넓게 분석하고 심도깊게 이해할 경우 후삼국 통일전쟁을 연구하는 데 있어 그 깊이를 더할 수 있다. 이미 기존 연구에서도 932년 후백제 수군의 습격으로 고려 수군이 궤멸된 뒤 재건되는 과정을 분석하며 이같은 부분을 포착하여 활용하고 있는데, 고려 건국기 수군을 연구할 때에 수군 관련 다른 쟁점에 있어서도 이처럼 육상 전투와 연계시켜 연구를 다각도로 진행하면 더 나은 성과를 도출할 수 있을 것으로 기대한다.

아울러 사료 부족으로 인한 연구 수행의 애로점을 극복하기 위해서는 기존에 활용되던 후삼국시기 사료 중 정치 또는 사회 · 사상사의 측면으로만 해석했던 것을 전쟁사 또는 군사사의 시각에서 재해석하는 등의 노력을 기울일 필요가 있다. 또한 고려 건국기 당시를 서술한 기록 뿐 아니라 그보다 뒷시기의 기록에서도 고려 건국기의 정황을 유추해낼 수 있는 실마리가 있으니 관련 사료를 발굴하는 노력도 있어야 한다. 까다롭지만 이러한 노력을 지속함으로써 고려 건국기 수군의 역사를 보다 풍성하게 서술하고 후삼국 통일전쟁기와 고려 초기의 역사상은 확장시킬 수 있을 것이다.

참고문헌

1. 저서

강봉룡 외 11인, 2019,『해양강국 고려와 전남』, 민속원

신성재, 2016,『후삼국시대 수군활동사』, 혜안

신성재, 2018,『후삼국 통일전쟁사 연구』, 혜안

오붕근 편, 1991,『조선수군사』, 사회과학출판사

이도학, 2015,『후삼국시대 전쟁 연구』, 주류성

李弘稙, 1954,「高麗時代」『韓國海洋史』, 海軍本部 戰史編纂官室

張學根, 1994,『韓國 海洋活動史』, 해군사관학교박물관

정진술, 2009,『한국해양사 고대편』, 해군사관학교

정진술·이민웅·신성재·최영호 편, 2008,『다시 보는 한국해양사』, 신서원

崔碩男, 1964,『韓國水軍史研究』, 鳴洋社

崔碩男, 1965,『韓國水軍活動史』, 鳴洋社

한국해양사 편찬위원회 편, 2013,『한국해양사 Ⅲ 고려시대』, 한국해양재단

海軍大學, 2000,『韓國海戰史』, 海軍大學

海軍本部 政訓監室, 1962,『韓國海戰史』上, 海軍本部

2. 논문

강봉룡, 2019,「왕건의 제해권 장악과 고려 건국 및 후삼국 통일」,『歷史學研究』 75

강봉룡, 2021,「견훤의 해양패권 쟁탈전 始末-왕건과의 관계를 중심으로-」,『후백 제와 견훤』, 서경문화사

김갑동, 2008,「고려의 후삼국 통일과 유금필」,『軍史』69

송영대, 2021,「後三國時代의 水軍 운용과 주요 水戰 및 水路 활용 검토」,『韓國古

代史探究』 38 ; 2022, 『고대 동아시아의 수군과 해양활동』, 온샘

신성재, 2012, 「고려의 수군전략과 후삼국통일」, 『東方學志』 158 ; 2016, 『후삼국
　　　시대 수군활동사』, 혜안

신성재, 2013, 「후백제의 수군활동과 전략전술」, 『한국중세사연구』 36 ; 2016, 『후
　　　삼국시대 수군활동사』, 혜안

신성재, 2013, 「후삼국시대 수군의 운영체제와 해전―특히 태봉과 고려를 중심으
　　　로―」, 『역사와 경계』 88 ; 2016, 『후삼국시대 수군활동사』, 혜안

신성재, 2016, 「고려와 후백제의 해양쟁패전」, 『한국중세사연구』 47 ; 2018, 『후삼
　　　국 통일전쟁사 연구』, 혜안

신성재, 2016, 「나말여초 백령도와 유금필의 수군활동」, 『이순신연구논총』 26 ;
　　　2018, 『후삼국 통일전쟁사 연구』, 혜안

신성재, 2017, 「고려 태조대 명장 충절공(忠節公) 유금필(庾黔弼)」, 『軍史』 102
　　　; 2018, 『후삼국 통일전쟁사 연구』, 혜안

신성재, 2017, 「왕건의 서남해 도서지방 경략과 해양사적 의미」, 『한국중세사연구』
　　　51 ; 2018, 『후삼국 통일전쟁사 연구』, 혜안

22장

중국 송대 첩보활동은 어떠하였을까

홍성민(동북아역사재단)

I. 들어가며

첩보활동이라고 하면 어떤 것을 가장 먼저 생각이 날까? 여러분은 아마도 이언 플래밍의 소설을 원작으로 한 영화 '007시리즈'를 많이 떠올릴 것이다. 영화에서는 주인공 제임스 본드가 적진을 휘저으면서 활약하는 모습을 관객들에게 보여준다. 영화 속의 간첩은 다소 낭만적으로 묘사하여 실제와는 조금 다르겠지만, 첩보활동은 오래전부터 존재하고 있었다. 동양에서는 춘추(春秋) 시대에 손무(孫武)가 병법서인 『손자(孫子)』를 저술하였는데, 그 중 한 편이 첩보를 다루는 「용간편(用間篇)」이다. 참고로 『손자(孫子)』는 동양에서 가장 권위 있는 병법서로 애독되었고, 조조(曹操)를 필두로 한 11명의 주석을 합친 『11가주손자』가 많이 이용된다.

춘추시대 이래 중국의 역대 왕조에서는 첩보활동이 이루어져 왔다. 그 중 북방민족이 세운 요(遼), 금(金), 원(元)에 비해 군사적으로

열세에 놓은 송(宋)[960-1279]에서도 첩보활동이 존재하였다. 여기서
는 북송 시기(960-1126)에 거란족이 세운 요(916-1125)와의 관계에서
있었던 첩보활동에 관한 흥미로운 기사를 소개하고자 한다.

> 예전에 경력(慶曆) 연간(1041-1048)에 거란이 유육부(劉六符)
> 등을 보내와서 화친을 논의하였지만, 아직 허락하지 않았다. 연
> 지역의 사람[燕人] 중에 양제세(梁濟世)가 [송측] 웅주(雄州)의
> 첩자가 되었고, 일찍이 시(詩)·서(書)로 거란의 공경자제(公卿
> 子弟)를 가르치다가 먼저 그 국서의 원본을 얻어서 송측에 바쳤
> 다. 송 인종(仁宗)은 두려워하고 조심하는 성품이었는데, 이 당
> 시 여이간(呂夷簡)이 재상이 되었고, 상주하여 말하길 "번국(蕃
> 國)이 화친을 요구하는 것은 한(漢)·당(唐)도 면하지 못하였습
> 니다. 마땅히 천천히 논의하여 이에 대해 답변하면 될 뿐이니,
> 크게 걱정하실 것 없습니다."라고 하였다. 인종황제도 그 대답이
> 매우 옳다고 여겼다. 유육부가 [개봉에 도착하여] 전(殿)에 이르
> 렀는데도 황제는 평일처럼 독서하면서 유육부에게 묻는 바가 없
> 었다. 유육부가 안색이 변하면서 탄식을 하였고, 물러나서 전(殿)
> 밖의 장막으로 와서 말하길, "사안이 이미 누설되었구나!"라고
> 하였다. 이로 인해 담당 관청이 그들과 함께 논의하였지만, 큰
> 어려움은 없었다.(소철(蘇轍), 『용천략지(龍川略志)』 권4, 「거란
> 이 사신을 보내어 화친을 논의하다」)

여기서 1042년에 송과 요 사이에 세폐(歲幣)를 30만에서 50만으로
늘리는 증폐교섭(增幣交涉)[陶晉生, 2008; 羅繼祖, 1986; 洪性珉,

2017)에서 송의 첩자가 사전에 요의 국서를 빼돌려서 송에 보고한 사실을 확인할 수 있다. 달리 말하자면, 송대 첩보활동은 송의 외교 교섭에도 영향을 끼친 중요한 활동이었다.

송과 요는 1004년에 전연(澶淵)의 맹약을 체결한 이후 대체적으로 평화로운 관계를 유지하였지만, 송은 이후로도 거란에 대한 정보를 다양하게 입수하고 있었다. 그 입수 방법은 크게 다음 네 가지로 나눌 수 있는데, 첫째 거란 측의 정식 통보, 둘째 『사요어록(使遼語錄)』과 같이 거란에 사절로 갔다 온 뒤에 작성한 보고서, 셋째 거란에서 넘어 온 귀순자인 거란귀명인(契丹歸明人), 넷째 첩보활동의 네 가지 경로로 구분된다. 여기서는 송대 정보수집의 중요한 부분을 담당한 첩보활동에 대해서 소개하고자 한다. 그 중에서 첩보와 관련한 용어, 관련 연구, 송대의 첩보조직과 그 운영 양상을 중심으로 다루겠다.

II. 첩보 관련 용어를 정리해보자

송대 첩보를 연구하면서 먼저 맞닥뜨리게 되는 문제가 바로 첩보와 관련한 개념정리라고 할 수 있겠다. 첩보학(諜報學)에서는 'information'과 'intelligence'라는 두 가지 개념이 있다. 이 중 'information'에는 ① 의미부여를 할 수 없는 상태로 존재하는 자료(data), ② 그 의미의 타당성이 검증되지 않은 상태의 첩보, ③ 그 현상의 의미가 분석 및 평가과정을 거쳐서 일반적으로 인정할 수 있는 내용으로서 통용되는 지식(knowledge)이라는 뜻이 포함되어 있다.

한편, 'intelligence'에는 ① 적의 위협에 대응하기 위한 정보수집활동, ② 수집활동 및 그 내용의 비밀성, ③ 어떤 현상의 의미가 분석 및 평가과정을 거쳐서 그 타당성이 검증된 지식(knowledge)이라는 의미가 포함된다.(국가정보포럼, 2006, 3-6쪽) 요컨대 'information'에는 '지식(知識)' 그 자체를 의미하는 개념이고, 'intelligence'는 '지식(知識)'에 '행동(行動)'이라는 요소가 포함된 개념이다.

그런데 이 두 용어를 번역어와 사료용어와 관련해 보면 한 가지 문제가 발생한다. 'information'의 경우는 대부분 '정보(情報)'로 번역되지만, 'intelligence'의 경우는 '정보(情報)'로도 '첩보(諜報)'로도 번역된다. 만일 번역어의 중복을 피해서 'intelligence'를 '첩보(諜報)'로 번역하더라도 번역어의 본래 의미와 달라진다는 문제가 남는다. 사전적인 의미에서 '정보(情報)'란 '어떤 종류의 정황에 관한 소식과 보고'를 의미하고, '첩보(諜報)'란 ① 정찰한 정황을 상급에 보고하는 것, ② 정찰한 적측의 군사, 정치, 경제에 관한 정보(情報)'를 의미한다. 즉 'intelligence' 중 ③의 의미를 포함한 한자어를 찾기는 어렵다. 한문(漢文) 등 동양의 문헌을 통해 첩보관련 연구를 할 때는 이 점을 주의할 필요가 있겠다.

송대 사료를 망라적으로 조사한 결과, 첩보에 관한 용어는 정장(情狀), 적정(敵情), 정위(情僞), 첩지(諜知), 첩보(諜報), 자사(刺事), 첩후(覘候), 탐후(探候), 탐보(探報), 탐사(探事), 정심(精審) 등의 형태로 나타난다.

Ⅲ. 송대 첩보관련 연구로는 무엇이 있을까?

이러한 송대 첩보에 대하여 주목한 선학자들은 관련된 연구를 발표하였다. 황복성[黄富成, 1989]은 중국 역사 속의 첩보활동을 통사적으로 다루었고, 송대의 경우는 주로 대외적으로는 군사활동 중에서의 첩보활동, 국내적으로는 특무정치(特務政治)로서의 첩보활동을 다루었다. 웅검평 · 저도립[熊劍平 · 儲道立, 2016]은 고대부터 청(淸)[1636-1912]까지 첩보활동과 첩보사상에 대해 다루었다. 서인휘(舒仁輝) · 범효연(范曉燕)[2007]은 요(遼) · 서하(西夏) · 금(金)의 방면으로 나누고, 전쟁기의 정보활동과 평화기의 공작활동(工作活動) 및 방첩활동(防諜活動)에 대해서 고찰하였다. 송과 요의 경우는 선화(宣和) 연간(1119-1125) 초에 북벌을 논의할 때, 진요신(陳堯臣)이라는 화가를 사절단의 일원으로 요에 파견하여서 천조제(天祚帝)의 모습과 요의 산천지형도를 그리게 하였고, 그가 돌아온 뒤에 그 정보를 기반으로 북벌을 계획하였다고 지적하였다. 그리고 송과 요 사이의 첩보활동의 연구는 아니지만, 송과 서하 사이의 첩보활동에 대한 연구도 몇 편 발표되었다.(王福鑫, 2004; 李琛, 2007) 한편, 대만의 황관중(黃寬重)은 광서(廣西)에서 남송과 몽골 간의 전쟁 속에서 정보수집과 전달에 대해서 연구를 진행하였다.(黃寬重, 2012)

송대 첩보활동에 대해 송요관계의 시점에서 다룬 연구자는 도진생(陶晉生)이다. 도진생은 웅주(雄州)에 관한 논문에서 사료에서 확인되는 송과 요의 간첩 리스트를 작성하는 등 기초적인 연구를 하였다(陶晉生, 1988). 양군(楊軍)은 북송의 하북(河北) 지역을 중심으로 송의 첩보 관련 제도와 요가 보낸 간첩에 대한 방첩활동을 연구하였다.(楊軍, 2006) 마지막으로 도옥곤(陶玉坤)은 송과 요의 첩보활동을 분석하고 첩보기구 및 간첩의 신분, 그리고 방첩활동에 대해서 다루었지만, 첩보활동이나 관련사건 등을 나열하는 정도에 그치고 있다.(陶玉坤, 2005) 홍성민은 송대 첩보조직과 그 운영을 중심으로 연구를 진행하였다.(홍성민, 2020)

그밖에 명대 첩보활동에 관해서는 일본과 한국에서 몇 편의 논문이 발표되었다.(川越泰博, 2002a; 2002b; 2003; 차혜원, 2008)

Ⅳ. 송대의 대요(對遼) 첩보조직은 어땠을까?

송의 첩보활동과 관련된 기구로서 국경지역에 설치한 안무사(安撫司) 조직을 들 수 있다. 경덕(景德) 3년(1006)이 되자, 웅주(雄州) [현재의 하북성 웅현(雄縣)]에 하북연변안무사(河北沿邊安撫司)를 설치하여 군사(軍事) 등 북변과 관련된 업무 및 군정(軍政)을 담당하는 기구로 삼았다. 이 조직에는 안무사(安撫使), 부사(副使), 도감(都監)이라는 직책을 두었고, 안무사(安撫使)는 지웅주(知雄州)가 겸임하였다. 웅주는 거란과의 문제를 직접적으로 교섭하는 정식 창구였기 때문에, 하북연변안무사는 양속민(兩屬民)과 같은 국경지대의 거주민 문제와 당박(塘泊)의 증수도 담당하였다.

그런데 웅주 이외의 하북 지역에서는 병사들의 생활과 훈련을 관리하는 군정(軍政)을 무장 개인의 능력에 의존하는 풍조가 지배적이었다. 그러나 경력(慶曆) 5년(1045)에는 보주(保州)에서, 경력(慶曆) 7년(1047)에는 패주(貝州)에서 병란이 일어나자 이에 대한 개선책이 검토되었다. 그 결과, 북송 중기에 안무사로(安撫使路) 제도의 확립에 따라 하북지역에도 복수의 안무사를 설치하게 되었다. 경력(慶曆) 8년(1048)이 되자 하북연변안무사와는 별도로 대명부로안무사(大名府路安撫司), 고양관로안무사(高陽關路安撫司), 진정부로안무사(眞定府路安撫司), 정주로안무사(定州路安撫司)의 네 안무사가 설치되었다.

이 안무사 밑에 첩보활동을 담당하는 '기의사(機宜司)'라는 조직이 확인된다. 기의사의 기원은 송초에 요에 대한 첩보활동을 담당한 '웅주기의사(雄州機宜司)'까지 거슬러 올라간다. 전연의 맹 이후는 다시금 기의사를 설치할 수 없었기 때문에, 기의사 조직은 요의 사신이 송에 들어왔을 때 교빙하는 일을 담당하는 '국신사(國信司)'로 개편되었다.

그러나 웅주기의사가 국신사로 바뀌었다고 해서 웅주의 대요 첩보활동이 사라진 것은 아니다. 예를 들어 『속자치통감장편(續資治通鑑長編)』(이하 『장편(長編)』으로 약칭함)에 따르면, 대중상부(大中祥符) 3년(1010) 4월부터 웅주의 간첩이 다시금 확인된다. 이후 이러한 활동이 다시금 조직화되어 적어도 인종 경력년간(1041~1048)에는 국신사와는 별도의 '기의사'로 불릴만한 조직을 갖추었다고 추정된다.

이 안무사 아래에 설치된 첩보조직의 구성원으로는 주관자사인(主管刺事人)과 구당사인(勾當事人)이 확인된다. 먼저 '주관자사인'은 '주관첩사인(主管覘事人)'으로도 표기되는데, '첩보를 주관하는 사람'을 의미한다.

　주관자사인은 『장편(長編)』의 희녕(熙寧) 10년(1077) 3년 을해(乙亥)의 기록에서 처음으로 그 명칭이 확인되는데, 이 때 송대 중앙에서 군정(軍政)을 담당하는 기관인 추밀원(樞密院)에서 하북연변안무사에게 명령하여 사신(使臣)과 아리(牙吏) 중에서 능력이 있고 적정(敵情)을 숙지하고 있는 자를 선발하여 '자사인(刺事人)[=간첩]'을 주관하는 인원의 수를 정하게 하였고, 또 이들에게 장리(長吏)와 함께 토착민 중에서 깊게 잠입하여 간첩활동을 할 수 있는 자를 모집하도록 하였다. 여기서 사신(使臣)과 아리(牙吏)에서 선발되는 '주관자사인(主管刺事人)'과 토착민(土着民)에서 모집된 '자사인(刺事人)'이라는 존재가 확인되는데, 주관자사인이 자사인을 모집하였다고 한다면 양자 간에는 첩보활동에서 일종의 역할분담이 있었다고 추측된다.

　다음으로 '구당사인(勾當事人)'은 그 표기된 뜻을 보면 '일을 담당하는 사람'이므로 일견 보통명사처럼 쓰이는 용어로 보인다. 그러나 변경지역과 관련된 구당사인의 용례를 보면 그들은 첩보활동과 관계된 존재였다. 장방평(張方平)의 「광신군(廣信軍)의 첩인(諜人)을 논의하는 일[論廣信軍諜人事]」이라는 글에서 송 광신군(廣信軍)의 구당사인(勾當事人)이자 거란 역주(易州)의 진사(進士)로서 양제세(梁濟世)라는 인물이 확인된다. 그런데 '들어가며'에서 소개한 소철(蘇轍)의 『용천략지(龍川略志)』에서는 동일한 인물을 '웅주(雄州)의 첩자(諜者)'로 표기하였다. 그렇다면 이 구당사인(勾當事人)을 간첩으로 간주해도 큰 문제는 없을 것이다.

　구당사인의 역할은 문언박(文彥博)의 「하북안무사를 엄히 훈계하여 첩보활동을 하도록 요청한대[乞嚴誡河北安撫司探報事宜]라는 글을 통해서 확인할 수 있는데, 그는 희녕(熙寧) 7년(1074)에 웅주(雄州), 패주(霸州), 광신군(廣信軍), 안숙군(安肅軍)의 네 주군(州軍)과 연변안무사에게 '구당사인(勾當事人)'을 신중하게 선발하고 전보다 더 금전을 주어서 적중(敵中)으로 깊게 들어가서 첩보활동을 시킬 것을 조정에 요청하였다. 이는 구당사인(勾當事人)이 '자사인(刺事人)'과 같은 존재임을 나타낸다고 판단된다. 이렇듯 '구당사인'이 '자사인'이라면 '주관자사인'과는 모종의 통할관계에 있었다고 생각된다.

V. 송대 첩보조직의 운영은 어땠을까?

송대 정보순환과정은 ① 조정의 첩보 요구, ② 안무사의 정보수집, ③ 첩보의 분석, ④ 조정으로 보내는 보고라는 네 단계로 나누어서 논하겠다.

1. 조정의 첩보 요구

송의 대요 첩보활동은 크게 일상적인 첩보와 특정 안건에 대한 첩보로 나눌 수 있겠다. 우선 일상적인 첩보의 내용은 ① 수령(首領)의 소재, ② 장상(將相)에 누가 임명되었는가, ③ 산전(山前), 산후(山後) 지역 사람의 애락(哀樂)은 어떠한가, ④ 제국(諸國)의 신속(臣屬), ⑤ 병마(兵馬)의 훈련과 징집, ⑥ 요가 간계(姦計)를 꾸미고 있는가, ⑦

그 해 농사의 풍흉(豊凶), ⑧ 양초(糧草)의 이전 등이 대상이 되었다.

반면에 특정 안건에 대한 첩보의 요구도 존재하였는데, 송 조정에서 요에 대한 첩보를 요구하는 경우는 크게 ① 하북 지역의 지진 발생과 같이 송의 내부문제로 인해 요에 대한 첩보가 필요한 경우와 ② 요가 국경지역에 군사를 늘리는 등 구체적인 위협행동을 행하였을 경우로 나뉜다.

이러한 조정의 첩보 요구를 통해 송요관계를 살펴보자면, 양국은 1004년에 체결한 전연의 맹약으로 기본적으로 평화로운 관계였지만 요의 군사적 우위는 변함없었다. 따라서 송은 요에 대한 경계를 풀수 없었고 첩보활동을 통해 요의 실정을 적확하게 알고자 노력하였다. 이러한 송의 자세가 특정 안건에 대한 조정의 첩보 요구에서 두드러지게 나타났다고 볼 수 있겠다.

2. 정보의 수집

송의 요에 관한 정보수집 방법으로 ① 송의 간첩이 신분을 승려로 위장하여 요에 잠입하는 경우, ② 국경지역의 무역시장인 각장(榷場)에서 요의 정보를 수집하는 경우, ③ 양속민(兩屬民)을 이용해서 송의 간첩으로 삼는 경우, ④ 요인(遼人)을 송의 간첩으로 이용하는 경우, ⑤ 거란으로 가는 송 사절단의 업무의 일환으로 요의 정보를 수집하는 경우 등 다양하다.

송대 사료에서 송 간첩의 출신과 신분을 살펴보면 다음 두 가지 특징이 확인된다. 첫째, 그 출신지역이 자세히 기록된 경우로는 '웅주민(雄州民)’, ‘역주민(易州民)’, ‘유주인(幽州人)’이 확인되는데, 당시 간첩으로 활약한 인물이 송의 웅주(雄州)에서 요의 유주(幽州)[요의 남경]까지의 지역에서 살고 있는 한인(漢人)이었다고 할 수 있겠다.

둘째, 사료의 내용을 보았을 때, 당사자가 송의 간첩임을 분명하게 알 수 있는 사례와 단순히 북계(北界)[＝ 요]의 사정을 전달하는 사례로 나뉜다. 이를 통해 송의 첩보활동 속에는 ‘정보수집’과 ‘정보전달’이라는 상이한 역할이 존재하였다고 해석할 수 있겠다. 정리하자면, 송의 대요(對遼) 첩보활동을 담당한 인물에게는 ‘정보수집자’, ‘정보전달자’, ‘정보제공자’라는 다양한 역할이 존재하였다.

3. 첩보의 분석

분석단계는 첩보로부터 중요한 사실관계를 확립해서 결론을 도출하는 과정이다. 그러나 잔존사료는 이미 첩보기관이 분석을 끝낸 내용을 중앙에 보고하고, 사료편찬 과정에서 재차 편집된 경우가 많다. 따라서 현존사료(現存史料)로부터 첩보분석의 모습을 파악하기란 매우 어렵다. 다만 아래에 제시하는 사료를 여타 사료와 비교, 분석함으로써 송대에도 첩보를 분석하는 행위가 있었음을 추정할 수 있겠다.

『장편(長編)』에서 대중상부(大中祥符) 3년(1010) 10월, 무진(戊辰)조의 기사에서 확인할 수 있는 지웅주(知雄州) 이윤칙(李允則)의 첩보 보고에서는 요군(遼軍)의 동향에 대해 정확하게 파악한 부분과 반드시 그렇지는 않은 부분이 혼재되어서 나타나고 있다. 이를 정보의 수집과 첩보의 분석이라는 관점에서 본다면, 전자는 첩보활동을 통해 정확한 사실을 입수한 부분이고, 후자는 보고된 사실을 지웅주(知雄州) 이윤칙(李允則)의 나름대로 분석한 내용에 해당한다고 할 수 있겠다. 여기서 첩보의 분석은 기본적으로 첩보기관이 설치된 지역의 지주(知州) 등이 담당하였던 것으로 보인다.

4. 조정으로 보내는 보고

조정으로 보내는 보고에 관해서는 정보전달의 속도, 두 지역 간의 거리를 검토할 필요가 있겠다. 설령 첩보 내용이 정확하였다고 할지라도, 그 전달이 늦어지면 조정에서 유효한 대처를 할 수 없기 때문이다.

이러한 보고와 관련하여 호숙(胡宿)의 비판이 주목된다. 호숙은 추밀부사(樞密副使)로 있었을 때(1061년-1066년), "하북(河北) 주군(州軍)에 급각자(急脚子) 체포(遞鋪)를 설치한 이유는 본디 변경지역의 기밀문서를 전송하기 위해서였지만, 최근에는 주군(州郡)에서 일반문서임에도 급각자를 이용하고 있다"고 비판하였다. 이는 바꿔 말하면, 하북의 주군이 발신하는 기밀문서는 기본적으로 급각자를 이용해서 조정으로 보냈음을 알 수 있다.

그렇다면 급각자를 통한 전달은 시간이 어느 정도 걸렸을까? 송대 체포(遞鋪)의 종류에는 보체(步遞), 마체(馬遞), 급각체(急脚遞), 금자패체(金字牌遞), 척후체(斥堠遞), 파포체(擺鋪遞), 수체(水遞)가 있었다. 이 중에서 마체는 변보(邊報) 등 긴급기밀문서를 담당하는데 하루에 300리를 이동하고, 급각체는 군기(軍機)와 관련된 문서를 담당하는데 하루에 400리를 이동하며, 금자패체는 급각체 중에 빠른 것으로 사서(赦書)와 군기요무(軍機要務)와 관련된 문서를 담당하는데 하루에 500리를 이동한다고 한다.(曹家齊, 2002, 95-140쪽) 참고로 웅주(雄州)에서 송의 수도 동경(東京)까지의 거리는 1200리이므로, 웅주에서 보낸 첩보 보고는 급각체를 이용하면 이론상 사흘 뒤, 금자패체를 이용하면 이틀 반 뒤에는 조정에 도착하였다고 할 수 있겠다.

VI. 나오며

지금까지 송대 첩보활동의 제단계를 1. 첩보의 요구, 2. 정보의 수집, 3. 첩보의 분석, 4. 조정으로 보내는 보고로 나누어서 고찰하였다. 이러한 첩보활동의 흐름을 하북연변안무사를 중심으로 정리하면 아래 〈그림 1〉과 같다. 물론 이 그림은 송대 첩보활동을 1. 조정의 첩보 요구를 시작점으로 하여 모델화시킨 것으로, 실제 첩보활동은 제단계가 동시다발적으로 이루어졌다. 한 예로, 일상적인 첩보는 2. 정보의 수집에서 시작하여 3. 첩보의 분석, 4. 조정으로 보내는 보고로 진행되었다.

그렇다면 이러한 첩보활동이 송요관계사에서 어떠한 의의를 갖고 있을까? 우선 송대 첩보활동은 양국의 외교관계를 이해하는 데 중요한 요소라고 할 수 있겠다. '들어가며'에서 소개하였듯이 증폐교섭(增幣交涉)에서 요의 국서가 송의 간첩을 통해 사전에 보고되기도 하였다. 이는 양국의 관계가 공식적인 외교교섭 이외에 막후에서 펼쳐진 첩보전에서도 영향을 받았음을 의미한다. 즉, 송대 첩보활동은 단순히 첩보에서 끝나지 않고, 당시의 외교와 국제정세를 이해할 수 있는 중요한 요소라고 할 수 있겠다.

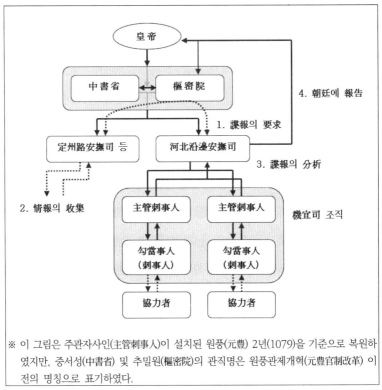

〈그림 1〉 송대 첩보조직 운영도

참고문헌

1. 사료

[周] 孫武 撰, 曹操 等注, 楊丙安 校理, 1999, 『十一家注孫子校理』, 北京: 中華書局

[宋] 李燾 撰, 2004, 『續資治通鑑長編』, 北京: 中華書局

[宋] 文彦博 撰, 1526, 『潞公文集』, 明嘉靖五年刻本(中國基本古籍庫에 수록)

[宋] 蘇轍 撰, 俞宗憲 點校, 1982, 『龍川略志』, 北京: 中華書局

[宋] 張方平 撰, 鄭涵 點校, 2000, 『張方平集』, 鄭州: 中州古籍出版社

2. 저서

국가정보포럼, 2006, 『국가정보학』, 서울: 박영사

陶晉生, 2008, 『宋遼關係史研究』, 北京: 中華書局

熊劍平·儲道立, 2016, 『中國古代情報史』, 北京: 金城出版社

曹家齊, 2002, 『宋代交通管理制度研究』, 開封: 河南大學出版社

黃富成, 1989, 『中国古代間諜史』, 北京: 中國人民公安大學出版社

3. 논문

차혜원, 2008, 「조선에 온 중국 첩보원 - 임진왜란기 동아시아의 정보전과 조선」,
    『역사비평』 85

홍성민, 2020, 「송대 對遼 첩보조직 및 운영 연구」, 『東洋史學研究』 152

羅繼祖, 1989, 「關于"慶曆增幣"――讀史札記」, 『學習與探索』 哈爾濱: 黑龍江省社
    會科學院, 1986年第6期

陶玉坤, 2005, 「遼宋關係研究」, 呼和浩特: 內蒙古大學博士學位論文 중 第三章 「遼
    宋間諜對抗」.

陶晉生, 1988, 「雄州與宋遼關係」, 『國際宋史研討會論文集』, 中國文化大學(뒤에

2008, 『宋遼關係史研究』, 北京: 中華書局에 수록)

舒仁輝·范曉燕, 2007, 「試論両宋時期的間諜問題」, 『杭州師範学院学報』(社会科
　　　学版), 杭州: 杭州師範大學, 2007年第5期

楊軍, 2006, 「北宋時期河北沿邊城市的對遼間諜戰」, 『軍事歷史研究』, 北京: 國防大
　　　學國家安全學院, 2006年第4期

王福鑫, 2004, 「宋夏情報戰初探——以元昊時期爲中心」, 『寧夏社會科學』, 銀川: 寧
　　　夏社會科學院, 2004年第5期

李琛, 2007, 「從李元昊對情報的利用看西夏對宋三場戰爭的勝利」, 『軍事歷史』, 北
　　　京: 軍隊政治工作研究院, 2007年諸3期

黃寬重, 2012, 「庶無稽遲——宋·蒙廣西戰役的軍情蒐集與傳遞」, 『政策·對策:
　　　宋代政治史探索』, 臺北: 聯經出版公司

川越泰博, 2002a, 「明代中國の異國情報とスパイ」, 『中央大學アジア史研究』26,
　　　東京: 中央大學文學部東洋史學研究室

川越泰博, 2002b, 「明代モンゴルの諜報活動(一)」, 『人文研紀要』44, 東京: 中央大
　　　學人文科學研究所.

川越泰博, 2003, 「明代モンゴルの諜報活動(二)」, 『中央大學文學部紀要』48, 東京:
　　　中央大學文學部

洪性珉, 2017, 「遼宋增幣交涉から見た遼の內部情勢と對宋外交戰略——遼の漢
　　　人劉六符の役割を中心——」, 『史學雜誌』126-11, 東京: 史學會

23장

행군, 전쟁의 시작과 끝

김병륜(한국국방안보포럼)

I. 행군은 왜 어려운가?

한국 남자들의 군대 이야기에서 빠지지 않는 단골 주제가 '화생방 vs 행군'이다. 둘 중에 무엇이 더 힘드냐는 비교 차원의 이야기지만 신병훈련소에서 경험하는 훈련 중에 이 두 가지가 가장 힘들었다는 기억이 밑바탕에 깔려 있다.

1990년대 초까지는 한국 육군 신교대에서도 40km 도보 행군을 하는 경우가 있었다. 자대에 배치되면 지금도 40km 행군을 한다. 행군 속도는 일반적으로 1시간에 4km 정도이므로, 40km 행군을 위해서는 거의 10시간을 걸어야 한다. 자동차와 기차가 출현한 이후 걷는 것이 필수가 아니라 선택이 된 시대에 10시간을 하루 만에 걷는 것은 결코 평범하지 않은 경험이다.

자동차 같은 인공적인 탈 것이 없던 시대에 전쟁은 기본적으로 자기 발로 걸어가서, 자기 발로 돌아오는 식으로 진행되었다. 말을 타는 기병들은 상황이 조금 다르지만, 보병의 경우라면 선택의 여지가 없다. 전쟁은 행군으로 시작해서 행군으로 끝났다.

행군은 부대가 작전상의 목적과 요구에 따라 도보 또는 차량으로 이동하는 부대 이동을 뜻한다. 전근대 전쟁에서 보병의 이동은 당연히 도보 행군을 의미한다. 도보 행군의 어려움은 단순히 오래 걷는 것만을 의미하지 않는다. 군인 특히 보병들은 자신의 무기와 장비를 들고 다녀야 한다. 현대 군인의 경우 침낭과 반합 등 잠을 자고 먹는 데 필요한 장구까지 모두 포함한 완전군장의 무게가 40kg을 넘길 수도 있다. 당장 전투에 필요한 무기와 장비만 휴대하는 단독군장도 10kg은 훌쩍 넘긴다. 군대의 행군은 이런 무기와 장비를 휴대하는 상태에서 진행되기 때문에 더 힘들 수밖에 없다.

수나라가 612년 고구려를 침공했을 때의 사례는 전근대 전쟁에서 군인들이 행군에서 감당해야 할 부담을 잘 보여준다. 수나라 장수 우문술(宇文述)이 지휘하는 부대는 노하(瀘河) · 회원(懷遠) 두 진에서 사람과 말 모두 100일치 양식을 보급 받았다. 문제는 무게였다.

『자치통감(資治通鑑)』 권181의 대업 8년 6월조를 보면 이때 수나라 군사들은 방패, 갑옷, 창, 옷감, 장비와 천막을 지급 받아서 한 사람이 짊어져야 할 무게가 3석 이상이었다. 중국 도량형에서 석(石)은 원래 부피 단위이기 때문에 물건의 종류에 따라 무게가 일정하지 않지만, 한나라 시대의 1석은 29.95kg에 해당한다는 견해도 있다. 옷감은 상대적으로 더 가볍지만, 그 외에 양식과 장비를 포함해서 3석이었다면 감당하기 힘든 무게였음이 분명하다.

수나라 군대는 군중에 영(令)을 내려 "쌀과 조를 버리는 자는 목을 벨 것이다."라고 엄포를 놓았지만, 무게를 감당하지 못한 사졸들은 모두 장막 아래에 땅을 파고 곡식을 묻었다. 결국 우문술 부대는 행군 중간지점에서 양식이 떨어질 지경이었다. 수나라 군대가 612년 고구려와의 전쟁에서 어려움을 겪은 여러 이유가 있지만, 행군에 지장이 생길 정도로 병사 개인이 운반해야 할 물자가 너무 많았던 것도 무관하지 않다.

일반적으로 대규모 원정부대가 편성될 때 후속 군수지원을 책임지는 별도의 치중부대가 편성될 때도 많다. 그렇지만 치중부대가 전투부대와 바로 붙어서 이동하기 힘든 상황도 있기 때문에 전투부대도 일정량의 식량을 직접 휴대한다. 우문술 휘하 병력의 경우 고구려 후방으로 깊숙하게 침투하는 임무를 맡았기 때문에 병사 개인이 휴대하는 식량과 장비가 더 많았던 것이 문제가 되었다.

휴대하는 물자와 장비의 양을 떠나서 행군 자체는 체력을 소모하므로 속도에 일정한 제한을 둘 수밖에 없다. 원래 군대는 속도를 가장 중시하지만, 이런 문제 때문에 행군에서도 속도에 제한을 두게 된다. 이미 『한서(漢書)』에도 나오듯이 중국 고대 한나라에는 "병사가 가벼우면 50리를 가고, 무거우면 30리를 간다."는 말이 있었다. 휴대 장비 혹은 물자의 양에 따라 행군 속도가 달라지는 것을 뜻한다. 『무경총요(武經摠要)』에서도 '가장 좋은 것은 30리로 1사(舍)를 삼는 것이지만, 급하게 가면 60리도 갈 수 있다.'는 취지로 기록하고 있다.

여기서 말하는 30리와 1사는 1일 단위의 군대 행군거리를 의미했다. 청나라 고염무(顧炎武)가 쓴 『일지록(日知錄)』을 보면, 위나라 명제 때 사마의(司馬懿)의 요동 공략에 앞서, 황제가 얼마나 걸리겠냐고 묻는 대목이 나온다. 사마의는 낙양에서 요동까지 거리가 3000리에 미치지 못하는데 "가는데 100일, 공격하는데 100일, 돌아오는데 100일, 쉬는데 60일이 걸려서 1년이면 충분하다."고 답했다. 고염무를 이를 두고 "옛 사람들이 군대를 행군시킬 때 1일 30리를 가는 뜻이 남은 것이다."고 말한다. 낙양에서 요동까지 3000리가 조금 안되는 거리를 가는데 100일이 걸린다는 것은 그 시절 표준적인 군대 1일 행군거리를 30리로 잡았다는 뜻이다.

중국 한~당대의 1리는 연구자들의 따라 미터법 환산 수치에 차이가 있지만 대체로 400~550m 내외이다. 1일 30리면 미터법으로 환산해서 15km에 미치지 못할 수도 있는 비교적 짧은 거리이다. 군장이 가벼우면 50리 혹은 60리를 갈수 있다고 한 점까지 고려하면 1일 30km 내외까지 행군할 수 있다고 본 것이다.

물론 이러한 행군거리는 통상적인 경우였고, 예외가 없지 않았다. 중국 고대 무장 중에서 1일 행군거리가 긴 것으로 유명한 사람으로는 중국 삼국시대 위나라의 하후연(夏侯淵)이 있다. 정식 역사서인『삼국지』하후연전을 보면 그가 지휘하는 군대의 행군속도를 두고 "3일 500(리), 6일 1000(리)"이라는 말이 나온다. 1리 400m를 기준으로 하면 하루에 대략 66km를 행군했던 셈이다.

고대 로마군의 경우도 비슷하다. 로마제국의 유명한 군사저술가였던 푸블리우스 플라비우스 베게티우스 레나투스(Publius Flavius Vegetius Renatus)는 그의 책에서 "일반적인 보폭으로 하계 5시간에 20마일을 행군할 수 있어야 하고, 속보로는 같은 시간에 24마일을 행군한다."고 적고 있다. 이는 대략 32~38.4km 정도의 거리이다.

이처럼 하루에 15~30여km 정도를 걸어가는 것이 보병들의 기본적 행군거리였다. 기병의 경우는 당연히 이보다 더 멀리 행군할 수 있었다. 『신당서(新唐書)』에 따르면 당나라의 황제였던 이세민은 군대를 이끌고 하루 밤에 200리를 달려 갔다는 기록도 있다. 중국 수당대의 1리는 500m가 넘었던 점을 고려하면, 하루밤에 100km를 넘게 행군한 셈이다. 중국 남북조시대 북제나 송나라 때의 기록을 보면 1일 300리를 행군한 기록도 있다, 하루에 150km를 넘게 행군하는 것은 기병의 위력을 잘 보여주는 사례이다.

한국 고대사에서 특정 군대의 1일 도보 행군거리나 행군속도를 정밀하게 복원할만한 기조차료는 충분하지 않다. 다만 조선시대 민간인들의 도보 이동거리나 고대 중국과 로마의 사례를 통해서 유추하는 것은 가능할 것이다.

조선말기에 일본 학자들이 조사한 결과에 따르면 조선 민간인들이 하루에 걸어가는 거리는 100리, 약 40km 정도였다고 한다. 산길이나 강을 건너는데 추가로 시간이 소요되었기 때문에 동래에서 서울까지 총 940리의 길을 걸어가는데 보통 12일 정도가 걸렸다고 한다.

한가지 고려할 점은 지형에 따라 에너지 소비량에 차이가 크다는 점이다. 육군사관학교에서 1992년에 조사한 바에 따르면 에너지 소비량 수정계수를 기준으로 포장도로가 1.0일 경우 농지는 1.5, 눈길은 1.6, 모래사장은 1.8로 나타났다. 이는 도로 상태가 좋지 않을 경우 더 많은 에너지가 필요하다는 뜻이다. 또한 6% 정도의 오르막일 경우 평지의 경우보다 30% 이상의 에너지가 더 필요하다. 산이 많고 길이 상대적으로 거칠었던 한반도에서의 행군은 그만큼 에너지가 더 필요한 셈이다. 이는 한국 전근대 전쟁에서 1일 행군거리에 약간의 제약요소로 작용했을 것이다. 또한 한반도 산악지형에서 폭이 좁은 길이 많다는 특성을 고려하면 한반도 전근대에 벌어진 전쟁에서 행군하는 부대의 전체 길이, 다시 말해 노상장경(행군장경, Road Space)이 매우 길어질 여지가 있다는 점도 고려할 필요가 있다.

II. 행군 능력도 전투력이다

전투는 아군이 결정한 장소로 이동해서 싸우는 방식으로 진행된다. 이동을 위해서는 반드시 행군을 해야한다. 과도한 체력 소모 없이 능숙하게 행군하고, 행군 중에 규율을 잘 유지하는 것은 군대가 갖춰야 할 기본적인 덕목이었다. 앞에서 한 번 소개했던 로마제국의 베게티우스는 그의 책에서 "병사들이 첫 번째로 배워야 하는 것은 군사 걸음(military step)"이라면서 "행군이나 진형에서 대열을 유지하는 것보다 더 중요한 것은 없다."고 말한다.

베게티우스는 특히 "군대는 전투보다 행군에서 더 많은 위험에 노출된다."는 주장을 인용하고 있다. 전투가 임박하면 군대는 완벽하게 준비를 갖춘다. 몸에 갑옷을 입고, 무기를 손에 들고, 당장 전투에 필요하지 않는 물건은 따로 빼놓게 된다. 전투 때는 아군이 공격할 준비를 갖춘 것은 물론이고, 적의 공격에 대비할 준비도 되어 있는 상태이다. 행군은 다르다. 갑옷을 입지 않고 휴대하고 있을 수도 있고, 무기도 당장 사용 가능한 상태가 아니라 운반에 적합한 상태로 가지고 있을 수도 있다. 이런 상황에서 적에게 기습을 받게 되면 위험하다.

결국 행군 중에 기습을 피하고 안전하게 원하는 목적지까지 이동하는 것은 당연히 고대 병법에서 중요 주제의 하나일 수밖에 없다. 로마제국의 베게티우스는 그의 책 『군사문제에 관하여(De Re Militari)』에서 행군 중의 주의사항에 상당 부분을 할애하고 있다. 즉 군대의 행군은 단순히 부대의 이동에만 목적을 두는 행동이 아니라 이동 중에 전투가 벌어질 가능성에 대비해야하는 점이 중요하다.

물론 특별한 해법이 있는 것은 아니다. 적의 기습에 대처할 수 있는 준비를 미리 어느 정도 하는 것이 핵심이다. 지형을 잘 파악하고, 가능하다면 지형을 잘 알고 있는 안내자를 확보하고, 본대에 앞서 정찰병을 파견하여 적의 움직임을 미리 읽어내는 것은 전근대나 현대의 군대에서 조금도 다를 것이 없다. 행군경로 전방에 적이 매복하여 공격하기 쉬운 지형이 있다면 본대와 별도로 분견대를 먼저 파견해서 행군 경로의 중요지점을 미리 확보하도록 권하는 것도 시대를 초월한 공통성이 있다.

현대 군대도 마찬가지지만 전근대 군대도 전투뿐 아니라 행군 때도 적과 전투가 일어날 가능성이 높으므로 일정한 대형을 미리 형성하는 경우도 있다. 현대 소련군의 경우 야전군 단위의 행군대형이 별도로 정해져 있었을 정도이므로, 거대한 기하학적 대형을 갖춘 사람과 장비의 큰 무리가 대평원을 가로지르며 이동을 하는 경우도 있다. 중국 병법에서도 마찬가지여서, 송명대 이후가 되면 행군이나 숙영 때의 진형에 대한 상세한 규정이 마련되기도 하였다. 그 본질은 동일해서 중앙에 본대가 있고, 본대의 앞과 옆에 일정한 거리를 두고 경계부대가 배치된다. 이동하는 부대의 뒤를 노리고 공격하는 적들도 있으므로 본대의 뒷부분을 방어하는 후위에도 신경을 써야 한다.

이처럼 행군은 군대가 반드시 익숙해져야하는 전투기술의 일부였고 전투력을 좌우했다. 때문에 평시에 행군 훈련을 별도로 실시하기도 했다. 특히 로마군은 행군훈련을 정기적으로 실시했다. 한스 델브륵의 『병법사』에 따르면 로마군은 대략 30km 정도의 거리를 1달에 3회 행군하는 훈련을 '암부라티오(ambulatio)'라고 부르면서 정기적으로 실시했다.

물론 지속적인 행군훈련은 행군 능력을 향상시킬 수 있겠지만, 인간의 평균적인 능력에 따른 한계는 존재한다. 행군속도에 따라서 에너지(산소)의 소비량에 차이가 있고, 심박수와 혈중젖산의 양에도 차이가 있기 때문에 너무 빠른 행군속도는 오히려 행군의 지속 능력을 방해할 수도 있다. 육군사관학교에서 1992년에 실험한 결과에 따르면 산소섭취량을 고려할 때 가장 효율적인 행군 속도는 시속 4km 정도였고, 시속 4.5km의 경우도 상황에 따라 적용할 수 있는 행군속도라는 검토결과가 나왔다. 시속 5km의 경우 평지라도 농경지나 눈길의 경우 산소소비량이 최대 행군 페이스를 초과하는 결과가 나왔다. 한국에 평지가 아닌 고지대가 많다는 점을 고려하면 시속 5km의 행군속도는 평균적인 체력의 한계를 초과하는 속도인 셈이다. 이같은 실험결과를 과거의 전쟁사에 기계적으로 적용하는 것은 바람직하지 않지만, 한국 고대 전쟁사를 이해하거나 분석할 때 참고하는 것은 가능할 것이다.

행군속도와 구별되는 개념으로 진격속도가 있다. 이는 전투를 하면서 이동하는 경우를 포함하는 것이라 행군속도와는 의미가 약간 다르다. 미국의 군사연구자인 트레버 듀푸이 (Trevor Nevitt Dupuy, 1916~1995)가 정리한 자료에 따르면 제1차 세계대전 주요 전투에서 진격속도는 1일 기준 4~20km 정도였다. 이 속도는 1800년대 초반 나폴레옹 전쟁 당시 울름전투나 예나전투 당시의 1일 진격속도 23km보다 오히려 느리다. 참호를 파고 싸우는 참호전 방식으로 전쟁이 진행되었기 때문에 진격속도가 느려진 것이다. 제2차 세계대전 플랑드르에서 독일군의 진격속도는 1일 32km였다. 제2차세계대전 마지막 단계에서 소련군이 만주에서 일본군을 상대로 벌인 전투에서 진격속도는 1일 50km였다. 같은 제2차 세계대전이라도 레닌그라드나 쿠르스크에서 상대방 지역으로 돌파하는데 걸린 진격속도는 1일 1~5km 수준이어서 느렸다. 현재 우크라이나에서도 지난해 5월 이후 러시아군이 돈바스에서 진격하는 속도는 1일 수백미터 수준이어서 더 느리다.

III. 전근대 한국 군대의 행군

동아시아에서 널리 사용된 중국풍 병법에서도 진(陣)은 기본적으로 전투대형이지만 전투뿐만 아니라 부대 기동시에도 적용될 수 있다. 하지만 산이 많고 평야가 많지 않고 길이 좁은 한국적 지형을 감안할 때 예진·방진 등 조선 초기의 『오위진법(五衛陣法)』에 나오는 거창한 진형을 갖추고 부대가 행군할 수 있는 지역은 거의 없다.

흥미롭게도 함경도 지역의 실전 경험이 반영된 조선 초기의 병법서인 『계축진설(癸丑陣說)』에서는 한국적 지형 환경에서 적용 가능한 기동 대형에 대해 명시하고 있다.

> "무릇 군사가 험한 땅이나 좁은 길에 들어가게 될 때에는 50명 단위로 생선두름처럼 한 줄로 나가는데 먼저 방패수가 1명, 창수나 장검수 1명, 화통수나 궁수 1명으로 차례를 정해 보병 30명이 앞서고 창기병과 궁기병 20명이 뒤따른다. 길이 두 사람을 용납할 만하면 두 사람이 나란히 가고, 세 사람을 용납할 만하면 세 사람이, 혹은 지형에 따라 네 사람과 다섯 사람이 나란히 간다."

결국 지형에 따라 1열 종대에서 5열 종대까지 자유롭게 선택해서 기동할 수 있지만 제일 선두에는 방호력이 강화된 보병 방패수를 세우라는 지침인 셈이다. 1433년 계축년에 간행된 『계축진설』의 편찬에는 정흠지·정초·황보인 외에도 무과 출신인 하경복(河敬復, 1377~1438)이 참여했다. 아마도 이 책에 나오는 행군대형과 여러 실무 규정은 고려말에서 조선초기까지 두만강과 압록강 일대에서 여진족과의 전투 경험에 바탕을 둔 실전 경험이 반영되어 있을 가능성이 있다. 여말선초의 상황에 바탕을 두고 나온 책이지만, 무기 구성을 제외한 행군 방식에 대한 설명 자체는 좀 더 과거로 거슬러 올라갈 수도 있다. 특히 최전방에 방호력이 강한 병종이 앞장 서고, 도로 폭에 따라 1~5열 종대를 자유롭게 선택하는 방식 자체는 좀 더 오래된 전쟁 경험에 바탕을 둔 전통이었을 것이다.

행군에서 가장 눈여겨 보아야 할 사항 중의 하나는 지리적 조건이다. 행군해야 하는 경로에 있는 산이 얼마나 험한지, 가는 길이 어떤지를 살피는 것은 기본이다. 이런 지형 감각을 기르기 위해서 현대 군대에서는 사판(沙板)을 쓰기도 한다. 나무판 안에 담긴 모래로 행군이나 전투를 할 장소의 지형을 만들어 보고, 미리 숙지하는 식으로 사용한다. '군인들이 알아야 할 지식'이라는 뜻의 제목을 가진 조선후기의 군사문헌인 『무신수지(武臣須知)』를 보면 조선시대에도 이와 유사하게 쌀로 산과 골짜기의 지형을 만들어 지형을 살피는 감각을 익히도록 하고 있다.

조선시대에는 야간행군에서 별자리로 방향을 가늠하는 방법도 사용되었다. 이정집(李廷緝)과 그의 아들 이적(李迪)이 1809년경 최종 편찬한 『무신수지』를 보면 야간에 행군할 때 북두성(북두칠성)의 자루 방향을 보고 방향을 가늠할 수 있다고 설명하고 있다. 늙은 말을 풀어 놓고 그 뒤를 따라가서 옛길을 찾는 방법도 설명한다.

전근대전이든, 현대전이든 군대에서 가장 중요한 것 중의 하나가 상대적으로 높은 지형을 확보하는 문제였다. 『무신수지』에서도 행군 중에 진영을 설치할 때는 반드시 고지에 올라가서 멀리 바라보고 식량을 운반한 길이 어딘지를 살피도록 설명하고 있다. 병조판서 김석주(金錫胄, 1634~1684)가 1679년에 쓴 『행군수지(行軍須知)』를 보면 험준한 산악지형을 통과할 때는 별도의 선봉부대를 먼저 보내서 가장 높은 곳에서 사방을 살피고 수색한 뒤에야 본대가 진입하도록 하고 있다.

　스포츠인들 중에 유독 징크스나 미신에 신경을 쓰는 경우가 많다. 승부를 겨룬다는 점에서 스포츠와 비슷한 속성을 가진 군대에서도 미신 수준의 속설을 믿는 경우가 있다. 중국 병법에서도 이른 시기의 문헌일수록 점성술이나 오행개념과 연관된 비과학적 연결고리를 가진 경우가 가끔 있다. 한국에서도 고대로 소급될수록 천문·기상 현상을 전쟁수행 과정에서 길흉의 상징으로 고려하는 경우가 있었을 것이다. 647년 비담(毗曇)이 반란을 일으켰을 때 경주 월성에 별똥별이 떨어졌다. 길흉을 놓고 논란이 벌어지자, 김유신이 불을 붙인 연을 띄워 하늘로 별이 다시 올라갔다고 선전한 사건은 유명하다. 조선시대 『무신수지』의 행군편을 보면 출전 때 가랑비가 내리면 군을 윤택하게 하는 길조로 해석했다. 평소에 볼 수 없던 큰 바람이 불거나 일식·월식이 있을 때는 군을 출전하지 말라는 경고도 하고 있다. 비슷한 속설은 『행군수지』에서도 보인다.

　고대 행군에서 가장 중요한 장애물 중의 하나는 강이었다. 평상시 어지간한 나루터에는 나룻배들이 있지만, 대규모 군대가 이동할 때 필요한 배를 확보하는 것은 쉽지 않은 문제였다. 이 때문에 도섭(徒涉), 다시 말해서 걸어서 건널 수 있을만큼 물이 얕은 지점을 파악하는 것은 전근대 행군에서 매우 중요했다.

　1592년 6월 임진왜란 평양성 방어전 당시 조선군은 대동강을 건너 일본군 진영을 기습했다가 철수할 때 왕성탄을 통해서 대동강 북쪽으로 되돌아 왔다. 배가 없어서 대동강을 건너지 못하던 일본군들은 조선군의 철수 모습을 보고 왕성탄이 걸어서 도섭할 수 있는 지점임을 깨달아 바로 그 지점에서 강을 건넜던 일화는 유명하다.

『무신수지』를 보면 군대가 강을 건널 때 두 가닥의 굵은 새끼줄을 양쪽 강안에 연결하도록 권고하고 있다. 이런 방식은 얕은 강을 걸어서 건너는 도섭에도 이용할 수 있고, 로프를 이용해서 배를 움직이는 로프 페리(rope ferry) 방식의 도하에도 이용할 수 있다. 『무신수지』에서는 이밖에 물에 젖으면 안되는 병기나 군장 운반용으로 뗏목을 임시로 만들거나, 나무나 동물가죽으로 만든 주머니를 겨드랑이에 끼고 도하하는 방법도 소개하고 있다. 전근대 군대에서도 행군 중 도하에 여러 가지 보조적인 수단을 고려했음을 알 수 있는 사례이다.

익숙하지 않은 지역에 진입했을 때 안전한 식수를 확보하는 것은 행군의 어려움 중의 하나이다. 『무신수지』에서는 행군 중에 시내나 연못이 보이면 어린 가축에게 물을 먹여 본 후, 사람이나 말이 물을 마시도록 권고하고 있다. 필요한 최소한의 식량을 직접 휴대하는 것도 행군준비과정에서 꼭 필요하다. 병조판서 김석주가 쓴 『행군수지』에도 부대 출전 3일 전에 행장을 꾸리고, 건식량과 신발, 휴대물품을 준비하도록 설명하고 있다,

한편, 행군과는 다소 다른 개념이지만 부대의 이동과 군용 물자의 수송이라는 관점에서 한국 전근대에 고려해야 할 요소 중의 하나는 수운(水運)이다. 조선후기에 수레를 대규모로 활발하게 사용하지 못한 이유는 기본적으로 도로가 충분히 발달하지 않았기 때문이었지만, 그것이 유일한 이유는 아니었다. 고동환은 『한국전근대교통사』(2015)에서 대규모 물자를 수송할 때 배를 이용하는 수운이 더 편리했기 때문에 수레를 상대적으로 덜 사용했다는 취지로 풀이하고 있

다. 특히 조선시대의 남한강 내륙수운은 조세용 곡식뿐 아니라 일반 상품, 사람의 이동에도 광범위하게 활용되었다. 한국 고대 성곽 중에서 남한강 내륙수운과 연계성이 보이는 성곽이 적지 않다는 점을 고려하면 전쟁에서 한강, 특히 남한강 내륙 수운의 역할은 좀 더 적극적으로 고려할 필요가 있다.

참고문헌

1. 사료

『한서(漢書)』『삼국지(三國志)』『신당서(新唐書)』『자치통감(資治通鑑)』『계축진설(癸丑陣說)』『행군수지(行軍須知)』『무신수지(武臣須知)』『무경총요(武經摠要)』『일지록(日知錄)』

플라비우스 베게티우스 레나투스 저, 정토웅 역,『군사학논고』, 지만지, 2011

2. 저서

권터 블루멘트리트 저, 류제승 역, 1994,『전략과 전술』, 한울아카데미

델브뤼크 저, 민경길 역, 2009,『병법사 제2권』, 한국학술정보

트레버 두푸이 저, 주은식 역, 1994,『전쟁의 이론과 해석』, 한원

中國軍事史 編寫組, 2007,『中國歷代軍事思想』, 解放軍出版社

고동환, 2015,『한국전근대교통사』, 들녘

서영일, 1999,『신라 육상교통로 연구』, 학연문화사

3. 논문

육군사관학교 화랑대연구소, 1992,「인체 에너지 대사의 분석을 통한 효율적인 군 행군속도에 관한 연구」, 육군사관학교

24장

무예 인문학, 무기에 담긴 인류 고대의 발자취

최형국(한국전통무예연구소)

Ⅰ. 무예에 담긴 인문학

무예는 문화의 산물이다. 시간이 흘러감에 따라 그 모습은 점차 변형되면서 당대 '신체 문화'의 정수를 보여준다. 그래서 한 스승이나 단일한 조직에서 무예를 전수받는다 하더라도 제자에 따라 그 모양새나 기술이 조금씩 달라질 수 있다. 스승을 뛰어 넘는 청출어람형의 제자가 있다면 그 무예는 깊이를 더하며 발전할 수 있는 것이다. 무예에서 그러한 변화는 자연스러운 몸짓의 전환이며 몸 문화 발달의 초석이 된다.

무예 안에도 인문학이 담겨 있다. 인문학은 말 그대로 사람(人)과 그 사람들이 만든 문화(文)에 대해서 연구하는 학문이다. 그래서 혹자는 다른 동물과 다른 '인간다움을 연구하는 학문'이라고 표현하기도 한다. 이 인간다움을 연구하는 것 안에 반드시 바탕이 되는 것이 '인간' 그 자체다. 그 중 무예는 인간의 생존본능과 가장 밀접하게 연관되어 있어 어쩌면 인문학의 출발점일 수도 있다.

보통 '무(武)'라는 한문 글자를 파자해서 '창(戈)을 그치게(止) 하는 것'이 무예의 본질이라고 설파하는 사람들도 있다. 그러나 이는 굉장히 정치적인 계산을 깔고 풀어낸 이야기다. 군사력을 장악한 권력자들이 더 이상의 무력충돌이 일어나는 것을 사전에 방지하기 위해 만들어 놓은 노림수인 것이다. '지과위무(止戈爲武)'라는 말을 언급했던 역사 속 인물들의 면모를 보면 대부분 강력한 군사력을 추구했던 국왕들이 대부분이다. '무(武)'라는 글자를 상형문자에서 살펴보면, 지금은 그칠 '지(止)'로 표현되는 것이 발바닥(θ)의 형태에서 출발한 것임을 알 수 있다.

그래서 발을 나타내는 족(足)이라는 글자는 사람의 입을 가지고 움직이는 모습을 의미하는 것이다. 달리다는 뜻의 주(走)나 걸음을 뜻하는 보(步)라는 글자 역시 위 아래에 이런 의미를 담아 만들어진 문자다. 바로 움직일 수 있어야 멈추는 것이 의미가 있는 것이다. 이러한 이유로 그칠 지(止)에는 인간이 걸어온 발자취라는 의미도 함께 담겨 있다. 종합해보면, 인간이 자신의 어깨에 창을 메고 힘차게 걸어가는 모습이 바로 '무(武)'의 본질인 셈이다.

그러한 진취적인 모습이 있었기에 인간이 자연 속에서 살아남을 수 있었던 것이다. 거친 자연 속에서 살아남기 위해 인간을 가장 야성적으로 만들 수 있는 것이 무예다. 반대로 가장 효과적으로 살아남기 위해 수많은 지혜를 모아 지성적으로 집약된 것이 무예이기도 하다. 무예에는 그런 지성과 야성이 아직까지도 살아남아 있다. 그것이 문화이고, 인류 몸의 역사인 것이다.

인간이 걸었던 그 길은 곧 역사의 길이자, 생존의 길이었다. 인간이 엄혹한 자연 속에서 살아남기 위해 갈고 닦았던 무예는 어찌보면 가장 인간다운 모습을 유지하기 위한 최선의 선택이었다. 개개인을 넘어 공동체 생활을 영위하면서 무예는 비로소 공동체의 에너지를 집결시켜 군사력으로 발전하거나 다양한 축제의 현장에서 유희의 수단으로 발전하게 된 것이다.

우리 고대 역사 속에 등장하는 고구려의 동맹이나 부여의 영고와 같은 제천의식 속에서도 무예는 늘 핵심적인 요소였다. 하늘에 올리는 제사에 앞서 인간과 인간이 서로의 몸을 맞대고 풀어내는 무예는 가장 진솔하고도 인간적인 움직임을 담고 있기 때문이다.

고대사에서 무예와 전쟁은 서로 떼어 놓고 생각할 수 없다. 예를 들면, 고구려는 북방의 동예와 옥저를 전쟁을 통해 복속시키면서 그들의 무예 문화도 함께 흡수하여 더욱 강건한 국가로 발돋음 할 수 있었다. 대표적으로 동예와 옥저는 '장모(長矛)'라 불렸던 장창부대를 운용하는 기법이 뛰어났다. 고구려가 이들을 통합한 후 자연스럽게 새로운 장창부대가 고구려군에 안착된 것이다. 그렇게 철갑 기병과 장창 보병의 조합을 통해 4-5세기 한반도 삼국의 맹주로 부상할 수 있었던 것이다.

이처럼 무예와 그것을 수련한 인간의 모습을 들여다보면 당대의 이야기를 보다 쉽게 이해할 수가 있다. 늘 쉼 없이 변화 발전하는 과학기술이 아닌 오로지 내 몸으로 육화된 그것은 역사이래로 '몸' 안에서 완성되기 때문이다. 바로 인간의 몸을 통해 완성된 무예가 인간됨을 연구하는 인문학의 핵심으로 자리 잡을 수 있는 이유인 것이다.

가장 인간에 대해서 잘 알아야만 무예의 본질을 깨달을 수 있고, 인간들이 모인 전투 집합체인 군대를 온전하게 운영할 수 있는 것이다. 반대로 무예를 통해 지켜야 할 것이 무엇이고, 그것을 통해 어떤 미래가 펼쳐질 것인가를 고민하는 것 역시 무예를 통한 인문학적 접근법이 될 것이다.

인문학은 인간을 향해서 다가가는 학문, 즉 인간을 위하는 학문인 것이다. 오로지 뛰어난 정신문화에만 집착하여 인간이 만들어 낸 문학이나 사상에만 몰두한다면 그 또한 반쪽짜리일 수 밖에 없는 것이다. 그 정신을 살아 숨쉬게 하는 것은 오로지 '내 몸' 뿐인 것이다. 무예 속에는 그런 인간의 마음이 땀과 눈물에 버무려져 가장 진솔하게 담겨져 있다. 자! 이제 머리로 생각하지 말고 '몸'으로 생각하자.

II. 무기에 담긴 고대의 역사

인류의 가장 오랜 병기는 다름 아닌 칼이다. 고대를 넘어 전통시대를 거쳐 오늘날까지도 칼은 전쟁의 현장에서 그대로 살아남아 있다. 요즘도 백병전을 준비하기 위해 소총에 꽂는 대검을 비롯하여 다양한 형태의 군도(軍刀)는 전투본능을 표현하기 위한 가장 좋은 무기에 해당한다. 따라서 칼을 비롯한 무기의 역사를 읽어 보면 단순한 전쟁의 역사를 넘어 인류 삶의 역사를 되짚어 볼 수 있을 것이다.

고대의 칼은 나뭇가지에서부터 출발하였다. 자연작용에 의해 부러진 나무는 쉽게 작업이 가능하기에 가장 빠르게 도구로 활용되었다. 이후 나무칼은 돌칼로 대체된다. 자연적으로 부서진 돌무더기에서 뾰족한 부분을 그대로 활용한 것이다. 일단 나무보다는 내구력이 좋고 어디서든 쉽게 구할 수 있었기에 돌칼은 상당히 오랫동안 인간의 삶에 이용되었다.

떼어낸 돌칼을 사용하다가 무뎌지면 평평한 곳에 문질러 돌칼은 더욱 날카롭게 변화하였다. 그것이 간석기라고 부르는 신석기시대다. 돌칼을 사용하여 농작물을 수확하고, 사냥과 전쟁에 활용하면서 인류는 좀 더 날카로운 뭔가를 고민하게 되었다.

좀 더 먼 거리에서 사냥감을 공격하는 무기를 찾은 것이다. 그것이 활과 화살이다. 탄성이 좋은 나무에 질긴 덩굴을 시위 삼아 당기던 활은 천천히 새로운 재료들을 찾아가며 강력해져 갔다. 단순히 단일한 나무를 벗어나 좀 더 강력한 힘을 만들 수 있는 짐승의 뼈나 뿔을 가공하여 나무에 덧대기 시작하였다. 그렇게 단순궁에서 복합궁의 세계로 발전했다.

그리고 불을 다루던 인간이 돌을 넘어서는 금속을 찾게 된다. 인간이 밤의 두려움을 없애기 위해 불을 피우기 시작하면서 처음으로 접한 금속은 구리(동·銅)였다. 비교적 낮은 온도에서 녹아 새로운 형태로 변형이 가능했으며, 돌칼과는 차원이 다른 절삭력을 보였기에 구리의 활용은 인간의 눈을 금속의 세계로 이끌게 하였다. 구리는 공기 중에서는 쉽게 산화되어 녹색으로 변하였기에 청동(靑銅)이라 부르곤 한다. 그래서 청동기시대라 부르는 것이다.

이후 인간은 불을 좀 더 정교하게 다루기 시작하였다. 자연적으로 얻은 철광석 뭉치를 두드려 작은 철 칼을 만들었다가 돌 틀을 이용하여 용광로를 만들어 순간 온도를 1500도 이상으로 끌어 올리면서 비로소 제대로 된 철(鐵)을 만날 수 있었다. 그때부터는 누가 철제 칼을 가지고 있느냐에 따라 전투의 승패가 결정짓는 시대가 온 것이다. 군수물자의 보급 중 철광석 산지를 쟁탈하기 위한 전쟁은 우리의 역사에서도 고구려의 대북방 확장 전투나 부족연맹체였던 가야의 이합집산 및 파멸과 직결된 문제이기도 했다.

그렇게 철기시대가 열린 것이다. 이제는 누가 똑같은 철이라 하더라도 더 부드러우면서도 강한 칼을 빠르게 만들 수 있느냐에 따라 패권이 변화하기 시작하였다. 그렇게 철 칼을 만들면서 소위 말하는 고대국가가 정착하게 되었다. 과거 사극 시청률 49.7%라는 엄청난 기록을 찍었던 MBC〈주몽〉에서 걸걸한 목소리로 등장하는 우리의 '모팔모 야철대장님(이계인)'이 고구려의 강력한 군사력을 상징한다고 해도 과언이 아닐 것이다.

고대의 칼은 앞이 뾰족한 형태의 양날을 사용하는 검(劍)의 형태가 주를 이뤘다. 석검이나 청동검 역시 그러한 형태다. 아직은 뭔가를 강하게 부딪힌다는 목적보다는 찌르는 것에 주안점을 둔 것이다. 이후 철검의 등장과 함께 비로소 서로 칼과 칼이 맞부딪히는 불꽃 튀는 전투가 벌어졌다. 그렇게 외날 형태의 도(刀)가 전투에 등장한 것이다. 양날에 가해지는 충격력보다는 외날 쪽에 충격력을 집중시켜 칼날의 내구력을 확보하면서 전투의 살생현상은 더욱 증가하게 되었다.

철에 다양한 성분을 분석하여 탄소의 함량을 조절하기 시작하면서 외날 칼은 비로소 휘어지게 된다. 이제는 웬만한 충격력으로는 쉽게 부러지지 않는 철 칼이 만들어져 찌르기보다는 단방에 베는 기법이 전투에 활용되었다. 거기에 말을 달리며 적을 공격하는 기병은 순간 절삭력을 높이기 위해 더 큰 휘어짐을 요구했고, 그렇게 완전한 곡도가 전장에 안착하게 되었다.

우리 역사에서도 고려시대 북방의 거란족과 여진족을 상대하면서 휘어진 칼날의 형태인 곡도가 서서히 군사무기로 정착되기 시작하였다. 실용성 측면에서 전장에서 밀린 양날의 '검(劍)'형태는 사인검(四寅劍)을 비롯한 주술 혹은 의례의 용도로 변화해 갔다.

야금기술의 발달을 통해 칼은 좀 더 날카로워 졌으며, 후대에는 칼날을 감싸는 칼집에까지 신경을 쓰게 되었다. 또한 전장에서 보다 실용적으로 활용할 수 있도록 다양한 패용방식으로 분화하기도 하였는데, 일본의 경우는 칼을 뒤짚어 허리띠에 꽂는 형태로 발전한 반면 우리나라는 칼집에 회전식 고리인 일명 '띠돈'을 달아 허리띠에 차는 등 다양하게 변화하였다.

이렇듯 칼은 인류 문화 발전의 산물이며, 그 나라의 오랜 문화를 담고 있다. 칼의 역사를 가만히 들여다보고 있으면, 인류의 역동적인 역사개척의 의지를 엿볼 수 있다. 무엇인가를 지키고, 또 무엇인가를 정복하기 위한 인류의 역사, 그 시작과 끝에 '칼'이 있다. 영화 '스타워즈'에 등장하는 광선검이 나오면 인류는 또 한번의 진화를 거듭할지도 모른다.

〈사진〉 마상무예는 고대부터 현대까지 이어지는 인류의 화석화된 몸 쓰기가 담겨 있다. 말의 크기나 성질은 바뀔 수 있지만, 인간이 말의 등에 앉아 몸을 사용하기에 그 기본적인 흐름은 변화하지 않는다. 필자의 기사(騎射) 수련 중 뒤를 돌아보며 쏘는 배사법의 모습이다.

에필로그

- 역사소설가가 바라본 군사사 -

이문영(소설가)

I. 『원술랑』에 얽힌 추억

중학교 때의 일이다. 국어 시간에 희곡 『원술랑』을 배웠다. 국어 교사는 이 희곡의 주인공인 원술의 행동에 대해서 토론을 시켰다. 『원술랑』의 내용은 이러하다. 화랑 원술은 당나라 군과의 전투에서 패배하자 자결하려고 했으나 부하의 만류에 후일을 기약하기로 하고 후퇴했다. 이는 화랑의 세속오계 중 '임전무퇴'를 위반한 것이었다. 전사한 줄 알았던 원술이 집으로 돌아오자 아버지 김유신은 그를 보지도 않고 내쳤다. 원술은 산속에 들어가 후회의 나날을 보내는데, 아버지가 돌아가셨을 때도 장례식에도 참석할 수 없었다. 하지만 사랑하는 여인의 도움으로 다시 전장에 나가 큰 공을 세운다. 왕이 큰 벼슬을 내리고 부마로 삼고자 하지만 모두 거절하고 사랑하는 여인과 함께 떠난다.

토론은 원술이 자결해야 했는가, 아니면 후퇴해서 후일을 기약해야 했는가를 놓고 벌어졌다. 나는 후퇴해서 후일을 기약하는 것이 옳다고 생각했지만, 토론은 반을 둘로 갈라서 실시되었기 때문에 내 뜻과는 달리 원술이 자결했어야 한다는 쪽에서 주장을 펴야 했다.

이렇게 내 뜻과는 다른 주장을 해야 했기 때문에, 원술이 참전한 전쟁에 대해서 공부를 해야하겠다고 생각했다. 죽어야만 하는 이유를 찾아내야 했기 때문이었다. 다행히 집에는 『삼국사기』 국역본이 있었기에, 나는 김유신 열전을 읽으며 원술에 대해서 샅샅이 파헤치기 시작했다.

김유신 열전을 보면 원술이 부관 담릉의 권유와 강제로 결국 후퇴할 때, 거열주 대감 아진함과 아들이 당군을 막아서다가 전사했다는 사실을 알았다. 장군들의 후퇴를 위해 목숨을 바쳤던 것이다. 본래 김유신은 그 자신도 전세가 불리할 때 적진으로 돌입하여 군의 사기를 높였으며, 부하들을 종종 적진으로 돌격하게 하여 전세를 뒤집곤 했다. 유명한 황산벌 전투 때, 반굴과 관창이 그랬고, 그전에도 비녕자와 그의 아들 거진, 종 합절 등이 적진에 돌입하여 용감하게 싸우다가 전사하여 불리하던 전세를 뒤집은 적이 있었다. 따라서 원술역시 전례를 따라 목숨을 바쳐 싸워서 전세를 뒤집을 수 있도록 노력했어야 한다는 결론을 이끌어냈다. 이렇게 해서 단순히 전쟁에서 졌으니 자결하는 무익한 일이 아니라 적군과 싸워 아군에게 도움이 되는 일을 했어야 하는 것으로 관점을 조금 이동시켰다. 물론 그렇긴 해도 처음부터 가졌던 생각이 변한 건 아니었다.

나는 이런 조사 사항을 노트 몇 장에 정리해서 가져갔는데, 물론 이런 짓을 한 사람은 우리 토론팀 중 나 하나였다. 이 조사를 하면서

국사 교과서에 달랑 반 페이지 분량으로 간단하게 기술된 나당전쟁에 대해서 생각해보게 되었다. 그때까지 당이 백제와 고구려를 정복했고 신라는 별일 하지 않은 것처럼 느껴졌었는데, 그 신라가 당나라군을 무찔렀다면 신라의 군사력은 생각한 것과 달리 엄청난 것이 아니었을까 하는 생각도 하게 되었다.

김유신은 5만 대군을 거느리고도 백제 계백의 결사대 5천에게 고전을 했다. 이렇게만 알고 있으니 신라군이 우습게 보일 수밖에 없었는데, 이 조사를 통해서 생각을 달리 하게 되었다. 한국사에 대해서 진지한 관심이 생기게 된 계기였다.

II. 첫 소설집 『다정』

나는 2000년에 첫 소설 『다정』을 출판했다. 그 전에 여러 잡지에 SF나 판타지 소설을 연재한 적이 있었는데, 『다정』은 삼국 시대를 배경으로 하는 단편소설 열 편을 묶은 단편집이었다. 신춘문예나 문예지를 통해 등단 같은 것을 한 적도 없고, 기존에 역사 소설을 발표한 적도 없는데, 출판사에 투고하여 책을 내게 되었다.

사실 그 전에 연재했던 소설들도 책으로 낼 수 있었을 것이지만, 그 소설들은 책이 되기에는 부족하다고 생각하고 있어서 시도도 하지 않았다(그 중 하나는 나중에 대대적으로 개정해서 책으로 냈다).

비록 발표는 하지 않았지만 역사소설들의 습작은 계속 하고 있었다. 특히 삼국통일전쟁을 배경으로 하는 소설은 여러 편을 써놓은 상태였다. 김유신이 파견한 간첩 조미곤의 이야기, 백제 왕이 백마강에 빠져 죽었다는 『삼국유사』의 글에서 착안해서 쓴 백제의 대장장이 이야기, 마지막까지 백제 부흥군을 지킨 지수신과 그 성을 공략한 흑치상지의 만남 등에 대한 소설을 써놓은 상태였다. 하지만 뭐랄까, 이 소설들은 한방이 부족하게만 느껴졌다. 그래서 계속 다듬기만 하면서 아무 곳에도 발표하려는 노력을 하지 않았다.

이 소설들을 쓰면서 삼국 간의 전쟁은 어떻게 시작된 것일까, 통일에 대한 의지 같은 것은 어떻게 생겨난 것일까 하는 생각을 계속 하고 있었다. 그러면서 삼국에 큰 균열을 가져온 사건은 백제 성왕의 죽음이 아닐까 하고 생각했다. 고대 국가에서 왕이 갖는 상징성, 중요성을 볼 때 국왕이 다른 나라에 죽임을 당한 것, 심지어 그 시체마저 온전하지 못했다는 것은 결코 풀 수 없는 분노가 되었을 것이다. 그런데 어쩌다 성왕은 신라군에게 사로잡히게 되었는지 잘 이해가 되지 않았다. 기록에 따라 데리고 간 병력도 오십, 또는 오천이다. 오십이라면 사로잡힐 수도 있겠지만, 오천이라면 결코 일어날 수 없는 일일 것 같았다. 하지만 또 한편으로는 국왕이 겨우 오십 명을 데리고 전선을 이동한다는 것도 있을 수 없는 일일 것 같았다.

이런 고민을 하던 어느 날, 민방위 훈련에 참석하고 있었는데, 깜빡 잠이 들었다. 그때 꿈속에서 성왕이 왜 잡혀 죽게 되었는지를 알게 되었다. 퍼뜩 깨어난 나는 황급히 주머니를 뒤져 나온 영수증 쪽지에 그 내용을 휘갈겨 적었다.

민방위 훈련에서 돌아와 소설을 쓰기 시작해서 밤새 단편소설을 완성했다. 제목은 『축생』이라 지었다. 『일본서기』 내용과 『삼국사기』

내용을 보강해서 작성했는데 소설은 백제 태자 창(위덕왕)이 아버지 성왕에게 보낸 전령이 김무력 군에게 체포되면서 바꿔치기 되는 바람에 성왕이 함정에 빠져드는 것으로 전개된다.

말에 탄 기병을 끌어내리기 위해 갈고리병들이 물속으로 진입하는 장면 같은 것은 나름대로 잘 썼다고 생각하고 있다. 이런 장면을 상상할 수 있었던 것은 물론 역사학자들의 책을 통해서였다.

Ⅲ. 소설가와 군사사

역사소설을 여러 편 썼고, 역사로맨스 소설 편집자로도 활동하는데다가 대중역사서도 몇 권 냈기 때문에 역사 콘텐츠에 대한 강의를 의뢰 받을 때가 간혹 있다. 그런 강의에서 사람들이 많이 궁금해하는 것은 필요한 자료를 어떻게 구할 수 있는가 하는 것들이다.

옛날과 달리 지금은 자료를 구하는 것이 엄청나게 쉬워졌다. 내가 『다정』을 쓰던 시절만 해도 인터넷의 초창기 시절인지라 역사 관련 데이터베이스가 많지 않았다. 조선왕조실록이 CD로 발간되었지만 살인적인 가격이라 일반인들이 접하기 어려웠다. 『삼국사기』나 『삼국유사』, 『고려사』와 같은 책들도 인터넷 상에서 보기가 어려웠다.

하지만 지금은 한국사데이터베이스에 접속하면 국내외 사료를 모두 살펴볼 수 있다. 원문, 번역문을 모두 볼 수 있다. 또한 한국고전DB와 같은 사이트를 접속하면 웬만한 문집들 역시 모두 볼 수 있다.

어떤 사건을 가지고 창작을 하겠다고 결심하게 되면 먼저 이런 사료들을 확보하고 정리한 뒤에 해당 시대에 대한 개설서를 먼저 참고하라고 권하고 있다. 그 다음에 세부적인 궁금증은 RISS 같은 논문 사이트에서 적절한 키워드를 넣어서 찾아봐야 한다고 말한다.

그러나 이런 과정에서도 쉽게 이해하기 어렵고 힘든 것은, 사람들의 구체적인 모습을 떠올리기가 쉽지 않다는 점이다. 많은 신출 작가들이 지극히 당연하게 여기는 현대적인 모습들이 창작물 안에 그대로 들어가 있는 경우가 많다. 그런데 이렇게 되는 이유는 그런 모습을 떠올릴 수 있는 자료는 또 그렇게 많지도 않고 쉽게 찾아지지도 않는다는데 있다.

전쟁은 소설가들의 아주 좋은 소재다. 가장 격한 감정이 부딪치고 인간의 가장 밑바닥 모습까지 드러내게 하는 극한의 상황이 연출되기 때문이다. 그런데 직접 경험해보지 못한 먼 과거의 전장을 구현하고자 한다면, 그것이 단순히 왔노라, 보았노라, 이겼노라 이상의 것이 되고자 한다면, 거기에는 아주 많은 자료들이 필요하다.

군대는 어떻게 편성되었나, 군사들은 어떻게 포진했나, 진격로는 어떻게 구성되었나, 작전은 몇 시에 시작되었나, 군사들의 무장은 어떠했나, 무엇을 먹었나, 어떤 것을 휴대했나 등등.

이런 의문에 대한 길을 열어주는 사람이 바로 군사사를 연구하는 학자들이다. 학자들이 연구하여 닦아놓은 길옆으로 창작자들은 아름다운 건물을 세울 수 있다. 길이 없다면 건축 자재를 들여놓을 수 없을 것이고, 부실한 건축 자재를 이용해 엉성한 건물을 세울 수밖에 없을 것이다. 그리고 그 길을 따라 편안하게 아름다운 건물을 감상하러 올 사람들도 없을 것이다.

당연히 나 역시 그 길을 이용하기를 즐겨한다. 『숙세가』를 쓸 때는 백제와 신라의 아막산성 전투가 주된 소재였기에 이에 대한 자료들을 열심히 찾아보았다. 백제 군사의 모습을 잘 그려낼 수 없어서 힘들었던 기억이 있다.

『신라 탐정 용담』을 쓸 때는 신라와 발해의 군사제도가 많이 필요했다. 『신라 탐정 용담』에는 네 편의 단편이 수록되어 있는데, 세 번째 단편의 제목이 『흑의장창말보당주 살인 사건』이다. '흑의장창말보당주'는 신라군의 하급군관으로 검은 옷을 입고 장창을 사용한다. 그 어감이 낯설면서도 멋지게 보여서 소설의 소재로 사용했다. 고구려 유민으로 구성된 황금서당에 소속된 이의 죽음을 밝히는 추리소설이다. 신라가 고구려, 백제, 말갈 등의 유민들로 구성된 부대를 만들었다는 사실 자체가 좀 충격적이었다. 왜 이들을 받아들여 부대를 만들었을까 하면서 소설 속에는 등장하지 않는 이야기들까지 많이 조사했었다. 이와 같은 조사는 매우 중요하다. 이런 조사 속에서 작은 디테일들을 찾아내고 소설 속에 반영하여 현실감 있는 이야기로 바꿔나갈 수 있다.

Ⅳ. 유사역사학과 군사사

나는 오랫동안 『환단고기』와 같은 가짜 역사책을 사용하는 유사역사학을 비판하는 일을 해왔는데, 군사사가 이런 엉터리 주장을 깨뜨리는데도 유용하다는 점을 마지막으로 언급하고 싶다. 군사사의 관점에서 『환단고기』를 본다면 그 허황함은 이루 말할 수 없을 정도이다. 전황은 체크해볼 도리가 없고, 패배의 기록은 아예 만들어지지 않는 것이 부지기수다.

군사사는 땅바닥에 붙어있는 역사라 할 수 있을 것이다. 이념과 가치 역시 다루지 않는 것은 아니지만 군사들이 어떻게 숨 쉬고 피 흘리는가가 더 중요한 역사라 생각한다. 세밀한 지리 고증이 필수적으로 필요하고 그만큼 공상에 기반하여 그저 자신들에게 유리하게 증거들을 날조하는 유사역사학이 발붙일 곳을 없애버리는 일을 자연스럽게 할 수 있다.

그런 만큼 중국이나 일본에서 우기는 엉터리 주장에 대해서도 군사사를 통해 디테일한 반박이 가능해질 것이라 생각한다. 가장 치열하고 가장 세밀한 역사를 연구하는 군사사 연구자들의 분투를 기원한다.

고대 군사사, 어떻게 볼 것인가

초판 1쇄 발행   2023년 5월 10일
초판 2쇄 발행   2023년 5월 20일

지 은 이 고대군사사연구회
발 행 인 박종서
발 행 처 도서출판 역사산책
출판등록 2018년 4월 2일 제2018-60호
주   소 (10477) 경기도 고양시 덕양구 은빛로 39, 401호
           (화정동, 세은빌딩)
전   화 031-969-2004
팩   스 031-969-2070
이 메 일 historywalk2018@daum.net
페이스북 https://www.facebook.com/historywalkpub/

ISBN 979-11-90429-04-7

값 25,000원